Helmut Wolfgang Kahn

Die Deutschen und die Russen

Geschichte ihrer Beziehungen
vom Mittelalter bis heute

Pahl-Rugenstein

© 1984 by Pahl-Rugenstein Verlag, Köln
Alle Rechte vorbehalten
Umschlag: Willi Hölzel
Satz: Druckerei Locher GmbH, Köln
Druck: Plambeck & Co., Neuss

CIP-Kurztitelaufnahme der Deutschen Bibliothek
Kahn, Helmut Wolfgang:
Die Deutschen und die Russen: Geschichte ihrer
Beziehungen / Helmut Wolfgang Kahn. – Köln:
Pahl-Rugenstein, 1984.
  (Kleine Bibliothek; 323)
  ISBN 3-7609-0858-6
NE: GT

Inhalt

Einleitung

Dieser Beitrag will für bessere, ja freundschaftliche Beziehungen zwischen der Bundesrepublik Deutschland und der Sowjetunion werben, da es Deutschen und Russen immer gut ging, wenn sie im Frieden miteinander lebten. Da er sich vornehmlich an heutige bundesdeutsche Leser wendet, muß er jedoch, ehrlicher- und realistischerweise, von der Tatsache ausgehen, daß die westdeutsche Einstellung zu Rußland, zur Sowjetunion, immer noch weitgehend von unangebrachter kultureller Überheblichkeit und von irrationaler Furcht geprägt ist.

Zwar versteigt sich heute niemand mehr zu dem wahnwitzigen Wort, kein Russe sei auch nur fähig, Lokomotivführer zu werden, wie dies ein deutschbaltischer Professor Ende des vorigen Jahrhunderts tat, und auch die Formel »Ost minus West gleich Null«, in die ein westdeutscher Autor im Kalten Krieg die Behauptung kleidete, daß alle Fortschritte Rußlands/der Sowjetunion Fremden zu verdanken seien, ist durch Tatsachen widerlegt. Aus alter schlechter Gewohnheit und um von den offenkundigen Krisenerscheinungen des kapitalistischen Systems abzulenken, fahren die meisten westdeutschen Massenmedien jedoch fort, diesem gegenüber der Sowjetunion – kulturell, sozial, technologisch, wirtschaftlich – Überlegenheit zu bescheinigen.

Lediglich militärisch, so behauptet die »Bewußtseinsindustrie« im Einklang mit Sprachregelungen aus Washington, sei die Sowjetunion hoch überlegen und gefährlich. Da es darum geht, knappe öffentliche Mittel zugunsten der NATO-Hochrüstung umzuverteilen, bedient man sich des Mottos »Was nützt die beste Sozialpolitik, wenn die Kosaken kommen?« sowie anderer historischer Klischees (»asiatischer Despotismus«, »östliche Horden«, »Koloß Rußland«, »russische Dampfwalze« etc.), um die auch in verdrängter Mitschuld der Älteren an der Nazi-Aggression von 1941 wurzelnde Furcht »Die Russen kommen« unablässig zu schüren. Das Ergebnis ist, daß nach neueren Umfragen etwa 50 Prozent der erwachsenen Bundesdeutschen eine »sowjetische Gefahr« fürchten. Eine gewisse Hoffnung, daß eine vernünftigere Einstellung langsam – sehr langsam – Platz greift, bietet die Tatsache, daß die »Russenfurcht« von »nur« etwa 40 Prozent der nach dem Zweiten Weltkrieg Geborenen empfunden wird, die gleichzeitig um rund zehn Prozent den USA kritischer gegenüberstehen als die älteren Bundesbürger.

Die Geschichte lehrt jedoch, daß Rußland/die Sowjetunion Deutschland, ja den Westen, niemals angegriffen hat, während sie vom Westen und von Deutschen mehrmals überfallen wurden. Die Aggressoren erzielten Überraschungserfolge, wurden aber früher oder später von wuchtigen russischen Gegenschlägen getroffen und zurückgeworfen – von den Rittern des Deutschen Ordens im 13. Jahrhundert bis zum Hitler-Reich im 20. Jahrhundert. Dazwischen gab es immer wieder deutsche Staatsmänner, die wußten, daß Deutschland in seiner unveränderlichen Mittellage zwischen Ost und West sich mit Rußland/der Sowjetunion gut stellen mußte, aber es gab zu wenige von ihnen, und ihre Einsicht wurde leider immer wieder mißachtet.

Wiederholt befanden sich russische Armeen auf deutschem Boden, aber sie zogen meistens aus freien Stücken wieder ab, ohne einen Preis zu fordern. Wenn es im Unterschied dazu heute – fast vierzig Jahre nach dem Zweiten Weltkrieg – immer noch eine »Gruppe der sowjetischen Streitkräfte in Deutschland« gibt, sollten die Bundesbürger begreifen, daß sie auf dem Territorium der DDR nicht zuletzt deshalb steht, weil auf dem Gebiet der Bundesrepublik Teile von sechs westlichen Armeen, vornehmlich der USA, stationiert sind. Auch zur Fesselung der nur beschränkt souveränen Bundesrepublik an den Westen wird unter ihren Bürgern die Russenfurcht geschürt.

Dem Zweck, negative westdeutsche Einstellungen zu berichtigen und abzubauen, sind die folgenden vergleichenden Vorbemerkungen über die Anfänge Deutschlands und Rußlands gewidmet. Sie behandeln die allgemein wenig bekannte Zeit, bevor Deutsche und Russen – zu friedlichem Zusammenwirken oder kriegerischem Streit – in engeren Kontakt miteinander kamen, und zeigen Gemeinsamkeiten ebenso wie die Unterschiede auf, die sich später verstärken sollten.

Die Anfänge der beiden Staaten

Die beiden Staaten sind etwa gleich alt. Der altrussische Staat entstand im Jahre 882, als der Rurik-Nachfolger Oleg von Nowgorod aus Kiew eroberte und zur Hauptstadt eines einheitlichen Reiches, der »Kiewer Rus«, machte. Zuvor hatten Nowgorod und Kiew als städtische Zentren der Ostslawen am Handelsweg von der Ostsee »zu den Griechen« bereits bestanden, als es auf deutschem Boden außer den römischen Gründungen noch kaum Städte gab. – Von Deutschland, dem »regnum teutonicorum« oder »regnum teutonicum«, sprach man erst nach den Teilungen des Frankenreiches von 919 an. Politisch war es kaum eine Einheit, da seine gewählten Könige von den großen Feudalherren abhängig waren, besonders von den Herzögen der deutschen Stämme, die am Ende des Frankenreiches als Militärbefehlshaber mächtig geworden waren. Die deutschen Könige besaßen auch keine ständige Hauptstadt, sondern zogen von Pfalz zu Pfalz. Aus der von den Königen nie dauerhaft gebrochenen Macht der Stammesherzöge entwickelten sich anders als in Rußland (aber auch anders als in Frankreich oder England), die Teile über das Ganze stellend, Föderalismus und Partikularismus.

Der russische Staat war schon zur Zeit der Kiewer Rus der größte Europas – man hätte sich füglich längst an ihn gewöhnen können, zumal er nicht auf Expansion, sondern nur auf Abwehr gegen Polen im Westen und zerstörerische Nomaden aus dem Osten bedacht war. Seine Westgrenze verlief von der Barentssee südwärts zum Finnischen Meerbusen bei Wyborg, dann weiter durch Estland und Lettland, Belorußland, Galizien und Moldawien einschließend, bis zum Donaudelta. Von dort führte die Grenze im Süden in einiger Entfernung vom Schwarzen Meer ostwärts – am Nordende des Kaukasus bestand ein Außenposten –, dann wölbte sie sich nordostwärts zur oberen Wolga, führte an den Ural heran und verlief im Ungewissen der nordrussischen Wälder am Weißen Meer. – Deutschland reichte ursprünglich im Osten (wie die heutige Bundesrepublik) nur bis Elbe, Saale und Böhmerwald; durch die Gründung von Marken auf westslawischem Gebiet schob es seine Grenze im Osten bis Oder und Neiße vor sowie im Südosten in Richtung Ungarn, nachdem Otto I. die Madjaren 955 auf dem Lechfeld bei Augsburg besiegt hatte. (Bei der Tausendjahrfeier dieser Schlacht sollte der Bonner CDU-Außenminister Heinrich von Brentano die damaligen ungarischen Angreifer – gemäß den Klischees »Gefahr aus dem Osten«, »östliche Horden« – mit der Sowjetunion in eins setzen.) Im Westen, Südwesten und Süden zählten zum Reich noch große lothringische, burgundische und italienische Gebiete, die es später allesamt verlor.

Beide Staaten gehörten der Christenheit an. Aber während die Deutschen sich zum katholischen Glauben Roms bekannten, übernahmen die Russen unter Wladimir I., dem Heiligen, 988 den griechisch-orthodoxen Glauben von Byzanz (Konstantinopel); ein von der Großfürstin Olga geförderter Missionsversuch des von Otto I. entsandten Trierer Benediktinermönchs Adalbert, der voreilig zum »Bischof der Russen« geweiht worden war, war ein Vierteljahrhundert zuvor gescheitert. (Dem aus Trier stammenden Karl Marx sollte dagegen rund ein Jahrtausend später ein epochaler Erfolg beschieden sein.) Der orthodoxe Glaube, der die Tradition des Urchristentums bewahrte, stärkte die nationale Einheit der Russen als erster Ausdruck ihrer geistigen Unabhängigkeit, die sie gegen alle Lockungen und Drohungen Roms und des lateinischen Westens behaupteten.

Durch die Christianisierung gewannen die Russen in dem oströmischen Reich Byzanz, das den Sturz Westroms durch die Germanen ein ganzes Jahrtausend überdauerte, eine glänzende Mutterkultur und die enge Verbindung mit der griechischen Antike, die Westeuropa erst nach den Jahrhunderten des katholisch-germanischen Mittelalters in der Renaissance wiederentdeckte. Da der »Slawenapostel« Kyrill schon im 9. Jahrhundert ein Alphabet für die altslawische Schriftsprache geschaffen hatte, war die Grundlage gelegt für die Einführung einer von Rom unabhängigen Kirchensprache: Wer sich schriftkundig machte, gewann Zugang zur Bibel und den Schriften der Kirchenväter ohne Lateinkenntnis oder die Vermittlung lateinkundiger Priester – was den Deutschen erst Luthers Bibelübersetzung ermöglichte. Soviel zu der Behauptung überheblicher Westler, die Russen hätten weder Renaissance noch Reformation gekannt.

Die Schriftkunde war in der Kiewer Rus weit verbreitet, wie u.a. alltägliche Mitteilungen auf Birkenrinde bezeugen, die man bei Nowgorod fand. »Wenn du in den Büchern fleißig nach Wahrheit suchst, wirst du großen Nutzen für deine Seele erwerben«, hieß es schon in einer Notiz der Nestorchronik zum Jahre 1037. Während die mittelalterlichen deutschen Könige in der Regel weder lesen noch schreiben konnten (weshalb sie sich weitgehend auf Priester als Gehilfen verlassen mußten), schrieben russische Fürsten, wiewohl gefürchtete Recken, eigenhändig die Evangelien ab. Besonders Großfürst Jaroslaw der Weise (1019—1054), der Kiew in seiner Blütezeit regierte, »säte die Worte der Bücher in die Herzen der Menschen«, legte eine große Bibliothek an und »versammelte viele Schreiber«, um die griechisch-byzantinische Literatur ins Russische übersetzen zu lassen.

Um die Mitte des 11. Jahrhunderts war Kiew eine der glanzvollsten europäischen Hauptstädte mit einer der schönsten und größten Kathedralen, der »Heiligen Sophia«. Schon 1018 – nur dreißig Jahre nach der Christianisierung – hatte der deutsche Bischof Thietmar von Merseburg in »dieser großen Stadt« mehr als 400 Kirchen vorgefunden, und der Chronist Adam von Bremen, der Kiew ebenfalls im 11. Jahrhundert besuchte, erklärte es »Byzanz gleich«, der prächtigsten und reichsten Stadt der damaligen Welt, die dem verfallenen Rom hoch überlegen war. Die Monumentalarchitektur der Kiewer Rus leitete sich vom byzantinischen Stil her und war der Romanik West- und Südeuropas nicht unähnlich. Da der Warenverkehr zwischen dem Orient und dem Abendland sich der Wasserstraßen Wolga und Dnjepr bediente, begegneten sich in Kiew und Nowgorod Kaufleute aus aller Welt. Für eine kulturelle Überheblichkeit des Westens war kein Grund vorhanden.

Unterschiedliche Entwicklungstendenzen

Im Politischen achtete das Kiewer Rußland sorgsam darauf, daß es durch die Religionsannahme nicht zum Vasall von Byzanz wurde: Wladimir I. forderte die Hand der byzantinischen Kaiserschwester Anna, bevor er sich taufen ließ; nach ihrem Tod nahm er eine Tochter des deutschen Grafen Kuno von Enningen zur Frau. Durch dynastische Ehen von gleich zu gleich waren die Kiewer Großfürsten nicht nur mit den Kaisern von Byzanz, sondern auch mit den Herrschern Polens, Schwedens, Norwegens, Englands und Frankreichs verschwägert. Drei Söhne Jaroslaws des Weisen heirateten deutsche Frauen. Das russische Unabhängigkeitsstreben kam auch in dem schon von Jaroslaw dem Weisen unternommenen, wenn auch erfolglosen Versuch zum Ausdruck, die orthodoxe Kirche in Rußland unter einem russischen statt griechischen Metropoliten »autokephal« zu machen, ihr ein eigenes Oberhaupt zu geben, um Einmischungen aus Byzanz wie Rom vorzubeugen. (Zur Lösung der russischen von der griechischen Kirche kam es schließlich 1448).

Ganz anders war das Verhältnis des »regnum teutonicorum« zu Rom. Das frühe Deutschland hieß offiziell nicht einmal »Deutsches Reich«, sondern »Römisches Reich« oder »Heiliges Römisches Reich« (der Zusatz »Deutscher Nation« wurde erst Jahrhunderte später von Maximilian I. hinzugefügt). Denn im ehrgeizigen Anspruch auf den römischen Kaisertitel folgten die deutschen Könige dem Beispiel des Frankenkönigs Karl des Großen, der im Streben nach Ebenbürtigkeit mit Byzanz sich im Jahre 800 vom Papst zum römischen Kaiser hatte krönen lassen. Waren die deutschen Könige schon für die Kaiserkrönung auf die Päpste angewiesen, so vertiefte sich diese Abhängigkeit um so mehr, als ihr Universalherrschaftsanspruch meistens auf keine reale Machtbasis im Inneren gegründet war.

Angesichts der Eifersucht und des Machtstrebens der Stammesherzöge und anderer weltlicher Fürsten, mußten sich die Kaiser auf die katholische Kirche als einziger Institution, die über den Stämmen stand, stützen. Sie glaubten, den Bischöfen und Geistlichen vertrauen zu können, weil diese ehelos waren und deshalb die ihnen verliehene weltliche Macht nicht vererben konnten. Aber die geistliche Stütze durchbohrte ihre Hand und die »Reichskirche« erwies sich als Trugbild, als das Papsttum unter Gregor VII. (1073—1085) die oberste Herrschaft der Welt beanspruchte und den Streit um die weltliche Investitur der Bischöfe gegen Heinrich IV. (1056—1106) entfesselte. Von da an kam es zu Bündnissen zwischen dem Papsttum und rebellischen Fürsten im

Reich, die die Zentralgewalt entscheidend schwächten. Sie schufen das Muster für verderbliche spätere Einmischungen des westlichen Auslandes mit Hilfe käuflicher deutscher Partikularisten.

Durch die Kaiser- und Italienpolitik begann die deutsche Geschichte mit einem folgenschweren falschen Schritt. Während die Kaiser ihre Kräfte auf vielen Italienzügen verzettelten, die auch zur Schröpfung der reichen oberitalienischen Städte unternommen wurden, aber nichts von bleibender Substanz einbrachten, versäumten sie, als deutsche Könige in Deutschland das Fundament für einen einheitlichen Nationalstaat zu legen, wie es die meisten Könige im benachbarten Europa taten, indem sie zielstrebig die Macht der großen Feudalherren brachen. Statt dessen zersplitterte in Deutschland die Feudalgesellschaft unter kräftiger Nachhilfe des Auslandes immer mehr und das Reich verlor große Gebiete im Westen, Süden und Norden. Es verkam zu einem Schattengebilde und zählte schließlich, nach dem von Frankreich und Schweden diktierten Westfälischen Frieden von 1648, der den verheerenden Dreißigjährigen Krieg beendete, weit mehr als 200 souveräne Territorien. Der deutsche Nationalismus, der sich im Zeitalter des Imperialismus im 19. und 20. Jahrhundert im Rassismus überschlug, wäre möglicherweise weniger virulent ausgebrochen, wenn die Deutschen (wie ihre Nachbarn) sich in einem schon im Mittelalter gegründeten Nationalstaat normal entwickelt hätten.

Obwohl die Herrscher der Kiewer Rus keine imperialen Ambitionen entwickelten und sich trotz der großen Ausdehnung ihres Reiches nur Großfürsten nannten, wurde auch der altrussische Staat von dem feudalen Laster der Erb- und Nachfolgestreitigkeiten heimgesucht, in die sich Fremde einmischten. Schon Wladimir I. mußte den deutschen Bischof Reinbern von Kolberg einkerkern lassen, der an einer Verschwörung seines Sohnes Swjatopolk teilgenommen hatte; dieser tötete drei seiner Brüder und holte auch die Polen erstmals ins Land (1018). Nach dem Tode Jaroslaws des Weisen (1054) zerfiel der Kiewer Staat durch Erbteilung, wobei einer der Erben, Isjaslaw, erfolglos Unterstützung gegen seine Brüder erst in Polen, dann bei Heinrich IV. und schließlich bei Papst Gregor VII. suchte. Nachdem der auch schriftstellerisch berühmte Großfürst Wladimir II. Monomach (1113—1125) und sein Sohn Mstislaw (1125—1132) die Zersplitterung vorübergehend überwunden hatten, brachen erneut Feudalfehden aus, in die sich Byzanz, Ungarn und Polen einmischten.

In dieser Zerrissenheit wurden die Russen im 13. Jahrhundert Opfer des Mongolensturms, den westliche Mächte, auch Deutsche, gewissenlos ausnutzten. Die Russen lernten daraus, und die Oberherrschaft der

Tataren bot Rußland auch eine Chance, die von den Moskauer Fürsten zielstrebig wahrgenommen wurde: Vom 14. Jahrhundert an begannen sie mit dem »Sammeln der russischen Erde« (des altrussischen Reiches), der Errichtung eines starken Einheitsstaates und mit Gegenschlägen gegen Rußlands Feinde in Ost und West. So wurde Rußland geeint und größer, während Deutschland zerfiel und kleiner wurde. Die Russen, scheint es, haben fähigere Staatsmänner (und Staatsfrauen) hervorgebracht als die Deutschen.

1. Kapitel

Frühe Zusammenarbeit und erster Konflikt, 1018–1242

Nicht mit Feindschaft, sondern mit einer politischen Kooperation begannen die deutsch-russischen Beziehungen. Die beiden Staaten hatten keine direkte Berührung, zwischen ihnen lebten verschiedene westslawische Stämme. Inmitten der westlichsten von ihnen (auf dem Gebiet der heutigen DDR) waren im 10. Jahrhundert deutsche Marken gegründet worden, aber durch den großen Slawenaufstand von 983 ging das ostelbische Gebiet wieder verloren. In dieser Zeit schlossen sich die polnischen Stämme zu einem selbständigen Staat zusammen, der um 966 die römisch-katholische Religion annahm und sich unter den Schutz des Papstes stellte.

Gemeinsam gegen großpolnische Bestrebungen

Unter der Führung des Herzogs Boleslaw I. Chrobry (= der Tapfere) aus dem Geschlecht der Piasten geriet Polen 1002—1018 mit seinen Nachbarn in West und Ost in Konflikt: Nach Westen hin kollidierte der polnische Plan zur Schaffung eines westslawischen Einheitsstaates sowohl mit der deutschen »Ostpolitik« wie mit dem Universalitätsanspruch des Reiches unter Kaiser Heinrich II.; im Frieden von Bautzen 1018 konnte Boleslaw sich immerhin die Lausitz und das Milzienerland als Reichslehen sichern. Auch nach Osten hin verfolgte Boleslaw I. großpolnische Pläne, als er, die russischen Thronwirren nach dem Tode Wladimirs I. (1015) ausnutzend, mit dem Prätendenten Swjatopolk, seinem Schwiegersohn, 1018 Kiew besetzte; der deutsche Bischof Thietmar von Merseburg führte dabei sächsische Hilfstruppen an. Jaroslaw I. Mudry (= der Weise) setzte sich jedoch von 1019 an in Kiew durch, gewann die Oberhand über die Polen und drängte sie in ihr eigenes Land westlich der 1030/31 zurückeroberten Tscherwener Burgen am Oberlauf des Bugs zurück.

Der frühe großpolnische Ehrgeiz rief die erste deutsch-russische Zusammenarbeit hervor: Nachdem Boleslaw I. sich 1024 zum polnischen

König hatte krönen lassen, wurde sein Nachfolger schon 1031 von Kaiser Konrad II. mit Unterstützung Jaroslaws I. zum Verzicht auf die Königswürde gezwungen, und Polen mußte Pommern, die Lausitz und Gebiete zwischen Weichsel und Bug herausgeben. 1039 arbeiteten Jaroslaw I. und Kaiser Heinrich III. bei der Wiederherstellung der Piastenherrschaft in Polen unter Kasimir I. zusammen. Dessen Sohn Boleslaw II. (1058—1079) wiederum nahm angesichts einer deutsch-böhmisch-russischen Koalition Partei für den Papst Gregor VII., dessen Weltherrschaftsanspruch sowohl die Herrschaft Heinrichs IV. wie die Unabhängigkeit der orthodoxen Kirche von Byzanz und Rußland bedrohte.

So mischte sich Polen schon früh in seiner Geschichte (unter Verwendung eines Prätendenten, wie später wieder anfangs des 17. Jahrhunderts) in russische Angelegenheiten ein und machte sich Rußland zum Gegner. Es gab seinem römisch-katholischen Glauben den Vorzug vor seiner Stammesverwandtschaft mit den ostslawischen, orthodoxen Russen und suchte sein Heil gegen Deutsche wie Russen beim fernen Papst, wie in späterer Zeit bei den fernen Westmächten, die es mit eifrigem Beifall anspornten, aber ihm niemals praktische Hilfe leisteten, wenn es sich zwischen Ost und West gefährlich exponierte.

Abwehr des Papsttums

Im Jahre 1054 kam es zum »großen Schisma«, dem endgültigen Bruch zwischen der orthodoxen und der römischen Kirche, nachdem drei Legaten des Papstes Leo IX. vom Patriarchen Michael Kerularios in Konstantinopel die Unterwerfung unter das Papsttum gefordert, die Ostkirche als Hort aller Ketzereien geschmäht und die päpstliche Bannbulle gegen den Patriarchen während eines Gottesdienstes auf den Hauptaltar der Hagia Sophia geschleudert hatten. Danach entwickelte sich auch in Rußland ein tiefes Mißtrauen gegen das arrogante Abendland mit seiner intoleranten »alleinseligmachenden« Kirche. Der Widerwille ging später so weit, daß russische Fürsten sich die Hände wuschen, wenn sie einen »Lateiner« hatten begrüßen müssen.

Während die epochale Glaubensspaltung Deutsche und Russen noch nicht speziell entzweite, wirkte der erbitterte Investiturstreit zwischen Papst Gregor VII. und Heinrich IV., der als Kaiser die russische Prinzessin Eupraxia heiratete, sich als Entlastung für die Ostkirche von Byzanz und Rußland aus – als eine unbeabsichtigte Kooperation. Denn der herrschsüchtige Gregor wollte nicht nur den deutschen König, sondern auch den Kaiser von Byzanz in Abhängigkeit vom Papsttum bringen. Gregor plante schon 1074 einen großen abendländischen Kreuzzug, der Byzanz gegen die Seldschuken unter der Bedingung helfen sollte, daß die Ostkirche Rom unterstellt würde. Vor dieser »Hilfe« wurden Byzanz, die Ostkirche und mittelbar auch die geistige Unabhängigkeit Rußlands durch Heinrichs IV. Kampf gegen den Papst gerettet.

Bevor Deutsche und Russen im Zeichen der Kreuzzüge erstmals in Konflikt miteinander gerieten, waren sie um die Mitte des 12. Jahrhunderts ein weiteres Mal Verbündete: Die Fürsten von Susdal-Wladimir und Galizien, Juri Dolgoruki (= Langhand) und Wladimirko, standen auf seiten der »Zweikaiserliga« zwischen dem deutschen König Konrad III. und Manuel I. Komnenos von Byzanz zur Abwehr der Normannen auf Sizilien, die Vasallen des Papstes waren und von Frankreich und Ungarn unterstützt wurden. Juri Dolgoruki, ein Sohn des Wladimir Monomach und durch dessen Schwester Eupraxia ein Neffe Heinrichs IV., gründete 1147 Moskau, das ihm 1957 ein imposantes Reiterstandbild setzte. Sein Sohn Andrej Bogoljubski (= der von Gott Geliebte) verlegte seine Residenz nach Wladimir, das er mit Hilfe von Bauleuten ausbaute, die ihm Kaiser Friedrich I. Barbarossa schickte. Während die Bedeutung Kiews schwand, schufen Juri und Andrej im Nordosten Rußlands das Zentrum, von dem die spätere Erneuerung des Reiches ausging.

Deutscher »Drang nach Osten« im Zeichen der Kreuzzüge

Mit dem religiösen Fanatismus der abendländischen Kreuzzüge, die 1096 im Ernst begannen, wurde das ewige Ziel des Papsttums, die Ostkirche unter seine Botmäßigkeit zu bringen, weiterverfolgt. Weitgehend nur theologisch bemäntelte Raubzüge gegen Moslems, Juden, Heiden und »Ketzer«, deren gewaltsame Katholisierung auch die Einkünfte der Päpste aus dem »Peterspfennig« mehren sollte, zielten die Kreuzzüge nicht nur auf das Heilige Land in der Nachbarschaft von Byzanz. Schon bald richteten sie sich, von Deutschland ausgehend, auch gegen die noch heidnischen Westslawen oder Wenden (wie sie von Deutschen genannt wurden), dann gegen die heidnischen Balten und schließlich gegen die orthodoxen Russen. Im Verlauf dieser Ostexpansion sollte es zur ersten deutschen Aggression gegen Rußland kommen.

Nachdem es in dem Gebiet zwischen Elbe und Oder im 10. und 11. Jahrhundert noch keine deutsche Kolonisation und nur friedliche Missionsarbeit unter den Wenden gegeben hatte, entwickelte sich im 12.

Jahrhundert ein starker deutscher »Drang nach Osten«, der die einheimischen Slawen unterwarf, mit dem Schwert »bekehrte« oder ausrottete und von ihrem Boden zur Kolonisierung Besitz ergriff. In einem Aufruf, den geistliche und weltliche Fürsten Ostsachsens nach 1100 erließen, verband sich der Bekehrungsanspruch unverhüllt mit krasser Gier nach dem Besitz der slawischen Heiden: »Jene Heiden sind sehr schlecht, aber ihr Land ist vorzüglich an Fleisch, Honig, Mehl, Geflügel und, wenn es bestellt wird, überreich an allem Ertrag der Erde. . . . Deshalb, Ihr Sachsen, Franken, Lothringer, Flamländer, die Ihr hochberühmt seid und Bezwinger der Welt, hier werdet Ihr Eure Seelen retten können und zugleich, wenn es Euch gefällt, das beste Land zur Besiedlung gewinnen.«

Der »wendische Kreuzzug« von 1147 mit seiner wenig christlichen Losung »Wer sich nicht taufen läßt, soll sterben« schuf gewaltsam freien Platz« für Ansiedler aus dem dichtbesiedelten Westen des Reiches, wo zum erstenmal das Lied erklang: »Nach Ostland wollen wir reiten/Wohl über die grünen Heiden/Ja, frisch hin über die Heiden/Dort ist ein bess'rer Ort.« Da die kleineren westslawischen Stämme untereinander gespalten waren und kein Einheitsbewußtsein gegenüber den Deutschen besaßen, wurden sie deren leichte Opfer. Mancherorts, so in Pommern und Brandenburg, zogen sie die deutsche Herrschaft der polnischen Oberherrschaft vor, und in Schlesien und Mecklenburg förderten slawische Fürsten die Ansiedlung deutscher Bauern und Handwerker.

Im 13. Jahrhundert setzte sich die deutsche Ostexpansion bis hoch hinauf ins Baltikum fort. Im März 1199 wurde der Domherr Albert von Appeldern von seinem Onkel Hartwig, dem Bremer Erzbischof und Leiter der »Heidenmission«, zum »Bischof von Livland« geweiht, und in einer Bulle vom 5. Oktober 1199 forderte Papst Innozenz III. die abkömmlichen Männer zwischen Rhein und Elbe auf, die »Slawenmission« zu unterstützen, wobei er allen Livland-Fahrern Ablaß ihrer Sünden versprach. 1201 gründete Albert die Stadt Riga als weit nach Nordosten vorgeschobenen Brückenkopf im Baltikum, das nahe daran war, unter russischen Einfluß zu geraten – die Litauer, die Liven und die östlichen Esten waren Kiew oder russischen Teilfürstentümern tributpflichtig. Riga entwickelte sich schnell zu einem Zentrum deutscher Handwerker und Kaufleute mit Handelsbeziehungen zu Rußland, besonders Nowgorod, dessen erster Vertrag mit deutschen Städten von 1198 datierte. Neben den aus dem Reich rekrutierten und zum Teil dorthin zurückkehrenden »Kreuzfahrern« entstand 1202/03 als ortsansässige Kampftruppe der geistliche Ritterorden der »Schwertbrüder«, die weiße Mäntel trugen, auf denen ein rotes Kreuz und darüber ein rotes Schwert genäht waren. Mit dieser Truppe unterwarf Albert Livland, das ihm 1207 als »Lehen« eines Reiches verliehen wurde, das im Inneren durch den Kampf der vom Papsttum unterstützten Welfen gegen die Staufer-Kaiser zerrüttet war.

Von Livland aus richtete sich die deutsche Schwertmission gegen Kurland und die Litauer im Süden sowie gegen Estland im Norden, wo die Schwertbrüder mit dem ebenfalls erobernden Dänemark in Konflikt gerieten. Dort eroberten die Ordensritter 1224 Dorpat (Tartu), wo Jaroslaw der Weise 1030 die russische Stadt Jurjew als Sitz eines orthodoxen Bischofs gegründet hatte, und bekamen es erstmals mit Nowgorod als Schutzherrn der östlichen Esten zu tun. Überall setzten die deutschen Bischöfe und Ordensritter ihre weltlichen Gefolgsleute als Feudalherren der livischen, kurischen, lettischen und estnischen Bauern ein, die jedoch ihre Sprachen bewahrten; eine deutsche bäuerliche Besiedlung gab es im Baltikum kaum.

Im Jahre 1236 wurde der Schwertbrüder-Orden von den heidnischen Litauern vernichtend geschlagen, worauf sich seine wenigen Überlebenden dem ebenfalls mit dem Schwert missionierenden Deutschen Orden (weißer Mantel, schwarzes Kreuz) anschlossen. Der Ende des 12. Jahrhunderts im Heiligen Land gegründete Deutschritterorden war dank ausgedehnten Besitzungen im Reich wohlhabender und mächtiger als der Schwertbrüderorden. Er war um 1225 von dem polnischen Herzog Konrad von Masowien gegen die Pruzzen zu Hilfe gerufen worden, die er bis 1283 mit Menschenjagden, an denen sich christliche Adelige aus ganz Westeuropa beteiligten, brutal ausrottete. Mit Thorn als Ausgangspunkt setzte er sich, die Polen beiseitedrängend, in (Ost-)Preußen fest, das ihm der Staufer-Kaiser Friedrich II. in Rimini (Italien) schon 1226 als Ordensland »schenkte«. Von dort aus dehnte er nach dem Untergang der Schwertbrüder seinen Ordensstaat nordwärts auf Kurland, Livland und Estland aus. In Estland war der Deutsche Orden nun strategisch günstig placiert, um für einen vom Papsttum gewünschten »nördlichen Kreuzzug« zur Unterwerfung der Nowgoroder Russen und ihres orthodoxen Glaubens die Speerspitze zu bilden.

Der Mongolensturm

Zuvor hatte der römisch-katholische Westen die griechisch-orthodoxe Christenheit bereits in ihrem Zentrum Byzanz schwer geschädigt, als das Heer des 4. Kreuzzuges 1203/04 Konstantinopel eroberte, seine herrlichen Kunstschätze zerstörte oder raubte, die Bevölkerung grausam mißhandelte und ein »Lateinisches Kaiserreich« gründete, das bis 1261 bestehen sollte. Das Ziel der Päpste, die Glaubenseinheit unter ihrer Kontrolle wiederherzustellen, wurde zwar gründlich verfehlt, weil die abendländische Brutalität den Bruch zwischen den Kirchen verhärtete, aber Byzanz, das als Bollwerk der Christenheit Perser, Araber, Seldschuken und Türken von ihr ferngehalten hatte, wurde ins Mark getroffen, so daß es zweieinhalb Jahrhunderte später dem Ansturm der Osmanen erliegen sollte. Unter den Russen löste der 4. Kreuzzug einen tiefen Schock aus und bestätigte ihr Mißtrauen gegen den Westen. Da der Kreuzzug unter dem Einfluß des Dogen Enrico Dandolo auch im Interesse des venezianischen Levantehandels geführt worden war, hatte er zur Folge, daß der russische Schwarzmeerhandel an Venedig verloren ging.

Eine noch viel größere Katastrophe für die Russen – aus dem Osten – kündigte sich knapp zwanzig Jahre später an: Im Jahre 1223 wurde ein russisches Heer an der Kalka von den Mongolen des Großchans Dschingis-Chan besiegt, die vom Kaspischen Meer her eine bewaffnete Erkundung unternahmen, nachdem sie Persien und zuvor schon Nordchina überrannt hatten. Danach vollendeten die Mongolen die Unterwerfung Nordchinas und Persiens, bevor sie sich vierzehn Jahre später wieder gegen Rußland wandten. Mitten im Winter 1237/38 begannen die von den Russen Tataren genannten Mongolen unter dem Befehl des Chans Batü mit der Eroberung Rußlands, wobei ihre über die vereisten Flüsse und auf gefrorenem Boden schnell vorankommenden und einheitlich geführten Reiterarmeen die sich verzweifelt wehrenden, aber zersplitterten Russen überrannten, ihre Städte ausraubten und zerstörten und deren Bevölkerung umbrachten oder als Sklaven wegtrieben. Lediglich das reiche Nowgorod, Stapelplatz von Waren aus Ost und West, blieb vor diesem Schicksal bewahrt, weil die auf Batüs Weg liegende kleine Stadt Torschok mit heldenmütigem Widerstand die Tataren drei Wochen lang aufhielt, während die Nowgorod umgebenden Moore in der Frühjahrsschmelze des Jahres 1238 aufbrachen und für die Reiter aus Asien unpassierbar wurden. Gegen eben dieses Nowgorod richtete sich die Aggression des Deutschen Ordens in einem Augenblick, als auf Deutschland selbst der Schatten der mongolischen Welteroberer fiel.

Nachdem Batüs Horden am 6. Dezember 1240 das »heilige Kiew« gestürmt und in der dem damaligen Paris oder Köln ebenbürtigen Stadt nur 200 Häuser stehen gelassen hatten, zogen sie nach Westen, ins Abendland. Am 13. Februar 1241 eroberten sie die Stadt Sandomir in

Polen. Am 9. April 1241 vernichteten sie bei Liegnitz ein deutsch-polnisches Ritterheer unter dem Piastenherzog Heinrich II. von Schlesien. Dann wandten sie sich gegen Ungarn und schlugen das Heer Belas IV. am Sajo-Fluß. Nachdem alle diese Staaten zusammengebrochen waren, lag Deutschland schutzlos vor den bisher überall siegreichen Eroberern aus Asien da. Seine schwerfälligen gepanzerten Ritter wären den flinken mongolischen Bogenschützen kaum gewachsen gewesen, wie Liegnitz gezeigt hatte, und der Staufer-Kaiser Friedrich II., der seiner Erziehung nach eher Sizilianer als Deutscher war, befand sich weitab von der bedrohten Grenze in Unteritalien und schützte sein Reich, das ohnehin einem kraftlosen Interregnum entgegentrieb, in keiner Weise.

In unserer Zeit stellte der deutsche Geschichtskalender »Ploetz« die Schlacht bei Liegnitz als einen Abwehrerfolg dar, der die durch Verluste geschwächten Mongolen bewogen habe, sich von Europa abzuwenden. Aber in Wirklichkeit wurde das Abendland nur durch einen Zufall gerettet: Der Tod des Großchans Ügedei veranlaßte Batü, mit dem Gros seiner Truppen aus dem Westen in das Mongolen-Zentrum Karakorum zu eilen, um bei der Neuverteilung der Macht seine Ansprüche geltend zu machen. Für das katholische Osteuropa ging der Städte und Klöster verwüstende Mongolensturm so schnell vorüber, daß selbst die vom Papst angeordneten Kreuzpredigten zu spät kamen. Rußland dagegen mußte die ganze Last der Mongolenherrschaft, die es von der europäischen Entwicklung abschnitt, fast zweieinhalb Jahrhunderte lang tragen – stellvertretend für einen Westen, der ihm dafür niemals Dank wußte.

Alexander Newski schlägt den Deutschen Orden

Angesichts und in voller Kenntnis des sich zusammenbrauenden und über die Russen hereinbrechenden Mongolensturms plante Papst Gregor IX. (1227—1241) den Angriff auf das orthodoxe Russentum Nowgorods unter Verwendung des gewalttätigen Deutschen Ordens. Schon sein Vorgänger Honorius III. hatte – *nach* der russischen Niederlage an der Kalka! – den aus Piemont stammenden Bischof Wilhelm von Modena 1225/26 als Legaten nach Livland entsandt, um die Geneigtheit russischer Kleinfürsten zum Anschluß an Rom zu erkunden und um zwischen dem dänischen König Waldemar II. und den Schwertbrüdern, die in Estland miteinander rivalisierten, zu vermitteln. 1229 verbot Gregor IX. in Bullen an die Geistlichkeit im Ostseeraum jeglichen Handel mit den Russen – ein frühes Beispiel der Embargopolitik, die freilich schon damals nicht funktionierte, weil sie den Interessen der deutschen Kaufleute widersprach. Als er 1237 die Vereinigung der überlebenden Schwertbrüder mit dem Deutschen Orden genehmigte, beanspruchte er »Livland im Recht und Eigentum des heiligen Petrus« für das Papsttum. Im gleichen Jahr forderte Gregor IX. die Schweden zu einem »Kreuzzug« gegen die »finnischen Abtrünnigen« auf, die den orthodoxen Glauben angenommen hatten. Die Schweden eroberten daraufhin das sogenannte Tavastland, während Wilhelm von Modena Dänemark und den Deutschen Orden von ihrem estländischen Streit ablenkte, indem er sie gegen Nowgorod hetzte: Nach dem Vertrag, den Waldemar II. und der Deutschordensmeister Hermann Balke am 7. Juni 1238 in Stenby auf Seeland schlossen, sollte von den gemeinsam zu erobernden Gebieten der dänische König zwei und der Orden ein Drittel erhalten. Dies geschah, *nachdem* der Tatareneinfall in Rußland im Westen bekanntgeworden war!

Im Sommer 1240 – als bereits weite Gebiete Rußlands von den Tataren verwüstet waren – begann der große Zangenangriff gegen Nowgorod, der der reichen Handelsstadt den Newa-Wasserweg zur Ostsee abschneiden sollte, um sie durch eine Hungerblockade zur Kapitulation und Annahme des römischen Glaubens zu zwingen. Zuerst drangen schwedische Truppen unter dem Fürsten Birger mit Unterstützung des Erzbischofs von Lund von Karelien aus gegen Nowgorod vor. Die erschrockenen Nowgoroder, die als stolze Kaufleute und Bojaren sonst wenig für Fürsten übrig hatten, baten den Großfürsten von Wladimir-Susdal um Hilfe, der ihnen seinen noch nicht zwanzigjährigen Sohn Alexander Jaroslawitsch schickte. Mit einem Nowgoroder Heer schlug Alexander am 15. Juli 1240 die zahlenmäßig überlegenen Schweden an der Newa und trug fortan den rühmenden Beinamen Newski (von der Newa). Daraufhin begannen die Deutschen und Dänen aus Livland und Estland ihren Vorstoß über Isborsk, das sie stürmten, und Pskow (Pleskau), wo ihnen verräterische Bojaren die Tore öffneten, entlang der Südküste des Finnischen Meerbusens zum Newa-Gebiet; von einer im Bezirk Kaporje errichteten Burg aus unternahmen sie Streifzüge und bedrohten Nowgorod. Die Nowgoroder, die Alexander Newski bereits wieder verabschiedet hatten, riefen ihn eilends zurück. Schon 1241 eroberte er die Burg in Kaporje und im Frühjahr 1242 auch Pskow zurück, worauf er sich gegen Dorpat wandte. Am 5. April 1242 schlugen die Russen unter Alexander Newski die Ritter des Deutschen Ordens unter dem Bischof Hermann von Dorpat auf dem von Blut rot gefärbten Eis des Peipus-Sees vernichtend aufs Haupt.

Damit waren der »nördliche Kreuzzug« und die Mission Wilhelms von Modena gescheitert; die Katholisierung Rußlands war vereitelt worden. Die Russen versuchten nicht, die Deutschen ins Meer zu werfen, aber alle Landschaften östlich Estlands gingen den deutsch-dänischen Eroberern wieder verloren, und kein Russe geriet unter fremde Feudalherrschaft. Obwohl es noch mehrere Grenzkonflikte mit den Deutschrittern gab, war der teutonische »Drang nach Osten« angehalten worden – für rund 700 Jahre.

Kausalität: Aggression – Gegenschlag

Der erste militärische Zusammenstoß zwischen Deutschen und Russen wurde im damaligen Deutschland so gut wie nicht bekannt, und auch heutigen deutschen Geschichtskalendern ist er höchstens eine knappe Erwähnung wert. Der westdeutsche rechtsliberale Journalist und »Militärexperte« Lothar Ruehl brachte es fertig, in seinem Buch über »Rußlands Weg zur Weltmacht« (1981) die Siege Alexander Newskis völlig zu verschweigen. In allen russischen Geschichtswerken nimmt dagegen die erste Aggression Deutscher gegen Rußland zu Recht einen wichtigen Platz ein, und in der russischen Kollektiverinnerung datiert von damals wohl nicht nur die Furcht vor einer Invasion durch ein ungeschütztes oder feindlich beherrschtes Baltikum, sondern viel mehr noch vor einem kaltherzigen abendländischen »Dolchstoß« – hier ist das Wort am Platze – in den Rücken eines mit Asien ringenden Rußlands. Wie der deutsche Rußland-Historiker Günter Stökl einräumte, erschienen der schwedische und der deutsch-livländische Angriff den Russen »als Teile eines großangelegten päpstlichen Operationsplanes, der sich gegen die kirchliche und politische Unabhängigkeit der Russen richtete und die Katastrophe der russischen Christenheit im Mongolensturm gewissenlos ausnützte«.

Für Alexander Newski, dem das Wort zugeschrieben wird: »Wer mit dem Schwert zu uns kommt, soll durch das Schwert umkommen«, stand fest, daß von dem lateinischen Westen, der Rußland in seiner schwersten Stunde in den Rücken gefallen war, nichts Gutes zu erwarten war. Die orthodoxe Kirche rühmte ihn, weil er zwei der »allerschlauesten Kardinäle«, die Papst Innozenz IV. 1251 zu ihm sandte, um ihn für den römischen Glauben zu gewinnen, mit der Antwort wegschickte: »Von euch nehmen wir keine Lehre an.« Da der Druck aus dem Westen gegen das orthodoxe Russentum anhielt – der Papst stellte 1253 den heidnischen Litauerfürsten Mindaugas unter seinen »Schutz« und hieß dessen Eroberungen auf Kosten Rußlands gut! –, da die Mongolen aber in Religionsfragen tolerant waren und die orthodoxe Kirche, die die geistige Einheit des russischen Volkes bewahrte, in Ruhe ließen, fand sich Alexander Newski mit der Oberhoheit der tatarischen »Goldenen Horde« ab, die sich bei Sarai am Unterlauf der Wolga niedergelassen hatte, und vertagte die Auseinandersetzung mit ihr. Gegen Ende seines Lebens (1263) führte er seinen jüngsten Sohn Daniil vor den Moskauer Kreml, der damals erst eine Burg aus Holz war, und dort soll er zu ihm gesagt haben: »Wenn ich tot bin, wirst du von hier aus das Land regieren. In diesem Kreml wird einst Rußland neu geboren werden. Das ist mein fester Glaube.« Tatsächlich begannen Alexander Newskis Nachkommen auf dem Moskauer Thron im 14. Jahrhundert mit der Einigung Rußlands und seiner Befreiung vom tatarischen Joch.

Alexander Newski ist ein strahlender Volksheld Rußlands wie der Sowjetunion. Die orthodoxe Kirche erhob ihn zum Nationalheiligen. Über seinen Gebeinen errichtete Zar Peter I. das Alexander-Newski-Kloster mit acht Kirchen, zu dem die Gläubigen an seinem Gedenktag, dem 11. September, noch heute pilgern. Auf Peter I. geht auch der Alexander-Newski-Orden für militärische Verdienste zurück, den Stalin im »Großen Vaterländischen Krieg« gegen Hitler-Deutschland erneuerte. Vor diesem Krieg verherrlichte Sergej Eisenstein 1938 das Epos vom Peipus-See in seinem Film »Alexander Newski«, um die russische Abwehrbereitschaft zu stärken, während Sergej Prokofjew ihm eine Konzertkantate widmete. Nach diesem Krieg, in dem Hitler, wie er es schon in seinem Buch »Mein Kampf« angekündigt hatte, Deutschland »wieder auf der Straße der einstigen Ordensritter in Marsch« setzte, um die Sowjetunion zu vernichten und ihr Volk zu versklaven, wurde der Nordteil des einstigen Deutschordenslandes Ostpreußen ein Gebiet der Russischen Sowjetrepublik, und in seiner Hauptstadt Kaliningrad, der ehemaligen preußischen Krönungsstadt Königsberg, trägt die frühere Crantzer Allee den Namen Alexander Newskis.

Für heutige Bundesdeutsche könnte dies Anlaß sein, sich der geschichtlichen Kausalität von Ursache und Wirkung, von Aggression und Gegenschlag, innezuwerden, die in den deutsch-russischen Beziehungen vor mehr als 700 Jahren begann und die kein vermeintlich mächtiger Bundesgenosse – sei er Papst oder Präsident der USA – aufheben kann.

2. Kapitel

Hanse, Handwerker und Gesandte, Mitte 13.–Ende 17. Jahrhundert

In den viereinhalb Jahrhunderten, die auf die Niederlage des Deutschen Ordens auf dem Eis des Peipus-Sees folgten, bestanden relativ wenige Kontakte zwischen Deutschen und Russen, die meistens wirtschaftlicher und nur punktuell politischer Natur waren. Der Orden ließ die Russen nicht vergessen, daß vom Baltikum aus, das noch etwa drei Jahrhunderte lang in seiner Hand blieb, der erste deutsche Angriff auf sie ausgegangen war. Aber Deutsche hatten keinen Anteil an den Eroberungen, die Litauer und Polen im 13. und 14. Jahrhundert auf Kosten Rußlands machten, als dieses unter dem Joch der Tataren schmachtete. Deutsche Kaufleute hielten bis in das 15. Jahrhundert hinein ein weitgehendes Monopol des Handels zwischen Ost und West über Nowgorod aufrecht. Als dieses mit dem Erstarken des Moskauer Staates endete, ließen sich vom Ende des 15. Jahrhunderts an zunehmend deutsche Handwerker und Spezialisten in Rußland nieder. In dieser Zeit kam es auch zum gelegentlichen Austausch von Gesandtschaften zwischen dem Heiligen Römischen Reich und dem Moskauer Staat; sie gingen auf Initiativen von Habsburger-Kaisern zurück, die Rußland für ihre Interessen einzuspannen versuchten, blieben aber meistens folgenlos.

Die politische Entwicklung der beiden Reiche verlief gegenläufig: Während Deutschland vom 13. Jahrhundert an zerfiel, bis es im 17., im Dreißigjährigen Krieg, zum Tummelplatz fremder Heere wurde, wuchs und festigte sich der Moskauer Staat, der zwar auch von einer »Zeit der Wirren« mit erneuter polnischer Einmischung heimgesucht wurde, sie aber in relativ kurzer Zeit überwand. Gegen Ende des 17. Jahrhunderts brachte Schweden, das sich an der ganzen Südküste der Ostsee festgesetzt hatte, norddeutsche Fürsten und Rußland wieder zur Zusammenarbeit.

Der Deutsche Orden und die litauische Ostexpansion

Obwohl dem Deutschen Orden die Eroberung russischen Landes (von Jurjew-Dorpat abgesehen) mißlungen war, blieb er eine Quelle der Belästigung für die Russen im Nordwesten. Vor allem ging von seiner fortgesetzten kriegerischen Missionstätigkeit im Baltikum eine störende Wirkung aus, die sich indirekt, aber massiv gegen Rußland richtete: Nach seiner Niederlage vom Peipus-See verstärkte der Orden den Druck auf die ursprünglich Kiew tributpflichtigen Litauer, die sich um 1250 vereinigten; indem der Orden sie von der Ostsee abdrängte, verursachte er die Ostschwenkung Litauens unter dem bereits erwähnten Fürsten Mindaugas, dessen Nachfolger die Expansion auf Kosten Rußlands teils im Konflikt, häufiger aber im Zusammenspiel mit dessen tatarischen Bedrückern fortsetzten. Der litauische Großfürst Gedimin (1316—41) eroberte Minsk, Turow, Brest, Wladimir und Kiew, und sein Sohn Olgerd (1345—77) gliederte seinem Reich Tschernigow, Smolensk und den größten Teil Wolhyniens an, mußte aber 1366 den westlichen Teil Galiziens dem ebenfalls ostwärts expandierenden Polen überlassen. Nach der Union mit Polen (1386) unter den Jagiellonen erstreckte sich Litauen-Polen von der Ostsee bis fast an das Schwarze Meer als mächtiger Riegel zwischen Rußland und Deutschland.

Im Litauerreich stellten die orthodoxen Russen den weitaus größten und kulturell überlegenen Teil der Bevölkerung. Sie nahmen die Herrschaft der Litauerfürsten hin, solange diese tolerante Heiden waren und sich der russischen Sprache und Kultur bedienten. Dies änderte sich jedoch, als Jagiello (1377—1434) als Preis für die Krone Polens den römischen Glauben annahm und die litauische Bevölkerung katholisierte: Die Jagiellonen büßten dadurch die Sympathie und Loyalität ihrer russischen Untertanen ein, die ihre Blicke zunehmend auf das aufsteigende Moskauer Großfürstentum als Verteidiger des orthodoxen Russentums richteten.

Die Entwicklung, die der Deutsche Orden mit der Verfolgung der Litauer angestoßen hatte, wirkte sich letztlich gegen ihn selbst aus: Die katholische litauisch-polnische Union beraubte den Orden seines »Missionsauftrags« und fügte ihm in der Schlacht von Tannenberg/Grunwald (1410), an der auch russische Truppen aus Smolensk teilnahmen, die Niederlage zu, mit der sein Abstieg begann.

Aufstieg des Moskauer Fürstentums

Das relativ junge Moskau (erste urkundliche Erwähnung 1147) genoß durch die es umgebenden Fürstentümer und Wälder einen gewissen Schutz vor direkten Angriffen; dadurch wurde es für die Russen zu einem Zufluchtsort, dessen Bevölkerung schnell wuchs. Dank seiner günstigen Lage an der Kreuzung von Handelswegen zu Wasser und über Land entwickelte es sich auch wirtschaftlich schnell; aus Transitzöllen gewannen seine Fürsten beträchtliche Mittel zur zielstrebigen Erweiterung ihrer Macht. Unter dem Fürsten Daniil, dem jüngsten Sohn Alexander Newskis, begann im letzten Viertel des 13. Jahrhunderts Moskaus allmählicher politischer Aufstieg.

Die Tataren hatten durch ihre »Baskaken« (Steuereinnehmer) den Tribut von der russischen Bevölkerung ursprünglich selbst eingetrieben, und zwar, wie ein russisches Volkslied klagte, auf folgende Weise: »Wer kein Geld hat/Dem nimmt er das Kind/Der kein Kind hat/Dem nimmt er das Weib/Wer auch kein Weib hat/Den nimmt er selber gefangen.« Daniils Sohn Iwan I. (1325—40) erreichte, nach den Worten eines zeitgenössischen Chronisten, daß die Tataren »aufhörten, die Rus mit Kriegen zu überziehen und Christen zu töten, und so ruhten sich die Christen von der großen Erschöpfung und den vielen Bedrückungen aus«. Dies gelang Iwan I. freilich nur dadurch, daß er selbst den Tribut für die Goldene Horde erhob und von der Bevölkerung schonungslos Steuern eintrieb. Mit seinen großen finanziellen Mitteln – die Russen gaben ihm den Beinamen »Kalita« (= Geldsack) – und mit anderen Diensten für den Tatarenchan erkaufte er sich 1328 die Großfürstenwürde. Im Kampf gegen Twer erweiterte er den Moskauer Staat, so daß er als erster »Sammler russischer Erde« in die Geschichte einging.

Nachdem der Metropolit »von Kiew und ganz Rußland« 1326 seinen Sitz von Wladimir nach Moskau verlegt hatte, genossen dessen Fürsten außer dem Ruhm ihres Vorfahren Alexander Newski auch den besonderen Segen der orthodoxen Kirche für ihr Werk der nationalen Einigung. Der Metropolit Alexej erzog als Regent den Enkel Iwan Kalitas, Dimitri Iwanowitsch (1359—89), der am 8. September 1380 auf dem »Schnepfenfeld« (Kulikowo polje) am oberen Don in der größten Schlacht des Mittelalters den ersten russischen Sieg über die mit Jagiellos Litauen verbündeten Tataren des Chans Mamai errang. Dadurch wurde die endgültige Teilung Rußlands zwischen Litauen und der Goldenen Horde verhindert. Obwohl die Tataren zwei Jahre später noch einmal Moskau brandschatzten, hatte Dimitri Donskoi (= vom Don) der Goldenen Horde den Nimbus der Unbesiegbarkeit geraubt, und Moskau galt als Vorkämpfer für den rechten Glauben und gegen die Fremdherrschaft. Als der Deutsche Orden 1406 Pskow (Pleskau) abermals bedrängte, schickte Dimitris Sohn und Nachfolger Wassili I. (1389—1425) den Pskowern seinen Bruder Konstantin zu Hilfe, unter dessen Führung sie einen erfolgreichen Feldzug gegen Livland unternahmen.

Moskau pochte auf seine Rechtgläubigkeit um so mehr, als der Kaiser des immer stärker von den Türken bedrohten Byzanz in der – eitlen – Hoffnung auf westliche Hilfe zum Katholizismus übertrat und mit dem Papst 1439 die Union von Florenz über die Vereinigung der Ostkirche mit der Westkirche abschloß. Diese Union wurde sowohl von Großfürst Wassili II. (1425—62) wie von den russischen Geistlichen verworfen, da sie unter keinen Umständen in die Abhängigkeit der römischen Kurie geraten wollten. 1448 löste sich die russisch-orthodoxe Kirche völlig von der griechischen und wurde unter dem russischen Metropoliten Jonas »autokephal«. Der Fall des vom Westen im Stich gelassenen Konstantinopels im Jahre 1453 wurde in Rußland als gerechte Strafe für den byzantinischen Glaubensverrat angesehen.

Der Moskauer Staat war im 15. Jahrhundert bereits so gefestigt, daß ihn auch ein langer, wechselvoller und grausamer Feudalkrieg um die Thronfolge, in dessen Verlauf Wassili II. geblendet wurde, nicht mehr ernstlich erschüttern konnte. Alle Versuche, den Zusammenschluß der russischen Lande aufzuhalten und zur feudalen Zersplitterung zurückzukehren, blieben erfolglos. – Deutschland dagegen trieb immer mehr in die Anarchie der Territorialherrschaften: Wie die einstigen Stammesherzöge wünschten die sieben Kurfürsten (vier weltliche, drei geistliche) nur ein schwaches Königtum, während die Habsburger die Kaiserwürde, die sie bis zum Ende des Heiligen Römischen Reiches fast ununterbrochen innehatten, nur dazu benutzten, die Interessen ihrer österreichischen Hausmachtpolitik zu decken, ohne das Reich sonstwo zu verteidigen. Die Schweiz machte sich praktisch selbständig, Burgund verleibte sich Reichsgebiete ein, und 1444 erschien erstmals ein französisches Heer in Lothringen und im Elsaß. Im Norden wurde Holstein mit Dänemark in Personalunion verbunden, und der geschwächte Deutsche Orden in (Ost-)Preußen wurde 1466 polnischer Vasall.

Iwan III.: Die Hanse geht, deutsche Handwerker kommen

Iwan III., der von 1462 bis 1505 regierte, wurde als erster russischer Herrscher »der Große« genannt, weil er der bis dahin erfolgreichste »Sammler russischer Länder« war. Er beendete in den siebziger Jahren des 15. Jahrhunderts die Selbständigkeit Nowgorods, das beileibe keine »Demokratie«, sondern eine Feudalrepublik war, die sich zuletzt – landesverräterisch – der Oberhoheit Litauen-Polens unterstellt hatte, ohne von diesem geschützt zu werden. Mit der Stadt Nowgorod – von der es einst geheißen hatte: »Wer kann gegen Gott oder Groß-Nowgorod?« –

kam ihr riesiges, sich bis zum Ural und zum Weißen Meer erstreckendes Hinterland unter die Kontrolle Moskaus, womit der russische Staat wieder einer der größten, wenn nicht der größte in Europa war. Auch das Fürstentum Twer, das ebenfalls mit Litauen-Polen gegen Moskau zusammengearbeitet hatte, wurde endgültig besiegt, und Litauen-Polen selbst mußte erstmals eroberte russische Gebiete herausgeben. Vor allem aber befreite Iwan III. Rußland von der Oberhoheit der Goldenen Horde, nachdem ein großes Moskauer Heer 1480 an der Ugra die mit Polen verbündeten Tataren zum Abzug genötigt hatte; die Goldene Horde zerfiel zunehmend in die Teilchanate Kasan, Astrachan und Krim, von denen freilich gelegentlich noch Raubzüge gegen Rußland ausgingen.

Nach seiner Heirat mit der Nichte des letzten Kaisers von Byzanz, der Prinzessin Zoë (Sophia) Paläolog, nannte Iwan III. sich nicht nur »Selbstherrscher von ganz Rußland«, sondern manchmal auch »Zar« (wie »Kaiser« von Caesar abgeleitet) und übernahm den byzantinischen Doppeladler als Staatswappen sowie das byzantinische Hofprotokoll. Dem Moskauer Kreml gab Iwan III. weitgehend seine heutige Gestalt.

Unter Iwan III. endete eine fast 300jährige deutsche Präsenz auf russischem Boden – die der Hansekaufleute in Nowgorod. Seit 1198 bestand ein Vertrag zwischen Nowgorod und deutschen Städten, der deren Bürgern Sicherheit von Person und Eigentum sowie freie Ausübung ihres Glaubens garantierte. Vornehmlich von Lübeck aus operierend und dem Banner der Ordensritter vorauseilend, brachten die deutschen Kaufleute den Ostseehandel zwischen Ost und West fast ganz unter ihre Kontrolle, wobei sie um 1205—07 in Nowgorod ein Hansekontor, den Peterhof, errichteten. Das päpstliche Verbot des Handels mit Rußland von 1229 ließen sie aus guten Gründen unbeachtet, denn durch die Vermittlung und den Seetransport des Warenaustauschs wurde die Hanse unermeßlich reich und mächtig. Rußland exportierte u.a. im Westen begehrte Pelze, Häute, Wachs, Fische, Speck, Hanf, Walroßzähne und Kaviar und bezog aus dem Westen flämische Tuche, feines Leinen, Eisenerzeugnisse, Gold- und Silberwaren und Wein.

Nach der Niederlage des Deutschen Ordens vom Peipus-See versuchte Alexander Newskis jüngerer Bruder Jaroslaw, der ihm in Nowgorod nachfolgte, die Aktivitäten der deutschen Kaufleute einzuschränken, aber der Tatarenchan, der auch von dem Ost-West-Handel profitierte, befahl ihm: »Öffne dem deutschen Gast den Weg in dein Land!« An der Wende des 14. zum 15. Jahrhundert begannen die Nowgoroder selbst gegen die Monopolstellung der Hanse aufzubegehren und für die Aufnahme direkter Handelsbeziehungen zu Westeuropa zu kämpfen. Aber erst nach den Nowgorod-Zügen Iwans III., die auch der Ausschaltung eines Rivalen der Moskauer Handelsinteressen dienten, wurden diese Ziele erreicht. Nach der Ermordung eines russischen Kaufmanns in der Hansestadt Reval (Talinn) schloß Moskau 1494 den Nowgoroder Peterhof und beschlagnahmte seine Warenlager. Mit ihrer Anwesenheit auf russischem Boden ging die große Zeit der deutschen Hanse zu Ende.

Dafür hatte bereits eine andere deutsche Präsenz in Rußland begonnen – die nützlicher Handwerker und Spezialisten. 1489 hatte Iwan III. den Griechen Georg Trachaniotis (Juri Trachaniot) aus dem Gefolge seiner Frau nach Deutschland geschickt, um dort Spezialisten für Bergbau und Hüttenwesen, Geschützgießer und Büchsenmacher, Maurer und Zimmerleute anzuwerben. Außer den gewünschten Handwerkern brachte Trachaniotis auch einen Orgelbauer und einen Arzt mit nach Rußland. Von da an gab es einen stetigen Zuzug deutscher Handwerker und Spezialisten. Sie begründeten in Moskau eine deutsche Vorstadt, die »Njemezkaja Sloboda«, blieben meistens in Rußland, heirateten Russinnen und gingen mit ihren Nachkommen in der Bevölkerung auf.

Die Habsburger umwerben Moskau

Durch seine Taten hatte Iwan III. die Aufmerksamkeit des Habsburger-Kaisers Friedrich III. (1440—93) erregt, der in Deutschland des »Heiligen Römischen Reiches Erzschlafmütze« genannt wurde, weil er den fürstlichen Machtkämpfen tatenlos zusah. Nachdem es bereits in den siebziger Jahren des 15. Jahrhunderts zu türkischen Raubzügen in der Steiermark und ungarischen Angriffen auf Österreich – beide Habsburger Erblande – gekommen war, wollte Friedrich III. das Moskauer Großfürstentum als Verbündeten gegen das ebenfalls expandierende Polen gewinnen. Zu diesem Zweck entsandte er 1486 eine große Gesandtschaft unter Führung des Ritters Nikolaus von Popplau nach Moskau und bot Iwan III. an, ihn zum »russischen König« zu krönen. Die selbstbewußte Antwort, die der Großfürst 1488 dem kaierlichen Gesandten auf dieses Angebot erteilte, ließ erkennen, wie hoch er die eigene Würde schätzte und wie gering man selbst im fernen Moskau von der deutschen Kaisermacht dachte: »Wir sind von Gottes Gnaden Herrscher in unserem Lande von Anfang an seit unseren ersten Vorfahren. Gott hat uns eingesetzt, und seitdem bitten wir ihn, daß er uns und unseren Kindern in Ewigkeit die Herrschaft gebe wie jetzt. Eine andere Herrschaft haben wir nie gewünscht und wünschen sie auch jetzt nicht.«

Der deutsche König Maximilian, Sohn Friedrichs III., empfing 1489 in Frankfurt Trachaniotis als ersten Moskauer Gesandten. Als Kaiser Maximilian I. (1493—1519) wollte er sein »Heiliges Römisches Reich Deutscher Nation« (wie es von nun an hieß) durch eine dynastische Heirat mit Rußland verbinden. Den 1498 erneut nach Moskau entsandten Popplau ließ er zunächst vorschlagen, eine der Töchter Iwans III. mit einem deutschen Kurfürsten zu vermählen, was als nicht standesgemäß abgelehnt wurde. Daraufhin bot Maximilian I. durch seinen Gesandten Georg Delator 1500 sogar seine eigene Hand an, aber auch dieses Projekt kam nicht zustande. Iwan III. war wohl an nützlichen deutschen Handwerkern aber nicht sonderlich an deutschen Schwiegersöhnen interessiert. Gleichwohl wurden weitere Gesandtschaften ausgetauscht.

Gegen die Ritter des Deutschen Ordens in Livland, die (wie schon 1406 und um 1480) im Jahre 1500 erneut das russische Pskow (Pleskau) bedrohten, führte Iwan III. den ersten livländischen Krieg, dessen Verlauf und Ergebnis verschieden dargestellt werden. Nach der deutschen Version konnte der livländische Landmeister Wolter von Plettenberg 1502 die russischen Truppen am Smolina-See abwehren, aber den zwischen Bischöfen, Städten (Riga) und Landadel zerrissenen Ordensstaat nicht mehr erneuern. Nach der russischen Version wurde den livländischen Rittern bei Jurjew (Dorpat) eine Niederlage bereitet, und Livland mußte sich im 50jährigen Waffenstillstandsvertrag von 1503 verpflichten, dem russischen Westhandel keine Schwierigkeiten in den Weg zu legen, und die Tributpflicht gegenüber Moskau für das früher den Kiewer Großfürsten und Nowgorod gehörende Land Jurjew anerkennen. Dem Vorstoß zu den Häfen an der Ostsee blieb der Erfolg versagt, aber gegenüber Narwa war schon 1492 die russische Festung Iwangorod gegründet worden.

Während der Regierungszeit Wassilis III. (1505—36) setzten die Habsburger den mit seinem Vater begonnenen Austausch von Gesandtschaften fort. 1514, während der Mission des kaiserlichen Gesandten Jörg Schnitzenpaumer, gelang es den Moskauer Diplomaten, in einen gegen Polen gerichteten Bündnisvertrag mit Maximilian I. den Zarentitel für Wassili III. einzubringen, so daß Kaiser mit Kaiser kontrahierte. Als der Polen-König Sigismund I. nach der Schlacht von Orscha (1514) einige der vornehmsten russischen Gefangenen auf den Weg nach Rom bringen ließ, um sie dem Papst Leo X. zum Geschenk zu machen, ließ Maximilian I. die Gefangenen unterwegs befreien und nach Moskau zurückbringen. 1515 empfing Maximilian in Innsbruck eine Gesandtschaft Wassilis. Danach empfing Wassili III. zweimal, 1517 und 1526, deutsche Gesandtschaften unter Führung des aus Krain stammenden Sigismund von Herberstein, der jedesmal etwa sieben Monate in Rußland verbrachte. Das erste Mal wurde Herberstein noch von Maximilian I. entsandt, das zweite Mal von dessen Enkel Ferdinand I., der seinen Bruder Kaiser Karl V. (1519—56), in Deutschland vertrat.

Da Karl V. auch König von Spanien war, das in Amerika Kolonien erobert hatte, ging in seinem Reich, oberflächlich gesehen, »die Sonne nicht unter«. In Deutschland wurde es jedoch durch die Bauernkriege und Martin Luthers Reformation schwer erschüttert, die den weitaus größten Teil des Volkes im Gegensatz zu den katholischen Habsburgern in kurzer Zeit protestantisch werden ließ. Im Westen erntete Deutschland die Erbfeindschaft des von Habsburg an Rhein und Pyrenäen umklammerten Frankreich, mit dem deutsche Fürsten gegen das Haus Habsburg zusammenarbeiteten. Und von Südosten her rückten die Türken immer näher.

In dieser Lage bemühten sich die Habsburger erneut um ein Bündnis mit dem erstarkten Moskauer Staat. Aber Herbersteins beiden Missionen blieb der Erfolg versagt, weil für Wassili III. der Kampf gegen Litauen-Polen, durch den er Smolensk und andere westrussische Gebiete zurückgewann, und die Abwehr der Krim- und Kasan-Tataren viel wichtiger waren, als Habsburger-Kastanien aus dem Feuer zu holen. Wie sollte sich auch ein Fürst, der sich laut Herberstein die Hände wusch, wenn er »einem vom Römischen Glauben« die Hand hatte geben müssen, für einen katholischen Westen erwärmen, der Rußland in Gestalt Litauen-Polens immer noch bedrängte?

War Herberstein in Moskau der diplomatische Erfolg versagt geblieben, so wurde er mit seinem Rußland-Buch »Rerum Moscoviticarum Commentarii«, das 1549 erschien und auch in deutscher Sprache mehrere Auflagen erlebte, der erste mißgünstige westliche Berichterstatter über das ferne, bisher fast unbekannte Land. Seine Schilderung des großfürstlichen Despotismus prägte nachhaltig das Rußland-Bild gebildeter Deutscher, die sich durch die sensationelle Lektüre gern von den Brutalitäten im eigenen Land ablenken ließen – z.B. bei den Religionskriegen oder der Niederschlagung der Bauernaufstände wenige Jahrzehnte zuvor. Herberstein, der in Moskau reich beschenkt worden war, obwohl er selbst keine Geschenke mitgebracht hatte, scheute sich nicht, von einer »Moskowiterpest« zu sprechen. Er berichtete aber auch, daß er an der Tafel des Großfürsten nicht nur getaufte tatarische Fürstensöhne, sondern auch deutsche Fachleute wie Büchsenmacher angetroffen habe – offenbar diskriminierte der Großfürst die Tataren nicht und hielt die Deutschen in hohem Ansehen.

Der unheimliche Eindruck von Rußland, den Herbersteins mißgünstiger Bericht verbreitete, wurde durch Nachrichten vertieft, die aus Rußland und dem Baltikum über Iwan IV. eintrafen, dem die Russen den mit ihrem Wort für Gewitter verwandten Beinamen »Grosny« (= der Dräuende oder Strafende) gaben, den man im Westen schlicht und falsch mit »der Schreckliche« übersetzte. Iwan IV. (1533—1584) hatte seinen Vater Wassili mit drei Jahren und seine Mutter Jelena (vermutlich durch Gift) mit acht Jahren verloren, und während seiner Kindheit wüteten um ihn Fehden und Intrigen der Bojaren. Diese Erfahrungen ließen ihn krankhaft mißtrauisch werden und erzeugten oder verstärkten seinen eigenwilligen, jähzornigen und grausamen Charakter, der sich mit hoher Intelligenz und einer für seine Zeit umfassenden Bildung paarte. Wenn man sich einiger seiner Zeitgenossen im Westen erinnert – z.B. Marias der Katholischen (oder Blutigen) in England, Philipps II. von Spanien mit den Ketzerverbrennungen der Inquisition und dem Terror des Herzogs Alba in den Niederlanden oder der Katharina Medici mit der Bartolomäusnacht in Frankreich – erscheint Iwan Grosny jedoch als typisch für seine Zeit und keineswegs allein für Rußland.

Nach seiner Krönung zum Zaren (1547) festigte Iwan IV. mit Hilfe der Kirche die absolute Autokratie und unterwarf dann die Tatarenchanate Kasan (1552) und Astrachan (1556). Dadurch bekam Rußland seinen »heiligen Fluß«, die Wolga, in voller Länge als Wasserweg zum Kaspischen Meer und nach Persien in die Hand, und sein Weg zum Ural und schließlich – an den Herkunftsgebieten der einstigen mongolischen Eroberer vorbei – zum Pazifik wurde frei. Lediglich von der Krim ging nun noch eine tatarische Gefahr aus. – Deutschland dagegen wurde kleiner, als Rußland größer wurde: 1552 gab die vom katholischen Habsburg bekämpfte protestantische Partei unter Führung des Kurfürsten Moritz von Sachsen ihre Zustimmung zur Annexion der lothringischen Städte Metz, Toul und Verdun durch Frankreich, das nun seinerseits Habsburg im Bunde mit den Türken umklammerte.

Ein deutscher (oder dänischer) Ingenieur namens Erasmus oder Asmus hatte die Bresche in die Festungsmauer gesprengt, durch die Iwan IV. am 2. Oktober 1552 in sein »Zartum Kasan« einritt. Iwan IV. setzte die Anwerbung deutscher Spezialisten, mit der sein Großvater begonnen hatte, verstärkt fort: In Goslar am Harz betrieb der Stellenvermittler Johann Schlitte eine Agentur, die im Auftrag des Zaren Handwerker, Kanonengießer, Techniker und Bergleute zu günstigen Bedingungen für die Arbeit in Rußland verpflichtete. Viele von ihnen wanderten auch aus religiösen Gründen aus einem Deutschland aus, wo die Landesherren nach dem Augsburger »Religionsfrieden« von 1555 gemäß dem Prinzip »cuius regio, eius religio« den Glauben ihrer Untertanen bestimmten, und wo bald die katholische Gegenreformation einsetzen sollte. In dem rund 200000 Einwohner zählenden Moskau dagegen ließ Iwan IV. für die Deutschen eine lutherische Kirche bauen und verpflichtete als Seelsorger einen thüringischen Pastor namens Wettermann, den er so schätzte, daß er sich von ihm seine Bibliothek aufbauen ließ.

Aber nicht durch seine Toleranz, sondern durch den langen zweiten livländischen Krieg (1558—82) und dessen Begleitumstände wurde Iwan IV. den Deutschen im Reich und besonders im Baltikum als »der Schreckliche« bekannt. Den Anlaß zum Krieg hatte der livländische Orden dadurch geliefert, daß er die Bedingungen des 1553 abgelaufenen Waffenstillstandsvertrages von 1503 nicht erfüllt und insbesondere den Tribut für das Gebiet Jurjew-Dorpat nicht gezahlt hatte. Iwans Truppen besetzten die estländische Hafenstadt Narwa sowie Dorpat, Fellin, Wenden und Wolmar, konnten jedoch die Häfen Reval und Riga nicht einnehmen. Unter ihren Schlägen und infolge eines 1560 ausgebrochenen estnischen Bauernaufstandes gegen die baltendeutschen Feudalherren brach der livländische Deutschordensstaat 1561 zusammen. Der livländische Landmeister Gotthard Ketteler konnte lediglich Kurland als weltliches Herzogtum dadurch retten, daß er es Polen unterstellte, das auch Souverän des schon 1525 von Albrecht von Brandenburg in ein weltliches Herzogtum umgewandelten (Ost-)Preußens war. Gegenüber Polen suchte Iwan IV. sich vergebens in Vorteil zu bringen, indem er eine habsburgische Thronkandidatur unterstützte. Nachdem sich auch Dänemark und Schweden in Livland und Estland festgesetzt hatten, zog der Krieg sich in die Länge und ging schließlich für Rußland verloren, das 1582 auf Livland und Narwa wieder verzichten mußte. Der Vorstoß zu den Ostseehäfen war abermals mißlungen, aber die Macht des langezeit aggressiven Deutschen Ordens war endgültig beseitigt worden.

Heinrich von Stadens »Anschlag« auf Rußland

Im Verlaufe des Krieges hatte Iwan Grosny Bürger der eroberten Städte ins Innere Rußlands deportieren und gefangene Ordensritter öffentlich enthaupten lassen. Besonders dies, aber auch seine Vernichtung Nowgorods (1570) und das Wüten seiner Polizeitruppe »Opritschnina« (von

»opritsch« = außerordentlich) gegen oppositionelle »Fürstlein und Bojaren« – weniger gegen das Volk – zwischen 1565 und 1572 trugen Iwan IV. den Ruf des »Schrecklichen« ein. Es gab jedoch auch Baltendeutsche, die mit ihm zusammenarbeiteten, weil sie sich von russischer Herrschaft Schutz, Ruhe und Frieden versprachen. Zwei livländische Edelleute, Johann Taube und Elart Kruse, waren sogar Opritschniki, bevor sie zu den Polen überliefen. Ein weiterer deutscher Opritschnik, der westfälische Baltikum-Abenteurer Heinrich von Staden, übte auf andere Weise Verrat, nachdem er sich, einem Bojaren 4. Grades gleichgestellt, im Dienst des Zaren bereichert und, wie er schrieb, sein »meistes Brot in Moskau gegessen« hatte.

Als diplomatischer Agent eines deutschen Kleinfürsten, des Pfalzgrafen von Veldenz-Lützelstein, arbeitete Staden für den Habsburger-Kaiser Rudolf II. (1576—1612) Ende der siebziger Jahre des 16. Jahrhunderts einen, wie er ihn selbst betitelte, »Anschlag« auf Rußland aus, der es zu einer Habsburger Kolonie machen und katholisieren sollte. 100000 Mann Kriegsvolk mit 200 Geschützen, begleitet von zunächst 100 »Predicanten«, sollten von 200 Schiffen im Pomorje-Gebiet am Weißen Meer abgesetzt werden und dann südwärts gegen Moskau vordringen. Nach der als militärischen Spaziergang hingestellten Eroberung Rußlands, die nebenbei Polen in die Gewalt des Römischen Reiches bringen würde, sollten den Kriegsleuten Lehnsgüter zugeteilt und auch das Rjasanerland besiedelt werden; man würde eigene Kirchen bauen und die russischen verfallen lassen. »Danach soll der Großfürst samt seinem Sohn gefangen durch sein eigenes Land nach der Christenheit geführt werden«, und vor ihren Augen sollten alle russischen Gefangenen »totgeschlagen werden«.

Es ist nicht bekannt, ob Stadens Projekt dem Kaiser vorgelegen hat, der als Jesuitenzögling vordringlich mit der Gegenreformation in Deutschland beschäftigt war und ohnehin der Macht gebrach, einen so ehrgeizigen Plan auszuführen. Stadens Feldzugsplan nahm jedoch britische Absichten auf die Murmanküste vorweg, die erstmals am Ausgang der russischen »Zeit der Wirren« im frühen 17. Jahrhundert aufkamen und 1918 im Zuge der westlichen Intervention gegen Sowjetrußland wieder aufgegriffen wurden. Auf jeden Fall war Staden ein früher Vorläufer Adolf Hitlers, der »Lebensraum« in Rußland erobern wollte – und dabei Deutschland ruinieren sollte. Hitler wurde nur der wahnwitzigste Möchtegern-Exekutor der alten Wahnidee des Abendlandes, es dürfe und könne die Russen ihrer geistigen Identität – ob Orthodoxie oder Marxismus-Leninismus – und ihres Landes und seiner Reichtümer ungestraft berauben.

»Zeit der Wirren« – »Dreißigjähriger Krieg«

Als Iwan Grosny 1584 starb, hinterließ er seinem schwachsinnigen Sohn Fjodor einen zerrütteten Staat; der eigentliche Herrscher war Fjodors Schwager Boris Godunow, ein Mann tatarischer Abkunft, der den Staat gegen die Opposition mächtiger Bojaren zu stabilisieren versuchte. Von ihm ging das Gerücht, er habe 1591 Iwans jüngsten Sohn Dimitri ermorden lassen, um sich den Weg zum Thron zu bahnen. Tatsächlich wurde Boris Godunow 1598 Zar, nachdem mit dem kinderlosen Fjodor die Rurikiden-Dynastie ausgestorben war. Obwohl Boris Godunow gegen die Schweden und die Krimtataren Erfolge erzielte, begann unter ihm Rußlands schwere »Zeit der Wirren« (1605—12), in die sich sofort wieder Polen einmischte. Von Kaiser Rudolf II. wurde Zar Boris Godunow über die polnischen Vorbereitungen unterrichtet.

Wie schon im Jahre 1018 bediente sich Polen wieder eines russischen Prätendenten, aber diesmal keines von Geblüt, sondern eines Abenteurers, der behauptete, der durch ein Wunder gerettete Zarewitsch Dimitri zu sein. Russischen Historikern zufolge hatte Papst Klemens VIII. den polnischen Jesuiten befohlen, den Hochstapler sorgfältig in Szene zu setzen, um durch ihn die orthodoxen Russen zu katholisieren. Der angebliche Dimitri klagte Boris Godunow so überzeugend als »Usurpator« und »Mörder« an, daß diesem die Menschen davonliefen. Nach Boris Godunows Tod zog der »falsche Demetrius« mit einer Truppe polnischer Kleinadeliger 1605 in Moskau ein, aber die Polen machten sich durch ihre Arroganz den Moskauern schnell verhaßt, die schon 1606 Dimitri stürzten, töteten und seine Asche mit einer Kanone in Richtung Polen feuerten. Nach dem ersten »falschen Demetrius« unterstützten die Polen einen zweiten, den »Schelm von Tuschino«, um ihre Absichten zu fördern. Mit Hilfe verräterischer Bojaren gelang es Polen 1610, die Zarenwürde für seinen Königssohn Wladyslaw zu erlangen und Moskau zu besetzen; 1611 eroberte es Smolensk.

Die erniedrigende »Zeit der Wirren« ging zu Ende, als eine russische Befreiungsbewegung die polnische Garnison im Kreml im Oktober 1612 zur Kapitulation zwang, worauf eine Reichsversammlung im Februar 1613 den Bojaren Michail Fjodorowitsch Romanow, den Sohn des Moskauer Patriarchen Filaret, zum Zaren wählte. Die Romanows waren um 1280 aus (Ost-) Preußen eingewandert, wo damals der Deutsche Orden gegen die Pruzzen wütete. Unter dem ersten Romanow-Zaren Michail (1613—1645) erholte sich Rußland relativ schnell von seinen siebenjährigen, von Polen ausgebeuteten Wirren.

In der gleichen Zeit erlitt Deutschland, ausgelöst durch katholische

Intoleranz und Ambition der Habsburger, den mehr als viermal so langen »Dreißigjährigen Krieg« (1618—48), in den sich nacheinander Dänemark, Schweden und Frankreich als Verbündete protestantischer deutscher Fürsten einmischten. Der Krieg entvölkerte Deutschland zur Hälfte, ruinierte die Bauern und die Städte und ließ das weiterhin religiös gespaltene Reich, das kaum noch ein Staatenbund war, völlig kraftlos als Flickenteppich von weit mehr als 200 souveränen Territorien zurück. Die mit Hilfe des Auslandes triumphierenden Fürsten gefielen sich darin, den französischen Absolutismus, der ihre »Libertät« garantierte und viele von ihnen besoldete, auf Kosten ihrer Untertanen nachzuäffen. Der von Frankreich und Schweden diktierte westfälische Frieden, der am 24. Oktober 1648 in Münster und Osnabrück unterzeichnet wurde, besiegelte endgültig die Unabhängigkeit der Niederlande und der Schweiz, brachte französische Truppen an den Rhein und gab Schweden durch Erwerbungen an Ost- und Nordsee die Kontrolle über die Mündungen von Oder, Elbe und Weser. Eine Kuriosität der Geschichte war, daß der zweite Romanow-Zar, Alexej Michailowitsch (1645—76), im Vertrag von Osnabrück als »Magnus Dux Moscoviae« unter den Verbündeten der Königin Christine von Schweden aufgeführt wurde, obwohl Rußland mit dem verheerenden Krieg in Deutschland nicht das Geringste zu tun gehabt hatte.

Vielmehr war es während des Krieges, im August 1634, zum freundschaftlichen Empfang durch Zar Michail für eine Gesandtschaft gekommen, die der fortschrittliche Herzog Friedrich III. von Holstein-Gottorp nach Rußland geschickt hatte, um die Möglichkeit zu erkunden, den Orienthandel über die russischen Wasserstraßen und die Ostsee wiederzubeleben und durch sein Land, wo er bereits einen Nord-Ostsee-Kanal projektierte, zu leiten. Michail seinerseits interessierte sich für das kleine Herzogtum, das sich von Dänemark gelöst hatte und möglicherweise ein Verbündeter werden konnte. Obwohl die Gespräche, bei denen der Deutsche Hans Helms der Dolmetscher des Zaren war, zu keinem konkreten Ergebnis führten, sollte eine dynastische Verbindung mit Holstein-Gottorp durch Michails Enkel Peter I. gestiftet werden. Die Holsteiner Expedition reiste von Moskau weiter nach Nischni Nowgorod (dem heutigen Gorki), wo sie mit Hilfe russischer Schiffszimmerer einen Dreimaster, die »Friedrich«, baute, mit dem sie ihren Weg die Wolga hinunter bis nach Persien fortsetzte und dann auf demselben Weg zurückkehrte. Dem Chronisten der Expedition, dem Mathematiker Adam Olearius (Oelschläger), bot der Zar an, als HofAstronom in Moskau eine Sternwarte zu errichten und als Hof-Kartograph ein Kartenwerk seines Reiches anzulegen, aber Olearius kehrte nach Deutschland zurück, wo er 1647 seine reich illustrierte, 800 Seiten lange »Beschreibung der moskowitischen und persischen Reise« veröffentlichte.

Auch die Njemezkaja Sloboda, die sich zur Zeit der Wirren entvölkert hatte, blühte größer und schöner als zuvor wieder auf; 1652 wurde sie auf Befehl des Zaren Alexej als »Ausländer-Vorstadt« bestätigt, in der neben Deutschen auch Holländer, Engländer, Schotten und Schweizer lebten. In ihr gab es jetzt drei lutherische und zwei reformierte Kirchen, eine Schule sowie das erste Theater in Rußland. Letzteres wurde betreut von dem lutherischen Pastor Johann Gottfried Gregory, der auch Direktor eines vom Zaren im Dorf Preobraschenskoje errichteten Komödienhauses wurde, das mit Gregorys Stück »Die Wandlungen des Artaxerxes« 1672 eröffnet wurde, gefolgt von der russischen Erstaufführung von »Orpheus und Eurydike«. Alexejs 1672 geborener Sohn Peter, der später »der Große« wurde, hielt sich häufig in der Ausländer-Vorstadt auf, schloß dort Freundschaften, lernte Deutsch und Holländisch, verliebte sich in die Deutsche Anna Margaretha Mons, die in der Weinschenke ihres Vaters mithalf, und empfing Anregungen für die Modernisierung Rußlands. 1673 gab ein deutscher Besucher, Johann Kilburger, bereits der Meinung Ausdruck, daß Rußland eines Tages eine große Handelsnation sein werde.

Abstieg Polens, Expansion Schwedens

Vom 13. bis zum 17. Jahrhundert hatten sich Litauen und Polen auf Kosten Rußlands bereichert, und ihre Union hatte mit ihrer Riegelstellung von der Ostsee bis fast zum Schwarzen Meer engere deutsch-russische Beziehungen unterbunden. Nach seinem Moskau-Abenteuer in der Zeit der Wirren behauptete Polen noch eine Zeitlang seine westrussischen Eroberungen. Es hinderte dadurch Rußland an der energischen Bekämpfung des expandierenden Schwedens, das damit die Chance erhielt, sich als Verbündeter Frankreichs verhängnisvoll in Deutschland einzumischen.

In der zweiten Hälfte des 17. Jahrhunderts begann die Macht Polens zu verfallen, das unter russischen Gegenschlägen nach Westen zurückweichen mußte. Ausgangs der vierziger Jahre erhob sich die Ukraine unter Führung Bogdan Chmelnizkis gegen die polnische Fremdherrschaft und für die Wiedervereinigung mit dem russischen Staat, die 1653 beschlossen wurde. Durch den russisch-polnischen Krieg von 1654 bis 1667 gewann Rußland Smolensk und die Ukraine links des Dnjepr mit der altrussischen Hauptstadt Kiew zurück.

Inzwischen war Schweden eine immer größere Gefahr für Rußland geworden. Die Zeit der Wirren ausnutzend, hatte es von Estland aus die Stadt und das ganze Land Nowgorod besetzt. Diese fielen zwar im Frieden von Stolbowa (1617) wieder an Rußland, aber Schweden behielt das Land Ishora (Ingermanland) mit den Newa-Ufern und der Küste des Finnischen Meerbusens, womit es Rußland den einzigen Zugang zur Ostsee abschnitt. 1621 eroberte Gustav II. Adolf von Schweden Livland, das ihm Polen 1629 abtreten mußte. Ab 1630 griff Schweden in den Krieg in Deutschland ein, wo ihm sein Bündnis mit Frankreich 1648 Besitzungen eintrug, die große Teile Deutschlands (wie zuvor Rußland) von der Ostsee abschnitten, dazu auch von der Nordsee.

So machte sich Schweden, das ohnehin mit Dänemark in ständiger Fehde lag, bis zum Ende des 17. Jahrhunderts nicht nur Rußland, sondern auch die norddeutschen Kurfürsten zu Feinden – Sachsen (das mit Polen in Personalunion verbunden war), das seit 1618 vereinigte Brandenburg-Preußen sowie Hannover –; sie alle verband mit Rußland das dringende Interesse, den Zugang zum Meer wiederzugewinnen, den Schweden ihnen versperrte. Aus diesem Grunde kam es – erstmals seit dem 11./12. Jahrhundert – wieder zu einer deutsch-russischen politischen Zusammenarbeit, die fast zwei Jahrhunderte lang andauern sollte.

3. Kapitel

Gemeinsam gegen Fremdherrschaft, 1697–1815

Nachdem Deutschland mit dem Westen im Gestalt Frankreichs schon lange schlechte Erfahrungen gemacht hatte und sie weiter machte, begann es im 18. Jahrhundert aus den sich intensivierenden politischen Beziehungen zu Rußland große Vorteile zu ziehen. Daß die Großen und Gebildeten Deutschlands alles Französische anbeteten und nachahmten, hatte den »Sonnenkönig« Ludwig XIV. nicht gehindert, Straßburg zu annektieren (1681), die Pfalz zu verwüsten (1688—97) und in Süddeutschland einzufallen, und Napoleon I. sollte mehr als hundert Jahre später die Macht Frankreichs auf deutschem Boden in noch größerem Maßstab zur Geltung bringen. Rußland dagegen bereicherte sich nicht an Deutschland, sondern verhalf ihm zur Rückgewinnung von Territorien, die Schweden als Frankreichs Alliierter besetzt hatte, und unterstützte gegen die napoleonische Fremdherrschaft insbesondere denjenigen der deutschen Staaten – Preußen –, der Deutschland schließlich mit russischem Wohlwollen einigen sollte. Diese Entwicklung begann mit Zar Peter I., dem Großen, der Rußland mit ungestümer Energie in eine moderne Großmacht verwandelte.

Peter I. und die norddeutschen Fürsten gegen Schweden

Der 1672 geborene Peter Alexejewitsch wurde 1682 zunächst Mit-Zar seines geistig beschränkten Halbbruders Iwan V. unter der Regentschaft seiner Halbschwester Sophia, die das hergebrachte Rußland der Bojaren vertrat. Peter dagegen ergänzte seine Pfarrschulbildung durch angewandte Wissenschaften, die er in der Ausländer-Vorstadt erlernte, und übte sich in Preobraschenskoje im »Kriegsspiel«. 1689 setzte er sich mit Hilfe seiner Preobraschenski- und Semjonowski-»Spielregimenter« gegen Sophia durch, 1696 wurde er nach dem Tode Iwans V. alleiniger Zar. Nachdem er mit einer bei Woronesch am Don gebauten Flotte das türkische Asow erobert hatte, trat er im März 1697 unter dem Pseudonym Peter Michailow seine erste große Reise nach Westeuropa an, die ihn über Riga, Mitau, Memel und Königsberg nach Deutschland, Holland und England führte.

Während Peter I. zunächst die Festigung einer europäischen Koalition gegen die Türkei im Sinn hatte, stellte ihm in Königsberg Kurfürst Friedrich III. von Brandenburg vor Augen, »daß unser gemeinsamer Feind nicht der Türke, sondern der Schwede ist«. Frankreich, gegen das sich eine Koalition zusammenbraue, werde bald nicht mehr imstande sein, dem türkischen Sultan zu helfen – »Schweden aber ist ein höchst gefährlicher Feind im Rücken Moskowiens.« Auf der Rückreise wurde Peter in Wien 1698 Gewißheit, daß Österreich tatsächlich Vorbereitungen für den Krieg gegen Frankreich um die Spanische Erbfolge traf, und bei der Zusammenkunft von Rawa Russkaja zwischen Peter I. und dem Kurfürsten August II. (dem »Starken«) von Sachsen, der Rußlands Günstling auf dem polnischen Thron war, wurde ein gemeinsamer Krieg gegen Schweden erörtert. Die Verhandlungen über ein russisch-polnisches Bündnis, dem auch Dänemark beitrat, wurden 1699 in Moskau abgeschlossen. Der Kurfürst von Brandenburg, der als erster diesen Krieg angeregt hatte, blieb dem Bündnis fern.

Zu Beginn des Nordischen Krieges (1700—1721) erlitten die russischen Truppen vor Narwa eine Niederlage durch Karl XII. von Schweden, der daraufhin August den Starken aus Polen vertrieb. Aber ab 1702 ging die Initiative auf Peter I. über, der im Ingermanland Erfolge erzielte und im Newa-Delta 1703 seine neue Hauptstadt Sankt Petersburg gründete; diesen deutschen Namen, den Peter »Pitersburch« aussprach, behielt sie bis 1914. 1708 fiel Karl XII. von Westen her in Rußland ein, aber schon am 27. Juni 1709 erlitt er bei Poltawa in der Ukraine eine vernichtende Niederlage – die erste »Rußlandkatastrophe« des Westens.

Nach der Flucht Karls XII. in die Türkei erneuerte Rußland sein Bündnis mit Dänemark und August II., der auf den polnischen Thron zurückgekehrt war, und schloß ein Bündnis mit Kurfürst Georg I. von Hannover, dem künftigen König von England. Mit Brandenburg-Preußen konnte nur ein Verteidigungspakt unterzeichnet werden; Friedrich I., der erste König in Preußen, zu dem Friedrich III. von Brandenburg sich 1701 in Königsberg gekrönt hatte, hätte zwar gern schwedisch-besetzte Gebiete an der deutschen Ostseeküste erworben, aber da er ein Verschwender und seine Staatskasse leer war, hätte Rußland ihm für eine aktive Kriegsteilnahme Subsidien zahlen müssen, was es ablehnte.

Ende 1709 begannen wieder Kriegshandlungen im Baltikum, im Sommer 1710 fielen die letzten baltischen Küstenstädte in russische

Hand. Die Baltendeutschen kamen damit nach 500jähriger wechselvoller Geschichte unter die Herrschaft des Zaren. Die Stände Estlands und Livlands unterwarfen sich ihm in Verträgen, die ihre lutherische Religion und Privilegien bekräftigten. Das Ingermanland und das russische Karelien mit Wyborg wurden wieder an Rußland angeschlossen.

Rußland bekämpfte daraufhin Schweden an der deutschen Ostseeküste. Schon 1711 schlug ein russisches Korps vor der schwedischen Festung Greifswald in Pommern sein Feldlager auf, im Jahr darauf erschien der Zar bei seinen Belagerungstruppen vor Stralsund, und 1713 eroberte sein Freund und Feldherr Menschikow Stettin. Im Juni 1714 sicherte sich Peter I. in einem Geheimvertrag mit Brandenburg-Preußen dessen Unterstützung für den endgültigen Erwerb Livlands gegen die Ansprüche Polens. Anders als sein 1713 gestorbener Vater leistete der zweite Preußenkönig, der »Soldatenkönig« Friedrich Wilhelm I., einen aktiven Kriegsbeitrag, indem er 1715 bei Stralsund gegen die Schweden kämpfte. Russische Truppen standen zeitweilig auch in Mecklenburg und Holstein. Deren Herzöge wie auch der Herzog von Kurland vermählten sich mit russischen Prinzessinnen, während der Zarewitsch Alexej Charlotte von Braunschweig-Wolfenbüttel geheiratet hatte.

Diese Bündnisse und dynastischen Verbindungen trugen sowohl für die deutsche wie für die russische Seite reiche Früchte: Im Frieden von Stockholm (1719/20) gewann Hannover mit Bremen-Verden den Zugang zur Nordsee, während Brandenburg-Preußen das bisher schwedische Vorpommern bis zum Fluß Peene, die Inseln Usedom und Wollin sowie mit Stettin seinen ersten tauglichen Seehafen erlangte. (Stralsund, Greifswald und Rügen blieben freilich noch fast hundert Jahre lang schwedisch). Für Rußland bestätigte der Frieden von Nystad (1721) den Besitz von Livland, Estland, Ingermanland und eines Teiles von Karelien mit Wyborg. Rußland hatte endgültig an der Ostsee Fuß gefaßt, sich den Seeweg nach Westen geöffnet und Schweden als Großmacht des Nordens und Ostens verdrängt. Peter der Große, der sich »Zar aller Reußen« und Imperator (Kaiser) nannte, hat Rußland so mächtig gemacht, daß sein angebliches »Testament« zur »Unterjochung Europas« einen gewissen Glauben fand – in Wirklichkeit war es eine spätere polnisch-französische Fälschung.

In Deutschland insbesondere unterstellte man Peter I., er habe während des Nordischen Krieges an den Erwerb (Ost-)Preußens oder Pommerns und Mecklenburgs gedacht, und es habe nicht viel daran gefehlt, daß die russischen Heere in Deutschland geblieben wären. Aber Tatsache ist, daß sie in Deutschland waren, um den gemeinsamen Gegner Schweden zu bekriegen, und daß sie danach wieder abzogen, obwohl es in Deutschland keine Armee gab, die sie hätte vertreiben können. Dafür wäre am ehesten die preußische in Betracht gekommen, aber der »Soldatenkönig« ging mit seiner gehätschelten Armee äußerst schonend um, und beim Sammeln »langer Kerls«, die beim Granatenwerfen und Bajonettfechten normalwüchsigen Grenadieren überlegen waren, wurde er sogar von Peter I. unterstützt, der ihm bei ihren insgesamt sieben Begegnungen öfter Hünen zum Geschenk machte. Friedrich Wilhelm I. revanchierte sich u.a. mit dem kostbaren »Bernsteinzimmer« (das von deutschen Truppen im Zweiten Weltkrieg aus Puschkin, dem früheren Zarskoje Selo, geraubt und bisher von keiner Bundesregierung zurückerstattet wurde). Der Soldatenkönig schätzte also den Rückhalt, den Preußen an Rußland hatte, und als er 1722 ein Testament verfaßte, riet er seinem »Sukzessor« folglich: »Mit dem russischen Kaiser müßt Ihr eine enge Freundschaft und Alliance machen und suchen, sie zu kultivieren, daß sie beständigst von Dauer ist.«

Daß Peter I. eigenhändig verschiedene Handwerke ausübte, seinen Untertanen die Bärte scherte und kranke Zähne zog, wurde im Westen als kurios empfunden; daß er 1698 aufständische Strelitzen mit eigener Hand enthauptet hatte und 1718 seinen Sohn Alexej hinrichten ließ, stieß ab. Aber auch Friedrich Wilhelm I., in dessen »Tabakskollegium« es kaum weniger derb zuging als in Peters »Allertollstem und Allertrunkenstem Konzil«, hätte seinen Sohn und Kronprinzen Friedrich beinahe umgebracht. Wie schon Iwan IV. war auch Peter I. gar nicht so »andersartig«. Er starb am 8. Februar 1725 an einer Erkältung, die er sich zugezogen hatte, als er ertrinkende Matrosen rettete.

Hatten in Peters Jugend (als gerade die ersten Deutschen in Nordamerika einwanderten) bereits rund 18 000 Deutsche in Rußland gelebt, die meisten in Moskau, wo insgesamt etwa 28 000 Ausländer wohnten, so holte er als Zar weitere in sein Reich, z.B. den Theaterdirektor Künst aus Danzig mit einem Stamm von Schauspielern und Musikanten in den Kreml und den Hamburger Architekten Andreas Schlüter, der schon in Berlin Zeughaus, Schloß und Alte Brücke geschaffen hatte, 1713 nach Petersburg. Peter I. korrespondierte und traf sich, 1711 in Torgau und 1716 in Pyrmont, mit dem Philosophen Gottfried Wilhelm Leibniz, der ihn bei dem Projekt einer Petersburger Akademie der Wissenschaften beriet. Der deutsche Pastor Ernst Glück aus Marienburg in Livland gründete bereits 1703 in Moskau eine höhere Schule und wurde überdies »Brautvater« Rußlands, weil Peter I. Glücks einstiges Hausmädchen Martha, die Tochter eines armen weißrussisch-litauischen Bauern, 1712 als Katharina Alexejewna heiratete und 1724 zur Zarin krönte. Vor allem kam in Estland und Livland zum erstenmal eine geschlossene deutsche Bevölkerungsgruppe unter die Hoheit des »Zaren aller Reußen«: Die Baltendeutschen stellten ihm und seinen Nachfolgern viele Administratoren, Diplomaten und hohe Offiziere, die sich als Zaren-Günstlinge aber auch unbeliebt machten.

Eine »deutsche Partei« am Zarenhof erregt Unmut

Schon bald gab es am russischen Hofe eine »deutsche Partei«, die Unwillen erzeugte. Während der Regierungszeit von Peters Witwe Katharina I. (1725—27) war der wahre Herrscher Rußlands Fürst Menschikow, den der deutsche Kaiser zum Reichsfürsten ernannt hatte und der zusammen mit einem anderen Günstling Peters I., dem Bochumer Pastorensohn Heinrich Johann Friedrich Ostermann, den Obersten Geheimen Rat leitete. Als Menschikow unter Peters des Großen Enkel Peter II. (1727—30) entmachtet wurde, blieb Ostermann, sowjetischen Historikern zufolge »ein käuflicher Mensch, der jedem Herrn zu dienen bereit war«, von Einfluß. Unter der Zarin Anna Iwanowna (1730—40), der Nichte Peters I., die er mit dem Herzog von Kurland verheiratet hatte, gewann die »deutsche Partei« ihre größte Geltung: Ostermann wurde von der Zarin in den Grafenstand erhoben und spielte die Hauptrolle in ihrem 1731 gebildeten »Kabinett«, während Burchard Christoph von Münnich, der als Sohn eines Oldenburger Deichvogtes für Peter I. den Ladogakanal und Festungen gebaut hatte, im Militärwesen maßgebend war und Erfolge gegen die Türken erzielte.

Der dritte Deutsche von großem – unheilvollem – Einfluß war Ernst Johann Bühren, der Kammerjunker bei der Herzogin Anna in Mitau gewesen war. Sie brachte ihn nach Petersburg mit und erhob ihn zum Grafen und 1737 zum Herzog von Kurland. Bühren, der seinen Namen zu Biron französisiert hatte, veranlaßte, daß mehrere tausend Menschen zum Tode verurteilt und mehr als 20 000 nach Sibirien verbannt wurden, und machte so die deutsche Vorherrschaft als »Bironentum« (Bironowschtschina) im Volk verhaßt, zumal der Hof die Hälfte der Staatseinnahmen verbrauchte. Für die törichte Anmaßung der Deutschenherrschaft war bezeichnend, daß russische Kadetten nicht etwa russische, sondern deutsche Geschichte lernen mußten – als ob letztere nachahmenswert gewesen wäre!

Vor ihrem Tode im Oktober 1740 hatte die Zarin Anna ihren Braunschweiger Großneffen Iwan Antonowitsch, einen Säugling, zu ihrem Nachfolger bestimmt und zu dessen Vormund ihren Günstling Biron. Knapp einen Monat später stürzten Münnich und Ostermann den verhaßten Biron, weil sie durch dessen Opferung ihren eigenen Einfluß zu retten hofften. Aber ein weiteres Jahr später wurden auch sie entmachtet und verbannt, als Elisabeth Petrowna, eine Tochter Peters I., den einjährigen Iwan VI. beiseite schob und sich mit Hilfe der Garde zur Zarin machte. Unter der Zarin Elisabeth (1741—62) wurde der deutsche Einfluß zurückgedrängt. Michail Wassiljewitsch Lomonossow (1711—65), der nach naturwissenschaftlichen Studien in Deutschland Chemieprofessor an der Petersburger Akademie wurde und sich zu einem Universalgenie der russischen Aufklärung entwickelte, setzte sich mit anderen russischen Gelehrten energisch gegen den Kastenhochmut der deutschen Akademiker zur Wehr. Von Leibniz und anderen deutschen Philosophen verlagerte sich das russische Interesse in der zweiten Hälfte des 18. Jahrhunderts zu Voltaire und den französischen Enzyklopädisten.

Friedrich II.: Rußland als Feind – und Retter

Das gute Verhältnis zu Preußen, das Peter I. mit Friedrich Wilhelm I. begründet hatte, wurde ein Opfer der von der deutschen Hofclique erzeugten Mißstimmung, so daß es in der Aera der Zarin Elisabeth nicht nur unterbrochen wurde, sondern der Feindschaft Platz machte. Dies war nicht zuletzt die Schuld Friedrichs II. von Preußen (1740—86), der sich, begierig auf den Titel »der Große«, sofort nach seiner Thronbesteigung in den Schlesischen Krieg gegen Maria Theresia von Österreich gestürzt hatte. Friedrich II. mißachtete seines Vaters Rat, die russische Freundschaft und Allianz »zu kultivieren«, und machte sich statt dessen die Zarin Elisabeth durch Witze und zynische Bemerkungen über das »sinnliche Weib« und »Soldatenliebchen« unnötigerweise zur Feindin.

Nachdem Friedrich II. durch die Eroberung Schlesiens Österreich bedeutend geschwächt hatte, gab es für Rußland jedoch auch politische Gründe, eine Stärkung Preußens zu befürchten, dem es mit Grund Absichten auf Polen zuschrieb. 1756 kam es zur Koalition zwischen Frankreich, Österreich und Rußland, der sich später auch Schweden und Sachsen-Polen anschlossen, gegen Preußen, das von England in der Erwartung, Frankreich überseeische Kolonien abzunehmen und insbesondere »Kanada in Schlesien zu gewinnen«, mit Subsidien unterstützt wurde. Mit dem Einfall preußischer Truppen in Sachsen im August 1756 begann der Siebenjährige Krieg. Zu Recht hatte Friedrich II. in seinem Testament von 1752 geschrieben: »Rußland darf nicht unter die Zahl unserer wirklichen Feinde gerechnet werden. Zwischen ihm und

Preußen gibt es keine Streitfragen. Nur der Zufall macht es zu unserem Feinde« – diesen »Zufall« hatte er freilich durch Verspottung der Zarin heftig mitbewirkt. Hochmütig hatte er 1752 ferner gemeint, »daß Rußland im Kriege kein Glück haben würde, weil es kein Geld und keine guten Offiziere hat«. Nun mußte er erfahren, was es hieß, für England den »Festlandsdegen« zu machen und Rußland zum Feind zu haben.

Im ersten militärischen Konflikt zwischen Deutschen und Russen seit den Auseinandersetzungen mit dem Deutschen Orden, dessen Erbe Preußen war, standen russische Truppen von Mitte 1757 bis Anfang 1762 auf preußischem Gebiet. Sie eroberten ganz Ostpreußen, das Elisabeth im Dezember 1757 zur Provinz »Neu-Rußland« erklärte, und besetzten im Januar 1758 Königsberg. Nachdem sie im August 1759 bei Kunersdorf zusammen mit den Österreichern die preußische Hauptarmee fast vernichtet hatten, besetzten sie im Oktober 1760 erstmals die preußische Hauptstadt Berlin, wo sie sich viel besser benahmen als die mit ihnen gekommenen Österreicher. Auch Pommern war 1760 bis 1761 fest in russischer Hand. Friedrich II. befand sich in einer verzweifelten Lage, zumal England, nachdem es seine Ziele in Übersee erreicht hatte, 1761 die Subsidienzahlung einstellte. Der »große« Friedrich dachte an Selbstmord (und keineswegs, wie der heutige westdeutsche Autor Wolfgang Venohr anachronistisch meint, an einen Übergang zum »Partisanenkrieg«). Vor dem Untergang wurden er und sein Königreich lediglich durch einen Zufall, den Tod der Zarin Elisabeth am 5. Januar 1762, gerettet – das »Mirakel des Hauses Brandenburg«, wie er es selbst nannte.

Denn Zar Peter III., der Holsteiner Neffe Elisabeths und Enkel Peters des Großen, stellte den Krieg gegen den von ihm bewunderten Preußenkönig sofort ein, schloß Frieden und ein Bündnis mit ihm und schickte ihm sogar ein 20 000 Mann starkes russisches Korps gegen jene zu Hilfe, mit denen Rußland kurz zuvor verbündet gewesen war. Vor allem gab er alle von russischen Truppen besetzten preußischen Gebiete ohne jede Gegenleistung an Friedrich II. zurück, so neben Pommern auch Ostpreußen, das Elisabeth mit Zustimmung Österreichs hatte annektieren wollen; Friedrich hatte sich schon mit dem Gedanken vertraut gemacht, diese Provinz zu opfern.

So hat Rußland letzten Endes das friderizianische Preußen gerettet, dessen Grenzen Österreich und Frankreich 1763 im Frieden von Hubertusburg bestätigten mußten. Allein dem »Mirakel des Hauses Brandenburg« verdankte es Preußen, daß es sich neben Österreich als zweite Großmacht in Deutschland durchsetzte, womit der Dualismus Wien-Berlin begann, und nach Rußland, Frankreich, England und Österreich die fünfte Großmacht in Europa wurde. Daß sich Friedrich II. scheinbar – wenn man das »Mirakel« von 1762 sträflich außer acht ließ – gegen eine Vielzahl größerer Feinde behauptet hatte, ließ in Preußen und Deutschland eine fatale Überschätzung der eigenen militärischen Tüchtigkeit und Stärke aufkommen, und aus dieser erwuchsen später der abenteuerliche Spruch »Viel Feind, viel Ehr« und, als die Abenteuer fehlschlugen, die Parole vom verbissenen »Durchhalten« in der wahnwitzigen Hoffnung auf eine Wiederholung des »Mirakels« (wie bei dem Nazi-Desperado Goebbels noch im Frühjahr 1945 nach dem Tod des US-Präsidenten Roosevelt).

Friedrich II. selbst hat nach seinen im Siebenjährigen Krieg gemachten Erfahrungen die Rolle und Bedeutung Rußlands nicht mehr unterschätzt. Nachdem es ihm gelungen war, mit der Zarin Katharina II., die Peters III. Bündnis mit Preußen zunächst annulliert hatte, 1764 ein achtjähriges Verteidigungsbündnis zu schließen, erkannte er in seinem Testament von 1768 an, daß Rußland in dem vergangenen Krieg »den Ausschlag für die Partei gab, für die es sich jeweilig erklärte. Heute ist es das größte Reich der Welt.« Dort schrieb er ferner: »England hatte uns nicht nur im Stich gelassen, sondern verraten«, und »Unser dauerndes Interesse erfordert, daß wir an unserem Bündnis mit Rußland festhalten, ja es noch enger knüpfen.« In einem Exposé von 1776 erklärte er warum: »Eines der Hauptprinzipien der Politik ist zu versuchen, sich mit demjenigen seiner Nachbarn zu verbünden, der dem Staat die gefährlichsten Schläge versetzen kann. Aus diesem Grunde befinden wir uns im Bunde mit Rußland, da es uns in (Ost-)Preußen den Rücken freihält. . . .Die Zeiten mögen sich ändern, und die Launen der Konjunktionen können dazu zwingen, andere Verpflichtungen einzugehen; aber niemals wird man bei den anderen Mächten jene Vorteile finden, die man bei Rußland findet.« Hinsichtlich der Westmächte fügte er hinzu, daß die Franzosen ihre Verbündeten nur schwach unterstützen, während »die Engländer, dazu bestimmt, Subsidien zu zahlen, ihre Verbündeten dem Frieden opfern«. Dagegen: »Wenn ich mit Rußland einig bleibe, läßt mich die ganze Welt in Ruhe und ich bewahre den Frieden.«

Seinen Nachfolgern riet er schließlich dringend, was schon sein Vater ihm geraten hatte: die russische Freundschaft »zu kultivieren«. Dieses Vermächtnis blieb im großen und ganzen in den hundert Jahren nach seinem Tode (1786) die Grundmaxime der preußisch-deutschen Außenpolitik. Aber sie war ständig bedroht durch einen westlichen Zivilisationsdünkel, der schon den »aufgeklärten Monarchen« Friedrich II., der sich vorzugsweise französisch ausdrückte und für den das gemeine

Volk »Canaille« war, von den Russen als »Barbaren« sprechen ließ –
sowie durch Friedrichs andere Hinterlassenschaft, die bereits erwähnte
Überschätzung des eigenen militärischen Könnens. Als die pro-russi-
sche Orientierung 1890 aufgegeben wurde, verlor Deutschland schnell
die Rückenfreiheit und geriet zwischen die Fronten.

Katharina II. und die Deutschen – Die Teilungen Polens

Die Zarin Katharina II. (1762—96), die ihren ungeliebten Mann Peter
III. nach nur halbjähriger Regierungszeit mit Hilfe der Garde verdrängte, war als Prinzessin Sophie Friederike Auguste von Anhalt-Zerbst und
Tochter eines preußischen Generals in Stettin geboren und in Deutschland aufgewachsen. Aber anders als der aus Holstein stammende Großfürst Peter, mit dem sie seit 1745 in Rußland vermählt war, hatte sie sich
der russischen Lebensweise und der orthodoxen Kirchenordnung eifrig
angepaßt und sich durch Liebenswürdigkeit viele Freunde unter den
Russen geschaffen, die sie als eine der ihren betrachteten und als Zarin
»die Große« nennen sollten. Gleichwohl entwickelten sich unter ihrer
Herrschaft nicht nur die engen Beziehungen zu Preußen, sondern zu
den Deutschen im allgemeinen weiter. Zu ihrer Zeit zeichnete der
Deutschbalte Denis von Wiesen, der seinen Namen zu Fonwisin russi-
fizierte, in seinen Komödien bereits ein realistisches Bild vom Leben des
Landadels, ging aber in seiner Kritik bei weitem nicht so weit wie Alexander N. Radistschew, der in Leipzig zusammen mit Goethe studiert
hatte. Einer der größten Bewunderer Katharinas war der deutsche Auf-
klärer Johann Gottfried Seume, der zeitweilig in russischen Diensten
stand.

Nachdem in Petersburg schon rund 40000, in Moskau 20000 und in
Odessa mehr als 10000 Bürger deutscher Herkunft – oft seit Generatio-
nen – ansässig waren, rief Katharina II. mit einem Manifest vom 4. Dezember 1762 zum ersten Mal deutsche Bauern nach Rußland, denen u.a.
Befreiung vom Militärdienst gewährt wurde. Aus dem vom Siebenjährigen Krieg erschöpften Deutschland, insbesondere aus Hessen, wo der
Fürst seine Landeskinder als Soldaten in die Fremde verkaufte, aus den
süddeutschen geistlichen Fürstentümern, in denen sich die Protestanten
nicht wohl fühlten, und aus dem Elsaß, wo viele nicht gern Franzosen
werden wollten, strömten daraufhin Siedler nach Rußland. Bis 1767
hatten sich fast 30000 Deutsche an der Wolga im Raum von Saratow/
Engels niedergelassen – die »Wolgadeutschen«. 1774 folgte eine zweite
Welle deutscher Siedler, und nach 1789 kamen Menonniten aus Westpreußen. Die Besiedlung Südrußlands leitete mit großer Tatkraft der

zum deutschen Reichsfürsten erhobene Favorit der Zarin, Grigori A. Potemkin, dem zu Unrecht nachgesagt wurde, er habe mit Attrappen – den bis heute im Westen sprichwörtlichen »Potemkinschen Dörfern« – falsche Tatsachen vorgespiegelt. Tatsächlich gab es nach wenigen Jahrzehnten in Rußland 3 500 wirkliche deutsche Dörfer, viele mit ihrer eigenen Kirche und Schule.

Rußland und die deutschen Staaten Preußen und Österreich arbeiteten besonders im Hinblick auf Polen zusammen, das nach Jahrhunderten der Aggression gegen Rußland in eine Feudalanarchie verfallen war, in der jeder Kleinadelige das Vetorecht ausüben konnte. Schon das preußisch-russische Bündnis von 1764 sah gemeinsame Eingriffe zum Schutz der lutherischen und orthodoxen »Dissidenten« Polens vor, denen die katholische Mehrheit jede Mitwirkung am Staat verweigerte. 1772 ging Rußland unter der Drohung eines österreichischen Bündnisses mit der Türkei auf den Vorschlag Friedrichs II. ein, den Frieden zwischen den drei Mächten dadurch zu erhalten, daß jede sich ein Stück Polens nehme. Durch diese – noch maßvolle – 1. Teilung Polens kamen die belorussischen (und früher altrussischen) Gebiete um Polozk, Witebsk und Mogiljow mit rund 1,3 Millionen zumeist orthodoxen Einwohnern wieder zu Rußland. Maria Theresia, von der Friedrich II. sagte: »Sie weint, aber sie nimmt«, nahm sich von Polen das einst altrussische Galizien und Westpodolien mit Lemberg (Lwow) sowie einen Teil der rein polnischen Provinz Krakau mit insgesamt 2,7 Millionen Einwohnern. Preußen gewann mit dem zur guten Hälfte deutsch besiedelten Westpreußen nur etwa 580 000 neue Untertanen, aber den wirtschaftlich wertvollsten Teil und zudem die Landbrücke nach Ostpreußen. Die 1. Teilung ließ das polnische Kernland noch weitgehend unangetastet.

Katharina II. und Friedrich II. lehnten es beide ab, der britischen Krone Söldner zur Niederschlagung der aufständischen amerikanischen Kolonisten zu verkaufen, wie dies u.a. die Landesherren von Hessen-Kassel und Braunschweig taten. Sie begünstigten vielmehr den amerikanischen Unabhängigkeitskampf, indem sie 1780 zusammen mit anderen Mächten durch »bewaffnete Neutralität« gegen den britischen Kaperkrieg Front machten, wovon besonders der preußische Seehandel profitierte. Andererseits verweigerte Katharina II. 1783 der jungen amerikanischen Republik die Anerkennung (die erst 1808 durch ihren Enkel Alexander I. ausgesprochen wurde), denn Republikaner waren ihr trotz aller »Aufklärung« verdächtig. Nachdem die Französische Revolution 1789 erstmals das feudalistische und absolutistische System Europas erschüttert hatte, unterstützte Katharina die Kriegsvorbereitungen Preußens und Österreichs gegen Frankreich mit Subsidien.

Daß sich das zwischen zwei absolutistischen Mächten liegende Polen von der Französischen Revolution insoweit inspirieren ließ, daß es sich am 3. Mai 1791 eine zwar nicht demokratische, aber ständische parlamentarische Verfassung gab, wurde ihm zum Verhängnis: Am 23. Januar 1793 schlossen Rußland unter Katharina II. und Preußen unter Friedrichs II. liederlichem Neffen und Nachfolger Friedrich Wilhelm II. einen Vertrag über die 2. Teilung Polens, »um den Geist der Rebellion und der gefährlichen Neuerung zu bekämpfen«. Die Verfassung vom Mai 1791 wurde aufgehoben, und Rußland erhielt einen weiteren Teil Belorußlands mit Minsk sowie die Ukraine rechts des Dnjepr mit rund drei Millionen Einwohnern, während Preußen sich Danzig und Thorn sowie Posen und Kalisch (Kalisz) mit einer fast rein polnischen Bevölkerung von rund 1,1 Millionen nahm.

Die Folge war ein polnischer Aufstand unter General Tadeusz Kościusko, der 1794 von preußischen und russischen Truppen niedergeschlagen wurde, worauf Polen am 24. Oktober 1795 für mehr als ein Jahrhundert als selbständiger Staat zu bestehen aufhörte. Die 3. Teilung Polens sprach Rußland ganz Litauen mit Wilna, Westbelorußland bis Brest-Litowsk und den Westteil Wolhyniens zu und bestätigte die Annexion Kurlands, dessen Herzog Peter, der Erbe Birons, bereits im April 1795 zugunsten der Zarin abgedankt hatte; insgesamt erwarb Katharina noch einmal 1,2 Millionen Untertanen. Österreich nahm sich die alte polnische Königsstadt Krakau und kleinpolnische Gebiete mit Lublin und Praga an der Weichsel. Preußen bereicherte sich an Zentralpolen und machte Warschau und Bialystok zu Provinzstädten »Südpreußens«. Nach Österreich grenzte nun auch Preußen unmittelbar an das Russische Reich.

Rußland gewann durch die polnischen Teilungen überwiegend Gebiete mit vornehmlich orthodoxen Bewohnern zurück, die einst zum altrussischen Reich von Kiew gehört hatten oder diesem tributpflichtig gewesen waren – daß dieses Territorium mit 475 000 Quadratkilometern den größten Teil Polens vor 1772 ausmachte, bezeugt nur, welchen Landraub Litauen-Polen, als es mächtig war, auf Kosten eines schwachen, von den Tataren unterjochten Rußlands begangen hatte. Österreich dagegen machte sich nicht nur in Polen, sondern auch auf dem Balkan Slawen zu Untertanen, deren nationale Bestrebungen das Habsburger-Reich 1918 sprengen sollten. Preußen schließlich verleibte sich 1793 überwiegend und 1795 rein polnische Gebiete ein. Es wurde dadurch fast ein halb polnischer und halb katholischer Staat, der mit der großen ethnischen und religiösen Minderheit keine Stärkung, sondern eine Belastung erfuhr, die das deutsch-polnische Verhältnis vergiftete.

Die verzweifelten Polen setzten nun alle Hoffnungen auf den fernen Westen: Schon 1797 überreichte der polnische Abenteurer Sokolnicki das gefälschte »Testament« Peters des Großen zur angeblichen Unterwerfung Europas »unter das russische Joch« – u.a. durch dynastische Heiraten mit deutschen Prinzessinnen – dem Direktorium der Französischen Republik mit der Empfehlung, »gegen Rußland Krieg zu führen«.

»Waffenbrüderschaft« gegen Napoleon

Nachdem das seit 1799 von dem Korsen Napoleon Bonaparte geführte Frankreich durch Siege über Preußen und Österreich die Rheingrenze von Basel bis Wesel erreicht hatte, erzwang es die territoriale Umgestaltung des übrigen Deutschlands mit dem Ziel der Auflösung des seit langem moribunden Reiches. An die Stelle von 234 traten 40 Territorien; Bayern und Württemberg wurden Königreiche, Baden und Hessen-Darmstadt Großherzogtümer von Gnaden Napoleons, der sich 1804 zum Kaiser der Franzosen gekrönt hatte. Nachdem der letzte Kaiser des »Heiligen Römischen Reiches Deutscher Nation«, Franz II., als Franz I. den Titel »Erblicher Kaiser von Österreich« angenommen hatte, traten 1806 sechzehn süd- und westdeutsche Fürsten – darunter Bayern, Württemberg und Baden – aus dem Reich aus und bildeten unter französischem Protektorat den »Rheinbund« (der schon zur Zeit Ludwigs XIV. einen Vorläufer gehabt hatte und in der heutigen Bundesrepublik Deutschland seinen Nachfolger finden sollte). Am 6. August 1806 verzichtete Franz II. unter dem Druck Napoleons I. auf die Kaiserkrone des »Heiligen Römischen Reiches Deutscher Nation«, das damit nach Jahrhunderten fortschreitender Auflösung formal erlosch. Anders als in Rußland und anderen Nationalstaaten, wo sich die Zentralgewalt früh durchsetzte, hatte in Deutschland der fürstliche Partikularismus im Bunde mit Frankreich den langen Kampf gewonnen, den er aufgenommen hatte, als er im Bunde mit dem Papsttum im 11. Jahrhundert die Waffen gegen Kaiser Heinrich IV. erhob.

Als Preußen unter Friedrich Wilhelm III. (1797—1840) sich im Herbst 1806 gegen Frankreich wandte, wurde es von Napoleon in der Doppelschlacht bei Jena und Auerstädt – nur zwanzig Jahre nach dem Tod Friedrichs II. – vollständig besiegt. Die meisten preußischen Festungen kapitulierten, Napoleon zog in Berlin ein, der Hof floh nach Königsberg und später nach Memel. Die militärische Hilfe Rußlands unter Alexander I. (1801—25) kam zu spät, aber der Widerspruch des

Zaren beim Frieden von Tilsit im Juli 1807 vereitelte Napoleons Plan, Preußen völlig aufzulösen. »Wäre Preußen 1807 von der Landkarte verschwunden«, schrieb der deutsche Historiker Johannes Haller, »wer weiß, ob es eine deutsche Erhebung (gegen Napoleon 1813) gegeben hätte.« Preußen verlor alle seine Gebiete westlich der Elbe, wo das Königreich Westfalen unter Napoleons Bruder Jerome entstand, und alle nach 1772 gewonnenen polnischen Gebiete. Die letzteren, von Bialystok abgesehen, fielen keineswegs an Rußland, wie der 1956 gedrehte westdeutsche Historienfilm »Königin Luise« behauptete, sondern Napoleon bildete aus ihnen das Großherzogtum Warschau mit 104 000 Quadratkilometern, die 1809 auf 150 000 Quadratkilometer erweitert wurden, ohne die polnischen Aspirationen zu befriedigen. Eingeklemmt zwischen Kreaturen Napoleons und mit schweren Kontributionen und französischer Besatzung belastet, wurde Preußen ein Vasall des korsischen Eroberers, wie 1809 auch die andere »Macht der Mitte«, Österreich. 1810/11 annektierte Napoleon ganz Nordwestdeutschland mit Lübeck, Hamburg, Bremen und Oldenburg (wo ein Schwager des Zaren abgesetzt wurde); wie in Westfalen wurde in den seinem Kaiserreich einverleibten deutschen Gebieten Französisch Amtssprache.

Der Tilsiter Frieden hatte Europa geteilt, aber diese Teilung war (wie die nach 1945) nicht das Werk Rußlands, dem sie aufgezwungen wurde und dessen Interesse an der Existenz starker Mächte der Mitte als Puffer gegen den Westen sie widersprach. In Tilsit hatte sich Alexander I. eine »Atempause« erkauft, die jedoch von kurzer Dauer war. Schon 1810 verschärften sich die Beziehungen wieder, und 1811 erklärte Napoleon: »In fünf Jahren werde ich die Welt beherrschen; es bleibt nur noch Rußland übrig, aber ich werde es zertreten.« Dem König von Preußen versprach er das Baltikum, dem Kaiser von Österreich die südwestliche Ukraine, dem türkischen Sultan die Krim und Georgien und dem Schah von Persien Osttranskaukasien. Zur Rechtfertigung des Krieges gegen Rußland veröffentlichte C.L. Lesur 1812 im Auftrag des französischen Außenministeriums das gefälschte »Testament Peters des Großen«, wobei der ursprünglich polnischen Fälschung als französische Zutat die angebliche Forderung Peters hinzugefügt wurde, »Kriege mit Persien zu provozieren, seinen Verfall zu beschleunigen und zum Persischen Golf vorzudringen«. (Gefälschte russische Angriffs- und Subversionspläne sollten immer wieder auftauchen, wenn der Westen Rußland angriff – so während des Krimkrieges und bei Hitlers Überfall –, und der 1812 in Paris erfundene »Drang zum Persischen Golf« diente 1980 den USA dazu, diese ölreiche Region zu ihrem »vitalen« Interessengebiet zu erklären.)

Am 24. Juni 1812 (dem 12. Juni nach dem russischen Kalender) fiel Napoleon ohne Kriegserklärung in Rußland ein. Seine 610000 Mann starke »Grande Armée« war die bis dahin größte der Geschichte und den Russen anfangs fast 3:1 überlegen; als erste »Europa-Armee« der Geschichte umfaßte sie neben 250000 Franzosen 200000 Deutsche, 100000 Polen und 50000 Italiener, Kroaten und Holländer – die Russen sprachen von einer »zwölfsprachigen Invasion«. Während ein preußisches Korps von 20000 Mann unter General Yorck von Wartenburg im Baltikum die linke Flanke deckte und ein österreichisches von 30000 Mann den rechten Flügel bildete, drang die Hauptarmee in der Mitte gegen die kämpfend zurückweichenden Russen vor, konnte jedoch keine Entscheidung herbeiführen, wenn Napoleon auch Mitte September 1812 mit rund 110000 Soldaten Moskau erreichte. Nach dem Brand Moskaus und nach Ablehnung aller Friedensangebote Napoleons durch Alexander I. begann im Oktober der Rückzug der Franzosen, auf dem die Reste der einstigen »großen Armee«, von Partisanen und Kosaken gejagt, vom Winter überfallen und an der Beresina geschlagen, elendiglich zugrunde gingen; nur etwa 5000 Mann konnten sich retten. Als Vasallen eines westlichen Imperators düngten damals schon viele Deutsche mit ihren Leichen die russische Erde.

Es war nach der Niederlage Karls XII. bei Poltawa die zweite große »Rußlandkatastrophe« des Westens. Der spätere preußische General Carl von Clausewitz, der in russischen Diensten gelernt hatte, daß es besser ist, »mit der Verteidigung anzufangen und mit der Offensive zu enden« (was spätere deutsche Strategen mißachten sollten), schrieb in seinem Werk »Vom Kriege«, daß »Rußland durch seinen Feldzug von 1812 gelehrt hat. . . ., daß ein Reich von großen Dimensionen nicht zu erobern ist, welches man füglich vorher hätte wissen können. . . .«

Clausewitz war mit zahlreichen anderen preußischen Offizieren, die ihres Königs Kollaboration mit Napoleon ablehnten, nach Rußland gekommen, wo sie eine »Deutsch-russische Legion« aus Freiwilligen aufstellten, die in den russischen Reihen mitkämpften. Der die nationale Einheit Deutschlands unter preußischer Führung verfechtende Staatsmann Karl Freiherr vom Stein, der von Friedrich Wilhelm III. auf Verlangen Napoleons als Leitender Minister entlassen worden war, hatte sich ebenfalls zu Alexander I. begeben, dessen Vorliebe für eine deutsche Konföderation ohne Österreich seit 1804 bekannt war; Stein hatte Alexander nach Napoleons Einzug in Moskau gedrängt, den Krieg fortzusetzen. Ein Mitarbeiter Steins in Rußland war der deutsche Freiheitsdichter Ernst Moritz Arndt, und ein weiterer Deutscher, der die gemeinsame Sache vertrat, war August von Kotzebue, der mit dem russi-

schen Oberkommando in Berlin einzog und das»Russisch-Deutsche
Volksblatt« herausgab. In Preußen befürwortete der Kriegsminister
Gerhard David Scharnhorst am entschiedensten eine russisch-preußi-
sche Allianz gegen Europas Zwingherrn Napoleon.

Dank Rußlands Sieg im »Vaterländischen Krieg« von 1812 wurde
Deutschland 1813 von der französischen Fremdherrschaft befreit. Den
Anstoß dazu gab die Neutralitätskonvention, die der preußische General Yorck am 30. Dezember 1812 in der Mühle von Poscherum bei Tauroggen in Litauen auf eigene Verantwortung mit dem von Clausewitz
beratenen russischen General Diebitsch, einem gebürtigen Schlesier
und Zögling der Berliner Kadettenanstalt, schloß: Durch sie fiel das
preußische Korps von der französischen Armee ab, Preußen wurde er-
spart, als Feindesland behandelt zu werden, und in Ostpreußen for-
mierten sich die ersten Freiwilligenverbände. (Die »Tradition von Tauroggen« sollte mehr als ein Jahrhundert später in der Kooperation des
Reichswehrchefs Seeckt mit der Roten Armee noch einmal aufleben; im
allgemeinen jedoch ersetzte in der deutschen Bündnispolitik eine
selbstmörderische »Nibelungentreue« die Kunst des rechtzeitigen realistischen Seitenwechsels. Die DDR freilich hält die Tradition der
deutsch-russischen Waffenbrüderschaft in Ehren).

Der zaudernde Friedrich Wilhelm III. wollte aus Angst vor Napoleon Tauroggen zunächst ungeschehen machen und Yorck maßregeln,
konnte seine Anordnungen aber nicht mehr durchsetzen. Erst am
8. Februar 1813 schloß er das preußisch-russische Bündnis von Kalisch,
und an sein Volk wandte er sich erst im März, als dieses sich bereits gegen die Franzosen erhob – während Kosaken unter dem Befehl des aus
Baden stammenden Oberst Tettenborn Hamburg befreiten. Österreich, dessen Staatskanzler Metternich mit beiden Seiten verhandelte,
trat sogar erst im August dem Bündnis bei. Im Oktober 1813 schlugen
die Verbündeten Napoleon in der »Völkerschlacht« bei Leipzig und
zwangen ihn zum Rückzug aus Deutschland, worauf sich der Rheinbund auflöste. Am 31. März 1814 zogen der Zar und der preußische
König als Sieger in Paris ein. 1815 konnte Napoleon in den »Hundert
Tagen« nach seiner plötzlichen Rückkehr aus der Verbannung den Zusammenbruch seines Reiches nicht mehr rückgängig machen.

Alexander I.: »Befreier Europas« und »Wohltäter Preußens«

Rußland war in der deutschen Bevölkerung nie populärer als während
der Befreiungskriege, seine Truppen – reguläre wie Kosaken – wurden
begeistert willkommen geheißen und gefeiert. Zar Alexander I., der den

Russen eher als ein Heuchler gilt, der mit liberalen Phrasen paradierte, wurde in Deutschland als »Befreier Europas«, aber auch wegen seiner vielfältigen deutschen Beziehungen verehrt: Er und seine Geschwister waren Kinder einer württembergischen Prinzessin und sämtlich mit Deutschen vermählt. Auch holte er weitere Abertausende deutsche Bauernfamilien, hauptsächlich aus Schwaben, nach Rußland, wo sie am ganzen Nordufer des Schwarzen Meeres siedelten. Zu dieser Zeit gab es bereits 50000 deutsche Bauern in Rußland.

Besonders konservative Preußen lobten Alexander I. als Freund und Wohltäter ihres Staates. Eingedenk der Tatsache, daß der russische Generalissimus Michail Kutusow den Zaren beschworen hatte, die Franzosen nicht über die Grenzen Rußlands hinaus zu verfolgen, sondern den Krieg, der doch nur zum Nutzen der »fluchwürdigen britischen Insel« geführt werde, zu beenden, erklärte der spätere preußisch-deutsche Staatsmann Otto von Bismarck noch 1888 in einer Reichstagsrede: »Ihm (Alexander I.) war Preußen in der Tat Dank schuldig. Er konnte 1813 an der polnischen Grenze ebensogut umkehren und Frieden schließen; er konnte Preußen später fallen lassen. Damals haben wir in der Tat die Herstellung auf dem alten Fuß wesentlich dem Wohlwollen des Kaisers Alexander I. oder – wenn Sie skeptisch sein wollen – der russischen Politik, wie sie Preußen brauchte, zu danken gehabt.« Ohne die »ritterliche Haltung« Alexanders I., schrieb Bismarck ferner, »wäre es fraglich geblieben, ob . . . .auch nur die künstliche Neubildung Preußens, so wie sie 1815 geschah, zustande gekommen wäre«.

Auf dem Wiener Friedenskongreß von 1814/15 war Zar Alexander I. einflußreicher als England oder Österreich, wenn auch nicht allmächtig. Großbritannien, Österreich und Frankreich schlossen sich zusammen und verhinderten, daß Preußen als Entschädigung für seine polnischen Gebiete ganz Sachsen bekam. Ein Kompromiß vereinigte das zentralpolnische »Königreich Polen«, das eine liberale Verfassung erhielt, mit der russischen Krone, während Preußen Danzig, Thorn und die Provinz Posen zurückbekam und für die übrigen Gebiete mit etwa der Hälfte Sachsens sowie Westfalen und der Rheinprovinz entschädigt wurde. Dadurch übernahm es die »Wacht am Rhein« gegenüber dem in seinem Besitzstand von 1792 bestätigten Frankreich und »wuchs in Deutschland hinein«, während sein Rivale Österreich als Vielvölkerstaat aus Deutschland herauswuchs. Der Wiener Kongreß restaurierte (auf innenpolitisch antidemokratischer Basis) das Gleichgewicht der fünf Großmächte Rußland, England, Frankreich, Österreich und Preußen (die europäische »Pentarchie«), und in Osteuropa blieben die Wiener Vertragsgrenzen hundert Jahre lang unverändert.

Der Freiherr vom Stein hatte in einer Denkschrift von 1812 ausgerufen: »Ich habe nur ein Vaterland, und das heißt Deutschland. . . .Ich bin nur ihm und nicht einem Teile desselben von ganzer Seele ergeben. Mir sind die Dynastien in diesem Augenblick der großen Entwicklung vollkommen gleichgültig . . . .«. Doch die Hoffnungen Steins und anderer Patrioten erfüllten sich nicht: Kein deutscher Staat wie der russische, französische, englische oder spanische wurde 1815 geschaffen, sondern ein »Deutscher Bund« von 35 souveränen Fürsten und vier »freien Städten«. Drei der Bundesfürsten waren Ausländer – der König von England (als König von Hannover), der König von Dänemark (als Herzog von Holstein) und der König der Niederlande (als Großherzog von Luxemburg). Oberste Behörde des Deutschen Bundes wurde der Bundestag zu Frankfurt am Main, der keine Volksvertretung war, sondern die Versammlung der Gesandten der Bundesstaaten unter dem Vorsitz des österreichischen Gesandten. Preußen, das erstmals durch Friedrich II. die nationalen Gefühle der Deutschen auf sich gelenkt und sie im Kampf gegen Napoleon außerordentlich verstärkt hatte, sollte den 1815 bestätigten deutschen Partikularismus (nachdem es 1848/49 eine demokratische Einigung »von unten« niederkartätscht hatte) in Kriegen gegen dessen Hauptinteressenten Österreich und Frankreich schließlich überwinden – dank wohlwollender Neutralität Rußlands.

4. Kapitel

Kultur, Fortschritt und »Realpolitik«, 1815–1890

Zwischen Deutschland und Rußland kam es im 19. Jahrhundert zu einem intensiven kulturellen Austausch in der Literatur, Philosophie und Musik. Politisch wirkte das Erbe der Französischen Revolution in beiden Ländern unterhalb der Regierungsebene weiter – der Liberalismus der Besitz- und Bildungsbürger, der Demokratismus der eher kleinbürgerlichen Radikalen und Republikaner und der Sozialismus des im Zuge der Industrialisierung anwachsenden Proletariats. Gegen diese Strömungen arbeiteten Preußen-Deutschland und das zaristische Rußland als konservative bis reaktionäre Feudalmonarchien zusammen, wie auch gegen die in beiden Staaten lebenden Polen, die der Westen anfeuerte und – wie üblich – im Stich ließ. Aber den preußisch-deutschen und russischen Machthabern jener Zeit ist zugute zu halten, daß sie den Frieden zwischen den beiden Völkern nach 1815 fast ein Jahrhundert lang erhielten. Auf preußisch-deutscher Seite war der prominenteste Fürsprecher freundschaftlicher Beziehungen zu Rußland von der Mitte des 19. Jahrhunderts an der »Junker« Otto von Bismarck. Als er 1890 die Bühne verlassen mußte, gewann im Zeichen des kapitalistischen Imperialismus in beiden Reichen der Chauvinismus die Oberhand und machte sie zu Feinden.

Literatur, Philosophie und Musik

Es ist kaum bekannt, aber für die Hochschätzung der deutschen Klassiker in Rußland kennzeichnend, daß das allererste Denkmal für Friedrich Schiller 1813 im Russischen Reich – auf der estnischen Puchtu-Insel – errichtet wurde. Goethe andererseits erhielt 1821 im Prinzessinnengarten zu Jena sein erstes Memorial auf Veranlassung der Zarenschwester Maria Pawlowna, die als Gemahlin des Weimarer Herzogs Karl Friedrich in einer russisch-orthodoxen Kapelle mit goldverzierten grünen Zwiebeltürmen unmittelbar neben der Goethe-Schiller-Gruft in

Weimar ihre letzte Ruhestätte fand. Der russische Dichter Wassili Schukowski, der den späteren Zaren Alexander II. erzog, übersetzte Goethe, Schiller und die deutschen Romantiker ins Russische. Besonders Schillers Drama »Die Räuber« hinterließ einen tiefen Eindruck, wie noch Dostojewski den alten Karamasow bezeugen ließ; Schillers Fragment »Der falsche Demetrius« behandelte ein Thema der russisch-polnischen Geschichte. Von Lermontow, der wie Puschkin von den deutschen Romantikern beeinflußt wurde, stammt die einfühlsame russische Version von Goethes berühmtem Gedicht »Über allen Gipfeln ist Ruh. . . .«. Johann Gottfried Herder, der in Volkssprache und Volksliedern den »Volksgeist« entdeckte, befruchtete die nationale Selbstbesinnung der Völker Osteuropas und durch den Dichter Alexej Stepanowitsch Chomjakow die »Slawophilen« in Rußland. Der idealistische Philosoph Hegel, der in Berlin die Dialektik von Thesis-Antithesis-Synthesis als Prinzip der Geschichte lehrte, war unmittelbar und besonders mittelbar von großem Einfluß auf die revolutionären Denker Rußlands, nachdem sein Schüler Karl Marx mit dem »historischen Materialismus« die Lehre Hegels »vom Kopf (Geist) auf die Füße (Materie) gestellt« hatte.

Alle diese Befruchtungen zahlte Rußland mit Zins und Zinseszinsen zurück, als seine Literatur unter den Gebildeten Deutschlands immer neue Triumphe feierte. Hier können nur genannt werden die genialen, früh gestorbenen Dichter Puschkin, Lermontow und Lesskow, der Fabeldichter Krylow, die realistischen Romanciers Gogol, Gontscharow, Turgenjew, Leo Tolstoi und Fjodor Dostojewski sowie der Dramatiker Anton Tschechow. Ähnlich verhielt es sich mit der russischen Musik, als deren Vorboten in der deutschen Biedermeierzeit Melodien Alexander Warlamows erklangen, während beim Großen Zapfenstreich der preußischen Armee (und späterer deutscher Armeen) der von Dimitri Bortnjanski komponierte Choral »Wir beten an die Macht der Liebe« ertönte. Für einen russischen Chor der preußischen Armee entstand bei Potsdam die Siedlung Alexandrowka. Michail Glinka, den kraftvollvolksnahen Begründer der russischen Musikklassik verbanden besonders enge Beziehungen mit Berlin: Dort wurde er 1835 Schüler von Siegfried Wilhelm Dehn, der die Musiklehren J.S. Bachs wiederentdeckt hatte und der Glinka riet: »Schreiben Sie russische Musik«; dort starb Glinka 1857 und wurde zuerst auf dem russischen Friedhof in Tegel beerdigt, bevor sein Leichnam nach Petersburg überführt wurde. Weitere Komponisten, die später mit ihren Werken das deutsche Opern-, Ballett- und Konzertpublikum begeisterten, waren Tschaikowski, Mussorgski, Borodin, Rimski-Korsakow, Rachmaninow und Skrjabin.

Rußlands Vaterländischer Krieg und die deutsch-russische Waffenbrüderschaft von 1813/14 hatten die Völker zwar von französischer Fremdherrschaft befreit, aber den Deutschen weder die nationale Einheit noch die Freiheit von ihren Fürsten beschert. Deren nur teilweise durch Verfassungen gemilderte Macht wurde vielmehr im Zeichen der antirevolutionären, antiliberalen »Heiligen Allianz« der Monarchen Rußlands, Österreichs und Preußens restauriert, die im September 1815 auf Wunsch Alexanders I. gegründet worden war. Der Zar war nach gewissen »liberalen« Anfängen zunehmend unter den Einfluß mystisch-pietistischer Kreise – u.a. der deutschbaltischen Baronin Krüdener – geraten und verfocht nun das »Gottesgnadentum« und den »Bund von Thron und Altar« gegen das Volk. Einer seiner diplomatischen Agenten und Propagandisten, derselbe August von Kotzebue, der 1813 in Berlin das »Russisch-Deutsche Volksblatt« herausgegeben hatte, wurde am 23. März 1819 in Mannheim von dem Theologiestudenten Karl Ludwig Sand mit den Worten »Hier, du Verräter des Vaterlandes!« erdolcht. Die Reaktion beschloß daraufhin in Karlsbad auf Betreiben des österreichischen Staatskanzlers Metternich (»Fürst Mitternacht«), die patriotische Studentenorganisation »Deutsche Burschenschaft« und selbst das Turnen zu verbieten, die Zensur für Bücher und Zeitschriften zu verschärfen und generell alle »Demagogen« zu verfolgen.

Freiheitlich gesinnte Männer deutscher Herkunft spielten auch eine Rolle bei der Verschwörung russischer Adeliger und Militärs, die eine Verfassung oder gar die Republik anstrebten und sich im Dezember 1825 in Petersburg gegen den Absolutismus erhoben – der »Dekabristen«. Oberst Pawel Pestel, der Führer der »Südlichen Gesellschaft« der Verschwörung, war der Enkel eines Deutschen, der zur Zeit der Zarin Elisabeth nach Rußland gekommen war; einer der geistigen Inspiratoren der Dekabristen war der Philosophieprofessor Johann Eugen Schwarz, ein Siebenbürgen-Deutscher, der zur Zeit Katharinas II. nach Moskau gekommen war, und zu den Dekabristen gehörte ferner der in Petersburg geborene deutschstämmige Dichter Wilhelm Küchelbecker, ein Freund Puschkins. Zar Nikolaus I. (1825—55), der auf seinen Bruder Alexander folgte, unterdrückte den Dekabristen-Aufstand mit großer Brutalität gleich zu Beginn seiner Herrschaft und gewann schnell die Beinamen »Eiserner Zar« und »Gendarm Europas«. Er gründete das Gendarmeriekorps und die berüchtigte »Dritte Abteilung« zur Kontrolle von Schulen, Universitäten, Presse, Meinung und Gesinnung; oberster Geheimpolizist wurde der deutschbaltische Graf Benckendorff.

In Deutschland kam unter den freiheitlich Gesinnten eine antirussische Stimmung auf, weil das zaristische Rußland der enge Freund der deutschen Monarchen, besonders Preußens, war; Nikolaus I., vermählt mit der preußischen Prinzessin Charlotte (Alexandra), war Schwiegersohn Friedrich Wilhelms III. Laut Karl Marx war der preußische König nur »der Unterknäs von Potsdam«; auch Bismarck zufolge lebten die Preußen zur Zeit von Nikolaus I. »als russische Vasallen«. Umgekehrt erweckten die vielen deutschen und deutschbaltischen Diener der Zaren-Autokratie unter den Freiheitlichen Rußlands den Eindruck, die Autokratie sei ein Import aus Deutschland: »Rußland ist ein unter der Knute lebendes Germanenreich«, meinte der anarchistische Revolutionär Michail Bakunin. Nikolaus I. stützte sich auf Deutsche, weil er genau wußte, wie verhaßt er seinen russischen Untertanen war. Laut Bismarck erbat er sich vom preußischen König zwei Unteroffiziere, die ihm den Rücken massieren sollten, mit den Worten: »Mit meinen Russen werde ich immer fertig, wenn ich ihnen ins Gesicht sehen kann, aber auf den Rücken ohne Augen möchte ich sie mir doch nicht kommen lassen.«

U.a. im Gefolge der deutschen Ehepartner des Zaren und seiner Geschwister kamen so viele Deutsche nach Rußland und spielten bei Hofe eine so große Rolle, daß einer Anekdote zufolge ein verdienter Russe den Zaren um die Gunst gebeten haben soll, ihn »zum Deutschen zu ernennen«. Um die Mitte des 19. Jahrhunderts waren nicht weniger als 15 Prozent der höchsten Posten in der russischen Zentralverwaltung von Lutheranern – also wohl von Deutschen – besetzt. Eine derartig auffällige Bevorzugung weckte wieder Unbehagen und Mißmut, zumal manche Deutsche nach einem russischen Wort so taten, »als hätten sie den Affen erfunden«, und ihnen wegen ihrer in Kleinlichkeit und Pedanterie ausartenden Gründlichkeit und Ordnungsliebe Unverständnis für die »breite Natur« (schirokaja natura) der Russen zugeschrieben wurde. Solche Gefühle ließen die im Gegensatz zu den liberalen »Westlern« stehenden Slawophilen zum »Panslawismus« übergehen, dem auf der anderen Seite ein »alldeutscher« Chauvinismus entsprach.

Die erfolglosen mitteleuropäischen Revolutionen von 1848/49 vereinten deutsche und russische Progressive im Kampf und im Exil. Im Februar 1848 war das »Kommunistische Manifest« von Marx und Engels erschienen. Bakunin, der sich, von zaristischen Agenten bespitzelt, seit 1841 in Berlin mit Hegel beschäftigt hatte, ging 1849 zusammen mit Richard Wagner in Dresden auf die Barrikaden und entfaltete zwischen den schwarz-rot-goldenen Fahnen der deutschen Aufständischen die rote Fahne. In London fand er schließlich Aufnahme bei dem Humanisten Alexander Herzen, dem unehelichen Sohn eines russischen Adeligen und der deutschen Bäckerstochter Louise Haag aus Stuttgart. Herzen, der den Polizeistaat Nikolaus I. verlassen hatte, veröffentlichte Bücher, die in Deutschland eifrig gelesen wurden, und die Zeitschrift »Kolokol« (Die Glocke), die nach Rußland geschmuggelt wurde. Herzen und Bakunin waren Exilgefährten des von Friedrich Engels unterstützten Karl Marx. Über politisch-philosophische Kernfragen kam es zum Bruch zwischen Marx und Bakunin, der 1872 aus der I. Internationale ausgeschlossen wurde. Im selben Jahr erschien der erste Band von »Das Kapital« in russischer Sprache – die erste Übersetzung in eine Fremdsprache.

Zwei Jahre zuvor war die russische Sektion der I. Internationale gegründet worden, und am 22. April 1870 hatte in Simbirsk (Uljanowsk) an der Wolga Wladimir Iljitsch Uljanow das Licht der Welt erblickt. Sein Vater war der geadelte Schulinspektor Ilja Nikolajewitsch Uljanow, Sohn eines russischen Schneiders und einer Kalmückin, seine Mutter Maria Blank war die Tochter eines in Rußland ansässigen deutschen Arztes und einer aus Riga stammenden Deutschbaltin Lübecker Herkunft. Der junge Wladimir Iljitsch las Herzen und Bakunin, Marx und Engels – die Sprache seiner Mutter beherrschte er ebenso perfekt wie die seines Vaters. Unter dem Namen Lenin (von dem Fluß Lena, der sein sibirisches Verbannungsgebiet durchfloß) sollte er die Welt verändern.

Nikolaus I. demütigt Preußen – Österreichs Undank

Im 19. Jahrhundert bestimmten jedoch noch die Romanows und Hohenzollern mit ihren Beratern das Verhältnis Rußlands und Preußen-Deutschlands zueinander. Gestützt auf familiäre Beziehungen war es ein überwiegend freundschaftliches und erhielt den Frieden. Daß Preußen gegenüber Alexander I. nach 1815 von Dankbarkeit erfüllt war, wurde bereits festgestellt. Unter Friedrich Wilhelm III., der bis 1840 regierte, an den Grundsätzen der Heiligen Allianz festhielt und »Demagogen« verfolgte, genoß Preußen auch die Sympathie von Nikolaus I. Preußen seinerseits vermittelte 1829 den für Rußland günstigen Frieden von Adrianopel, nachdem sich Nikolaus I. durch einen Krieg gegen die Türkei zugunsten der um ihre Unabhängigkeit ringenden Griechen britisches und österreichisches Mißtrauen zugezogen hatte; sein aus Schlesien stammender Heerführer Diebitsch erwarb sich mit diesem Feldzug den Beinamen »Sabalkanski« (etwa: der Balkan-Überquerer).

Im gleichen Jahr erkundete der deutsche Geograph und Naturforscher Alexander von Humboldt im Auftrag des Zaren Russisch-Asien und den Ural, den er als ein »wahres Dorado« bezeichnete.

Im Interesse der Ruhighaltung seiner polnischen Provinz Posen leistete Preußen Rußland auch Beistand bei der Unterdrückung des Warschauer Aufstandes von 1830/31, den Nikolaus I. dadurch ausgelöst hatte, daß er ausgerechnet die Armee seines polnischen Königreiches zugunsten der in Frankreich gestürzten Bourbonen und gegen die Sezession Belgiens von den Niederlanden einsetzen wollte. Die Aufständischen forderten sofort wieder die polnischen Grenzen von 1772, die alte russische ebenso wie jetzt preußische Gebiete eingeschlossen hatten. Während der Westen die Polen anfeuerte, ohne ihnen zu helfen, übte Preußen Distanz gegenüber der »Polenschwärmerei«, mit der die polnischen Flüchtlinge auch in Deutschland von katholischen und liberal-demokratischen Kreisen empfangen wurden – 1832 nahmen Vertreter des polnischen Nationalkomitees in Paris am »Hambacher Fest« der deutschen Fortschrittlichen teil. Aber auch einem guten Demokraten wie Heinrich Heine kamen bald solche Zweifel an der Fortschrittlichkeit der emigrierten polnischen Adeligen, daß er sie 1835 mit den Namen »Krapülinski und Waschlapski« belegte (von frz. »crapule«-Völlerei, Maßlosigkeit und dt. »Waschlappen«=Schwächling).

Dem von Rußland unterstützten Preußen gelang ein wichtiger Schritt zur wirtschaftlichen Einigung Deutschlands, als am 1. Januar 1834 der »Deutsche Zollverein« unter seiner Führung in Kraft trat und die meisten inländischen Handelsschranken (80 Jahre später als in Rußland) fielen. Lediglich Österreich sowie vorerst Hannover und die drei Hansestädte als Vorposten des britischen Kapitals blieben außerhalb dieses Zusammenschlusses. Durch den bald darauf einsetzenden Eisenbahnbau und die Industrialisierung wurde er weiter gefestigt, wobei über den Kohlevorkommen in den westdeutschen Gebieten Preußens eine mächtige Schwerindustrie entstand.

Auch nach dem Regierungsantritt Friedrich Wilhelms IV. (1840—61) galten Rußlands Sympathien zunächst Preußen, wenngleich dem »eisernen« Zaren Nikolaus I. die mystisch-romantische, im Wahnsinn endende Natur seines preußischen Schwagers fremd war und durch dessen Taten und Unterlassungen immer fremder wurde. Friedrich Wilhelm IV. erließ eine Amnestie für politische Vergehen, milderte trotz Metternichs Warnungen die Beschränkungen der Presse und berief 1847 erstmals einen Landtag nach Berlin ein, ohne jedoch die Hoffnungen des Volkes auf eine freiheitliche Verfassung zu erfüllen. Seine polnischen Untertanen wollte er durch Zutrauen gewinnen. Nachdem Österreich

1846 einen polnischen Aufstand in Krakau mit der Annexion dieser bisher Freien Stadt vergolten hatte, ahndete Preußen 1847 einen Aufstand in seinem Großherzogtum Posen, der wegen mangelnder Unterstützung durch die damals liberal regierte polnische Bevölkerung scheiterte, mit relativer Milde: Von 254 angeklagten Aufrührern wurden 138 freigesprochen, 109 zu Haftstrafen und sieben zum Tode verurteilt, aber die Todesurteile wurden nicht vollstreckt. Als im März 1848 in Berlin die Revolution ausbrach, war es eine der ersten Taten der deutschen Revolutionäre, die polnischen Gefangenen zu befreien, die stracks nach Posen zurückkehrten, wo es erneut zu blutigen Unruhen kam. Auf den Berliner Barrikaden wurde 1848 gefordert: Krieg gegen Rußland zur Wiederherstellung Polens! Auch Marx und Engels traten für die Befreiung der Polen von preußischer, österreichischer und russischer Herrschaft ein und forderten im Falle einer Intervention des Zaren einen revolutionären Befreiungskrieg.

Daß Friedrich Wilhelm IV. zauderte, die demokratische, polenfreundliche und rußlandfeindliche Bewegung zu unterdrücken – später sollten seine Truppen die Revolution in ganz Deutschland niedersäbeln –, kostete Preußen die Sympathien des »Gendarmen der Reaktion« auf dem Zarenthron. Nikolaus I. ließ Preußen dies schon im August 1848 spüren, als er im Bunde mit Großbritannien und Frankreich den Waffenstillstand von Malmö erzwang, der Preußen daran hinderte, Dänemark die Einverleibung Schleswigs zu verwehren. Während er Preußen demütigte, transferierte er seine Vorliebe demonstrativ auf das auch nach Metternichs Sturz reaktionäre Österreich unter dem jungen Kaiser Franz Joseph I. (1848—1916): 1849 gewährte er ihm die entscheidende Hilfe russischer Truppen gegen die zum Teil von polnischen Generalen geführten aufständischen Ungarn; danach zog er seine Truppen zurück, »ohne einen Vorteil oder eine Entschädigung zu verlangen« – laut Bismarck ein Dienst, »wie ihn kaum je ein Monarch einem Nachbarstaat« geleistet hatte.

In der Überzeugung, daß Franz Joseph sein Nachfolger und Erbe in der Führung der Monarchien Mittel- und Osteuropas gegen die von Westen vordringende Revolution sei, leistete er ihm einen weiteren Freundschaftsdienst, der Preußen erneut demütigte: Dessen König hatte 1849 die ihm von der Frankfurter Nationalversammlung mit 290 zu 248 Stimmen angetragene deutsche Kaiserwürde als »Krone aus der Gosse« verächtlich abgelehnt obwohl im Paulskirchen-Parlament 223 Juristen, 106 Professoren, 46 Industrielle, aber nur vier Handwerker und kein einziger Bauer oder Arbeiter saßen! Nach dem Scheitern der demokratischen Einigung Deutschlands – letztlich an der Furcht des

Bürgertums vor der sozialen Revolution – wollte Preußen die Unions-bestrebungen wieder aufnehmen. Aber nun wurde es unter dem Druck Nikolaus I. in Olmütz (Olmouc) im November 1850 zum Verzicht auf seine Pläne gezwungen, und im Mai 1851 wurde der Deutsche Bund un-ter der Führung Österreichs wiederhergestellt, das sich gegen Preußen vornehmlich auf den süddeutschen Partikularismus stützte.

Wie die eine deutsche Macht Rußlands Wohltaten erwiderte und die andere die erlittenen Demütigungen, war sensationell und bleibt noch heute lehrreich. Der österreichische Ministerpräsident (bis 1852) Fürst Schwarzenberg erklärte schon bald nach der russischen Hilfe in Ungarn und Olmütz: »Europa soll staunen über unseren Undank!« Im Einklang mit diesem frivolen Wort machte Österreich in den folgenden Jahren Front gegen Rußland und erntete dessen Feindschaft. Preußen dagegen unterdrückte seinen Groll wegen Olmütz aus außenpolitischer Klug-heit: Mit wohlwollender Neutralität gegenüber dem im Krimkrieg von den Westmächten bedrängten Rußland erwarb es dessen Dankbarkeit und Unterstützung bei der Einigung Deutschlands.

Preußische Neutralität im Krimkrieg dank Bismarck

Die rußlandfreundliche Politik Preußens in der zweiten Hälfte des 19. Jahrhunderts ist untrennbar verbunden mit dem Staatsmann Otto von Bismarck. 1815 als Junker geboren, 1848 ein antirevolutionärer Heiß-sporn, der seinen König an Royalismus übertraf, entwickelte er schnell die Gabe, »realpolitische« Zusammenhänge zu erfassen und vorurteils-los mit Konservativen wie Liberalen zusammenzuarbeiten, wobei er je-doch stets das Interesse seiner Großagrarierkaste im Auge behielt. Ein Mann, der in der Politik nach Prinzipien handele, pflegte er zu sagen, gleiche jemandem, der mit einer Stange quer im Munde durch einen dichten Wald gehen wolle. Er sagte auch: »Es war stets ein Fehler der Deutschen, alles erreichen zu wollen oder nichts und sich eigensinnig auf eine bestimmte Methode zu versteifen. Ich war dagegen stets er-freut, wenn ich der Einheit Deutschlands, auf welchem Wege immer, auch nur auf drei Schritte näher kam.« 1851 wurde Bismarck preußi-scher Gesandter beim Frankfurter Bundestag, wo er sofort die Gleich-stellung mit dem österreichischen Präsidialgesandten erstrebte und mit dem russischen Bevollmächtigten Alexander Gortschakow, dem späte-ren Außenminister, Freundschaft schloß.

Bismarcks Stunde schlug zum erstenmal im Krimkrieg von 1853 bis 1856. Nachdem Rußland das Schutzrecht über die griechischen Christen in der Türkei gefordert hatte (wie es Frankreich über die römisch-katholischen Christen seit 1740 beanspruchte) und 1853 zur Bekräftigung seiner Forderung die Donaufürstentümer Moldau und Walachei besetzt hatte, stellten sich im März 1854 die Westmächte Frankreich und Großbritannien (später auch Sardinien) im Namen der »Zivilisation« hinter die christenverfolgende Türkei und brachten Rußland auf der Krim Niederlagen bei. Besonders England drängte Preußen zum Eintritt in den Krieg gegen Rußland. Davor warnte Bismarck, als er am 19. Dezember 1853 schrieb: »Unsere eigene Lage kann leicht sehr unbehaglich werden, wenn eine Annäherung zwischen Rußland und Frankreich stattfindet, was für den Kaiser von Rußland allerdings der natürlichste Ausweg sein würde, wenn wir ihm die Hölle zu heiß machen. . . . England allein kann uns zu Lande nicht gegen Übermacht schützen. « Bismarck äußerte, daß die türkisch-orientalischen Fragen »uns überhaupt nichts angehen«, und daß es unverantwortlich wäre, »aus Liebedienerei gegen die Westmächte unsere Beziehungen zu Rußland zu verschlechtern«. »Die Leute, die das befürworten, sind Phantasten, die nichts von Politik verstehen.«

Damit meinte er eine von England beeinflußte Gruppierung »liberaler« Politiker um das »Preußische Wochenblatt«, die in Denkschriften forderte, daß Preußen im Bunde mit England und als »Vorkämpfer Europas« die »Zerstückelung Rußlands« herbeiführen müsse: Die baltischen Länder mit Einschluß der Hauptstadt Petersburg sollten an Preußen und Schweden fallen, die Republik Polen sollte in ihrer größten Ausdehnung wiederhergestellt werden, der Rest sollte durch die Trennung von Groß- und Kleinrussen (Ukrainer) »zersetzt« werden. Dabei berief man sich auf die These des Freiherrn August von Haxthausen, daß das Russische Reich, wenn es vereint bleibe, das Übergewicht in Europa besitze. Im März 1854 schlug der preußische Gesandte in London, Christian Karl von Bunsen, die Mitwirkung Preußens an einem Programm vor, das neben der Wiederherstellung Polens die Ausdehnung Österreichs bis in die Krim vorsah. Diese Pläne belebten unter einem »liberalen« Mäntelchen den »Anschlag« des Abenteurers Heinrich von Staden vom Ende des 16. Jahrhunderts und die Absichten Napoleons wieder und nahmen Hitlers Aggression im 20. Jahrhundert vorweg.

Gegen diese »Pläne der Ausschlachtung Rußlands«, gegen diese, wie er sagte, »windigen« und »kindischen Utopien« wandte sich Bismarck mit Erfolg. Von 1853 bis 1855 pendelte er »wie ein Perpendikel zwischen Frankfurt und Berlin«, um Friedrich Wilhelm IV., der Bunsen beurlauben und pensionieren ließ, gegen den »Andrang der Westmächte« den Rücken zu stärken. Dem Bruder des Königs, dem damaligen

Prinzen Wilhelm (und späteren König und Deutschen Kaiser Wilhelm I.), für den Olmütz »ein wunder Punkt« war, hielt er im März 1854 vor Augen, »daß wir absolut keinen eigenen Kriegsgrund gegen Rußland hätten und kein Interesse an der orientalischen Frage, das einen Krieg mit Rußland oder auch nur das Opfer unserer langjährigen guten Beziehungen zu Rußland rechtfertigen könnte. . . . Wir würden die Rolle eines indischen Vasallenfürsten übernehmen, der im englischen Patronat englische Kriege zu führen hat.«

Bismarck hat auch mit Ironie überliefert, mit welchen Mitteln – nämlich Fälschungen – auch damals wieder Kriegsstimmung gegen Rußland gemacht wurde: Der Publizist Constantin Frantz (Befürworter einer gegen Rußland gerichteten »abendländischen Völkergemeinschaft«) hatte laut Bismarck ein Memorandum präsentiert, »das angeblich unter dem Kaiser Nicolaus in dem Auswärtigen Amte in Petersburg behufs Unterweisung des Thronfolgers ausgearbeitet war und die in dem apokryphen, ungefähr um das Jahr 1810 in Paris entstandenen Testamente Peters des Großen niedergelegten Grundsätze der russischen Politik auf die Gegenwart anwendet und Rußland mit einer gegen alle Staaten gerichteten Minierarbeit zum Zwecke der Weltherrschaft beschäftigt erscheinen läßt.«

Gegen die aus England importierten »Redensarten von Humanität und Zivilisation«, die Preußen veranlassen sollten, zur »Rettung der Zivilisation« für die Türkei die Waffen zu ergreifen, blieb Bismarck taub; noch mehr als dreißig Jahre später sagte er in bezug auf angelsächsische Heuchelei: »Menschlichkeit, Friede und Freiheit ist immer ihr Vorwand. . . .« Für ihn war entscheidend, daß man aus Rußland nicht »einen sicheren Bundesgenossen jedes zukünftigen Feindes von Preußen« machen dürfe. So war es weitgehend Bismarck zu verdanken, daß Preußen sich im Krimkrieg neutral verhielt und dadurch ein moralisches Anrecht auf Rußlands Dank erwarb, der im Jahrzehnt darauf abgestattet werden sollte.

Österreich dagegen, das den flagranten Undank proklamiert hatte, bezog drohend gegen Rußland Stellung und demütigte es, indem es im Juli 1854 die Räumung der Donaufürstentümer erzwang. Vergebens hatte der 1848 gestürzte reaktionäre, aber außenpolitisch kluge Metternich am 3. Juni 1854 den österreichischen Außenminister Buol-Schauenstein gewarnt: »Ins Schlepptau kann sich der Staat der Mitte weder in der östlichen noch in der westlichen Richtung nehmen lassen. . . . Wir sind berufen, den Ausschlag in der Richtung des herzustellenden Friedens, d.h. des definitiven Endes der heillosen Lage zu geben, aber keineswegs als Avantgarde des Ostens gegen den Westen noch des Westens gegen den Osten mißbrauchen zu lassen.« Als Österreich trotzdem am 2. Dezember 1854 ein Bündnis mit den Westmächten schloß, erntete es die Feindschaft Rußlands und machte bald darauf Bekanntschaft mit westlichem Verrat: Ganz wie Bismarck gewarnt hatte, verständigte sich Rußland nach dem Krimkrieg mit Frankreich, das 1859 die österreichische Herrschaft in Oberitalien angriff und zurückdrängte. Während Rußland vor dem Krimkrieg Österreich in Deutschland gegen Preußen unterstützt hatte, sah es in den sechziger Jahren ungerührt zu, wie Preußen Österreich aus Deutschland verdrängte.

Einigung Deutschlands nur mit russischem Wohlwollen

Von 1859 bis 1862 war Bismarck preußischer Gesandter in Petersburg, wo ihm sein alter Bekannter Gortschakow, jetzt Außenminister, manche Tür öffnete und der neue Zar Alexander II. (1855—81), der »Zar-Befreier« der Leibeigenen (1861), ihm für seine im Krimkrieg bewiesene Haltung dankbar war und ihn schließlich sogar fragte, ob er in russische Dienste treten wolle. Eine gewisse »Abneigung gegen deutsche, insbesondere preußische Elemente« konstatierte Bismarck mit Besorgnis bei der jüngeren Generation in Petersburg. Nach kurzer Dienstzeit als Gesandter in Paris wurde Bismarck im Herbst 1862 Ministerpräsident und Außenminister Preußens unter König Wilhelm I., der 1861 auf seinen Bruder gefolgt war und ein Onkel des Zaren war.

Nachdem die deutsche Einigung auf demokratischer Basis an der Furcht der Bourgeoisie vor der sozialen Revolution gescheitert war und angesichts der bestehenden Machtverhältnisse durch »Majoritätsbeschlüsse« nicht herbeigeführt werden konnte, blieben für Bismarck nur »Blut und Eisen« der preußischen Waffen als Mittel zur Herstellung der deutschen Einheit übrig. Sie bedurften freilich einer günstigen außenpolitischen Konstellation, wenn ein großer europäischer Konflikt vermieden werden sollte, der das Ziel zunichte machen konnte. Um Preußen die Rückenfreiheit im Osten zu sichern, die schon für Friedrich II. so wichtig gewesen war, und um das russische Wohlwollen für Preußen weiter zu verstärken, ließ Bismarck am 8. Februar 1863 den preußischen General Gustav von Alvensleben in Petersburg eine Konvention über die gemeinsame Bekämpfung der erneut aufständischen Polen abschließen. Während Frankreich, England und Österreich den Polen nur mit wirkungslosen Protesten beistanden, erwarb sich Preußen so ein weiteres Anrecht auf Rußlands Dank, wenn es auch ein von Alexander II. vorgeschlagenes Bündnis ablehnte, in dem, wie Bismarck formulierte, Rußland »an dem längeren Arm des Hebels sitzen würde«. Die Polen hofften von nun an, wie schon ihr Nationaldichter Adam Mickiewicz, auf einen großen Krieg zwischen ihren drei Teilungsmächten.

Gestützt auf das russische Wohlwollen führte Preußen (zusammen mit Österreich) 1864 seinen ersten »Einigungskrieg« gegen Dänemark, das Schleswig annektiert und von Holstein getrennt hatte. Aus dem nach dem Sieg gebildeten Kondominium, unter dem Preußen Schleswig und Österreich Holstein verwaltete, entstanden Reibereien, die zu Preußens Krieg von 1866 gegen Österreich und dessen deutsche Verbündete führten. Nach seiner Niederlage bei Königgrätz (Sadowa) in Böhmen am 3. Juli 1866 wurde Österreich, das mit seiner größtenteils nichtdeutschen Bevölkerung seit langem außerdeutsche Interessen verfolgt hatte, aus Deutschland hinausgedrängt: Es mußte der Auflösung des Deutschen Bundes und der Neugestaltung Deutschlands durch Preußen zustimmen, das alle gegnerischen Staaten nördlich der Mainlinie (hauptsächlich Hannover und Hessen-Kassel, aber nicht Sachsen und Hessen-Darmstadt) annektierte und nun ein durchgehendes Territorium von Memel (Klaipeda) bis Aachen besaß. Mit den süddeutschen Staaten schloß Preußen Schutz- und Trutzbündnisse; eine Forderung Frankreichs nach Abtretung linksrheinischer deutscher Gebiete wies es zurück. 1867 entstand unter preußischer Führung der »Norddeutsche Bund« mit Wilhelm I. als Oberhaupt und Bismarck als Bundeskanzler, einem Bundesrat und einem Reichstag.

In Rußland, wo die Erinnerung an Österreichs feindselige Haltung im Krimkrieg noch frisch war, gönnte man diesem die Niederlage von Königgrätz, wenn auch die einflußreiche Zeitung »Moskowskije wedomosti« des panslawistischen Journalisten Michail N. Katkow erstmals Beunruhigung über Preußens Aufstieg äußerte und von da an zunehmend Rußlands Annäherung an Frankreich forderte, um die wachsende Macht eines von Preußen geeinten Deutschlands auszugleichen. Dies war jedoch nicht die Meinung der Petersburger Regierung. Als Frankreich unter Napoleon III., dessen traditionelle Alliierten in Süddeutschland Verbündete Preußens geworden waren und das die gewünschten Kompensationen in Luxemburg und Belgien nicht erlangt hatte, zusammen mit Österreich »Rache für Sadowa« zu nehmen plante, hielt russischer Druck Österreich zurück: Drei Tage vor der französischen Kriegserklärung vom 19. Juli 1870 ließ Alexander II. seinen preußischen Oheim Wilhelm I. wissen, daß er mit 300 000 Russen an der galizischen Grenze aufmarschieren werde, falls Österreich sich gegen Preußen feindselig verhielte.

Nach dem deutschen Sieg über Napoleon III. konnte Bismarck am

18. Januar 1871 unter Ausnutzung der nationalen Begeisterung und durch Verträge mit den nunmehr 25 Einzelstaaten das zweite »Deutsche Reich« unter preußischer Hegemonie nach dem Modell des Norddeutschen Bundes mit Wilhelm I. als Deutschem Kaiser gründen. Rußland seinerseits gewann mit Unterstützung des neuen Deutschen Reiches sein ihm nach dem Krimkrieg abgesprochenes Recht zurück, im Schwarzen Meer eine Kriegsflotte zu unterhalten und seine Küsten zu befestigen. Die russische Hilfestellung bei der Bildung des Deutschen Reiches wurde durch Kaiser Wilhelm I. ausdrücklich bestätigt. Im März 1871 telegraphierte er an Alexander II.: »Nie wird Preußen vergessen, daß es Ihnen verdankt, daß der Krieg nicht äußerste Dimensionen angenommen hat.« In einem Brief vom 2. September 1876 bezog er seine Dankbarkeit auf die *ganze* Periode der Einigungskriege: »Die Erinnerung an Ihre Haltung mir und meinem Lande gegenüber von 1864 bis 1870/71 wird, was auch kommen mag, meine Politik Rußland gegenüber leiten.«

Wenn auch die von einer Reihe glänzender Siege geblendeten Deutschen die deutsche Einheit, wie sie unter Bismarck zustande kam, der eigenen militärischen Tüchtigkeit zuschrieben, verdankte sie doch ihre Gründung und Existenz entscheidend der russischen Rückendeckung; wurde diese verspielt, war auch die Reichseinheit in höchster Gefahr. In Feindschaft zu Rußland gar, dafür im Verein mit den Westmächten, die ihr nur Lippenbekenntnisse zollten, würde es völlig unmöglich sein, die deutsche Einheit wiederherzustellen.

Bismarck für Freundschaft mit Rußland

Auch als Reichskanzler galt für Bismarck: »Zwischen Deutschland und Rußland existieren keine Verschiedenheiten der Interessen, welche die Keime von Konflikten und eines Bruchs unabweislich in sich trügen.« »Wir beneiden uns nichts und haben nichts voneinander zu gewinnen, was wir brauchen könnten.« »Wir wollen froh sein, wenn wir in unserer Lage und geschichtlichen Entwicklung in Europa Mächte finden, mit denen wir auf keine Art von Konkurrenz der politischen Interessen angewiesen sind, wie das zwischen uns und Rußland bisher der Fall ist. . . . mit Rußland werden wir nie die Notwendigkeit eines Krieges haben, wenn nicht liberale Dummheiten oder dynastische Mißgriffe die Situation fälschen.« In dieser Haltung wurde Bismarck gedeckt von Wilhelm I., der noch auf seinem Sterbebett im März 1888, im Glauben, er habe seinen Enkel, den späteren Wilhelm II., vor sich, Bismarck zuflüsterte: »Mit dem russischen Kaiser mußt Du immer Fühlung halten, da ist kein Streit notwendig.« Mit Bezug auf dieses Vermächtnis schrieb der britische Historiker Edward Hallett Carr: »Diese Maxime wurde 1914 von Wilhelm II. und 1941 von Adolf Hitler vernachlässigt – in beiden Fällen mit katastrophalen Folgen für Deutschland.«

Bismarck hatte das Deutsche Reich bewußt als »kleindeutsches« gegründet, weil dies das äußerste war, was Europa zugemutet werden konnte. Er wahrte nun den Frieden, bezeichnete das Reich wiederholt als »gesättigt« und wünschte in Europa nichts mehr, auch keine deutschbesiedelten Gebiete. Das Baltikum oder Deutsch-Österreich wollte er nicht einmal geschenkt haben, und über die Propaganda deutscher Professoren und Journale zugunsten der Siebenbürger Sachsen ärgerte er sich – er lehnte alles ab, was Deutschland nach Osten oder Südosten ziehen konnte. Österreichs Betätigungsfeld erblickte er im westlichen Balkan, Rußlands im östlichen, und am Bosporus – immerhin war Konstantinopel die Wiege der russischen Religion und Kultur – gönnte er ihm einen »Schlüssel zum russischen Hause« umso mehr, als westliche Flotten durch die türkischen Meerengen erst unlängst im Krimkrieg Rußland angegriffen hatten. Wenn England daraufhin die Dardanellen blockierte, hätte er dies in Kauf genommen, aber englische Versuche, »uns gegen die Russen auszuspielen«, lehnte er mit Entschiedenheit ab.

Der Reichskanzler hatte nicht das geringste gegen Rußlands Erwerbungen in Asien – wie jene des General Konstantin von Kaufmann, der einer mit Peter III. aus Holstein gekommenen Familie entstammte – und fand 1885 lobende Worte für seine Kolonisation: »In Asien sind die Engländer viel weniger zivilisatorisch als die Russen; sie zeigen zuviel Mißachtung für die Eingeborenen und halten sich ihnen zu fern. . . . Die Russen dagegen ziehen die Bevölkerungen, die sie ihrem Reich einverleiben, an sich heran, sie machen sich mit ihnen vertraut und verschmelzen sich mit ihnen.«

Bismarcks Reich umfaßte jedoch Kräfte oder setzte Kräfte frei, die bereits ihm schwer zu schaffen machten und seinen Nachfolgern zu Kopfe steigen sollten. Die kapitalistische »Gründerzeit« im Zeichen der Hochindustrialisierung und der fünf Milliarden Francs der französischen Reparationen erzeugte von 1873 an Überproduktionskrisen, auf die Bismarck mit Schutzzöllen reagierte, die ein Interessenbündnis der neuerdings einflußreichen Industriellen mit dem Junkertum gegen die Verbraucher schufen. Sie wirkten sich u.a. gegen Agrareinfuhren aus Rußland aus, das seinerseits seine Industrie, deren Sprachrohr der profranzösische Panslawist Katkow war, gegen die deutsche Konkurrenz abschottete. In dem vergeblichen Versuch, Rußland zum Abbau seiner

Schutzzölle zu nötigen, sperrte bereits Bismarck 1887 den deutschen Kapitalmarkt für russische Anleihen, die daraufhin Geldgeber in Westeuropa fanden.

Außerdem verstärkte sich im Reich der Einfluß West- und Süddeutschlands, die traditionell ein gespanntes, in Bayern sogar feindseliges Verhältnis zu Preußen hatten und denen die preußische Maxime der Freundschaft mit Rußland fremd war. Die dortigen Liberalen erblickten vorbildliche Gesellschaftsordnungen im parlamentarisch-demokratischen Westen und fühlten sich von der zaristischen Reaktion, insbesondere den Judenpogromen, abgestoßen, während die katholischen Klerikalen Bismarck wegen dessen »Kulturkampf« gegen ultramontane Bindungen an den seit 1870 »unfehlbaren« Papst gram waren. Und der mächtig anschwellenden Sozialdemokratie war Bismarck, der sie mit dem »Sozialistengesetz« verfolgte und ihr mit einer Sozialversicherung das Wasser abzugraben versuchte, kaum weniger verhaßt als der ihre russischen und polnischen Genossen verfolgende Zarismus. Mit seinem Wort, daß auch er ein Gewehr schultern werde, wenn es einmal gegen den Zarismus gehe, brachte August Bebel eine Einstellung der deutschen Sozialdemokratie zum Ausdruck, die zwar keine antirussische war, die sie aber nach dem Sieg des Revisionismus die internationale proletarische Solidarität vergessen und im August 1914 für die Kriegskredite stimmen ließ.

Während in Rußland der Panslawismus anwuchs und zum Balkan drängte, entwickelte sich im Reich ein »großdeutscher« bürgerlicher Nationalismus (Constantin Frantz, Paul de Lagarde, Friedrich Lange – die auch allesamt Antisemiten waren), dem Bismarcks preußisch-kleindeutsches Reich nicht genügte und der die Expansion gegen Frankreich wie Rußland predigte; er mündete im »alldeutschen« Imperialismus als Vorläufer des rassistischen Imperialismus der Nazis. In Posen wehrten sich die Polen gegen die »Germanisierung« wie ihre Landsleute jenseits der Grenze gegen die »Russifizierung«. Letztere machte, da sie alte Privilegien einebnete, auch unter den Deutschbalten – den bürgerlichen mehr als den feudalen Zarendienern – böses Blut und veranlaßte viele Wolgadeutsche, die seit 1874 der allgemeinen Wehrpflicht unterlagen, zur Auswanderung nach Amerika.

Auch das offizielle deutsch-russische Verhältnis blieb von Spannungen nicht verschont, wenngleich Bismarck bis zuletzt an der Freundschaft zu Rußland festhielt. 1875 war er über Gortschakow verärgert, weil dieser sich, wie Bismarck meinte, aus Eitelkeit als Friedenswahrer zwischen Deutschland und Frankreich in der sogenannten »Krieg in Sicht«-Krise aufgespielt hatte, die Bismarck, Schuld von sich abwälzend, als das Werk von »Börsenspekulanten« bezeichnete. Nach dem russisch-türkischen Krieg von 1877 zur Befreiung Bulgariens vermittelte Bismarck auf dem Berliner Kongreß vom 13. Juni bis 13. Juli 1878 zwischen Rußland und dessen Gegnern England und Österreich mit dem Ergebnis, daß ein europäischer Krieg vermieden wurde, während der russische Einfluß auf dem Balkan wieder reduziert wurde. Petersburg fühlte sich deswegen von dem »ehrlichen Makler« Bismarck undankbar behandelt, und panslawistische Stimmen plädierten verstärkt für eine Allianz mit Frankreich.

Bismarck schloß daraufhin mit Österreich den »Zweibund«, der in seinen Augen jedoch »keine Erwerbs-, sondern eine Versicherungsgesellschaft« war und schon gar kein »Nibelungen-Bündnis« sein sollte: Weil Bismarck das Deutsche Reich nicht von Österreich abhängig werden lassen wollte, gehörte »das Festhalten der freundschaftlichen Beziehungen zu Rußland« weiterhin zu seinem Programm. Wie er vorausgesagt hatte, lenkte Rußland wieder ein und erneuerte 1881 den 1872 zur Abwehr revolutionärer Gefahren gebildeten »Dreikaiserbund« mit Deutschland und Österreich, der Neutralität beim Angriff einer vierten Macht vorsah. Obwohl sich unter dem reaktionären Zaren Alexander III. (1881—94) die panslawistische Strömung verstärkte, wurde der Dreikaiserbund 1884 noch einmal verlängert. 1887 jedoch wollte sich Rußland mit Österreich, das ihm auf dem Balkan erneut Schwierigkeiten bereitete, nicht mehr assoziieren.

Bismarck schloß daraufhin am 18. Juni 1887 seinen berühmten geheimen »Rückversicherungsvertrag« mit Rußland ab. In diesem zunächst auf drei Jahre befristeten Vertrag versicherten sich die beiden Reiche der gegenseitigen wohlwollenden Neutralität im Falle des Angriffs einer dritten Macht; außerdem erkannte Bismarck Rußlands Einfluß in Bulgarien und Recht auf Schließung der türkischen Meerengen an, das er »moralisch und diplomatisch zu unterstützen« versprach. Deutschland hatte damit im Osten den Rücken frei, falls Frankreich »Revanche« für den Verlust Elsaß-Lothringens suchen sollte, wie sie eine chauvinistische Bewegung des französischen Kriegsministers Georges Boulanger gerade forderte, und die Gefahr einer russisch-französischen Allianz war gebannt oder wenigstens vertagt. Umgekehrt hatte Rußland vom Deutschen Reich nichts zu befürchten, falls Österreich es wegen irgendwelcher Konflikte auf dem Balkan angriff, oder falls es mit dem britischen Imperium in Asien wegen der Türkei, Persiens, Afghanistans oder Tibets in Konflikt geriet.

Bismarck hat es stets abgelehnt, für britische oder österreichische Interessen den »Hetzhund« gegen Rußland zu spielen; balkanische oder

»orientalische« Händel waren ihm nicht »die gesunden Knochen eines einzigen pommerschen Musketiers« wert. Angesichts einer damals wieder wahrscheinlichen »orientalischen« Krise um Konstantinopel erklärte Bismarck für Deutschland im Reichstag am 6. Februar 1888: »Jede Großmacht, die außerhalb ihrer Interessensphäre auf die Politik der anderen Länder zu drücken und einzuwirken und die Dinge zu leiten sucht, die periklitiert (d.h. begibt sich in Gefahr) außerhalb des Gebietes, welches Gott ihr angewiesen hat, die treibt Machtpolitik und nicht Interessenpolitik, die wirtschaftet auf Prestige hin. Wir werden das nicht tun.« (Bonner Epigonen, die ihre Nase als »Hetzhunde« amerikanischer Interessen »weltpolitisch« in Krisen von Angola bis Afghanistan und Kambodscha stecken, tun es.)

Bismarck lehnt Kriegspläne gegen Rußland ab

Von einem Präventivkrieg gegen Rußland, wie ihn 1887 u.a. der preußische Generalstabschef Graf Moltke und der Generalquartiermeister Graf Waldersee befürworteten (natürlich unter dem heute für die NATO typischen Hinweis auf eine »Bedrohung aus dem Osten«), wollte Bismarck absolut nichts wissen. Er wahrte den Primat der Politik und sagte: »Sie wollen mich in den Krieg drängen, und ich will den Frieden; einen Krieg vom Zaun zu brechen wäre frivol; wir sind kein Raubstaat, der Krieg führt, nur weil es eben einigen konveniert.«

Zu diesen »einigen« gehörte z.B. der in Petersburg akkreditierte Diplomat Bernhard von Bülow, der 1887 in einem Memorandum für den Geheimrat Friedrich von Holstein, einen Neider Bismarcks, eine deutsche Ostgrenze am Dnjepr (!) forderte und bereits eine Politik der verbrannten Erde empfahl: »Wir müßten die wirtschaftlichen Hilfsquellen Rußlands für lange hinaus durch Verwüstung seiner Schwarzerde-Gouvernements, Bombardierung seiner Küstenstädte, möglichste Zerstörung seiner Industrie und seines Handels zuschütten.« (In der Zeit nach Bismarck wurde Bülow Staatssekretär des Auswärtigen und 1900 Reichskanzler). Auch unter den »liberalen« Anhängern des mit einer englischen Prinzessin vermählten Kronprinzen Friedrich, der dann 1888 als todkranker Kaiser Friedrich III. nur drei Monate lang regierte, spukte noch die zur Zeit des Krimkrieges gehegte Idee eines gesamteuropäischen »antireaktionären« Kreuzzuges zur Niederwerfung und Aufteilung Rußlands. Und nach 1888 erneuerte Moltkes Nachfolger Waldersee die Präventivkriegsthese.

Die Degeneration der außenpolitischen Vernunft, die mehr als hundert Jahre lang durch freundschaftliche Beziehungen zu Rußland Preußens Rückenfreiheit bewahrt hatte, fand ihre prominenteste Verkörperung in dem unausgeglichenen, teils hysterischen, teils bramarbasierenden Wilhelm II., der am 15. Juni 1888 mit 29 Jahren den Thron bestieg und den amateurhaften Einflüsterungen der militärischen und politischen Neider Bismarcks zugänglich war. Als Kronprinz hatte er es gutgeheißen, daß die Generalstäbe in Wien und Berlin im Herbst 1887 auf die »günstige militärische Gelegenheit« für einen Präventivkrieg aufmerksam gemacht hatten, um »die russische Macht zu zertrümmern, noch ehe sie gefährlich wurde«. Bismarck dagegen hatte zu den Worten »zu zertrümmern« bemerkt: »Das ist so leicht nicht! Ein Sieg über Rußland ist keine Zertrümmerung, sondern nur die Herstellung eines revanchebedürftigen Nachbarn im Osten.« In einem Erlaß an den deutschen Botschafter in Wien vom 3. Mai 1888 ging Bismarck noch einmal auf das »Zertrümmern« ein: »Ein derartiges Ergebnis liegt aber auch nach den glänzendsten Siegen außerhalb aller Wahrscheinlichkeit. . . .Dieses unzerstörbare Reich russischer Nation, stark durch sein Klima, seine Wüsten und seine Bedürfnislosigkeit. . . ., würde nach seiner Niederlage unser geborener und revanchebedürftiger Gegner bleiben, genau wie das heutige Frankreich es im Westen ist.« Kronprinz Wilhelm jedoch glaubte, Rußland könne so geschlagen werden, daß es »nicht in der Lage« sein würde, Revanche zu nehmen.

Der junge Wilhelm II. hielt Bismarcks Politik für zu »russenfreundlich« und sollte nicht zuletzt deshalb mit ihm brechen. Bezugnehmend auf alarmistische Berichte des deutschen Konsuls in Kiew, und »Gegenmaßregeln« verlangend, warf er Bismarck am 17. März 1890 – drei Tage, bevor er ihn entließ – vor: »Die Berichte lassen auf das Klarste erkennen, daß die Russen im vollsten strategischen Aufmarsch sind, um zum Kriege zu schreiten. . . . Sie hätten mich schon längst auf die furchtbar drohende Gefahr aufmerksam machen können!« Aber trotz der »Die Russen kommen!«-Panik des Kaisers und anderer sollte an der deutsch-russischen Grenze noch fast ein Vierteljahrhundert lang völlige Ruhe herrschen, und auch dann kamen die Russen erst nach vorhergegangener deutscher Kriegserklärung.

Bismarck war sich auch nach seiner Entlassung sicher: »Wenn man die Russen nicht reizt, kriegen wir keinen Krieg, dafür will ich meinen Kopf verwetten.« Er bekräftigte seine Überzeugung, »daß die Truppenaufstellung im russischen Westen auf keine direkt aggressive Tendenz gegen Deutschland berechnet ist«, sondern zur Verhinderung polnischer Aufstände diene bzw. zur »Verteidigung im Fall, daß Rußlands Vorgehen gegen die Türkei die westlichen Mächte zur Repression bestimmen sollte«.

Eindringlich, aber vergebens mahnte Bismarck die Deutschen: »Jedenfalls wird auch in der Zukunft nicht nur bloß kriegerische Rüstung, sondern auch ein richtiger politischer Blick dazu gehören, das deutsche Staatsschiff durch die Strömungen der Koalitionen zu steuern, denen wir nach unserer geographischen Lage und unserer Vorgeschichte ausgesetzt sind. Durch Liebenswürdigkeiten und wirtschaftliche Trinkgelder für befreundete Mächte werden wir den Gefahren, die im Schoß der Zukunft liegen, nicht vorbeugen, sondern die Begehrlichkeit unserer einstweiligen Freunde und ihre Rechnung auf unser Gefühl sorgenvoller Bedürftigkeit steigern. . . .Unser Ansehen und unsere Sicherheit werden sich um so nachhaltiger entwickeln, je mehr wir uns bei Streitigkeiten, die uns nicht unmittelbar berühren, in der Reserve halten und unempfindlich werden gegen jeden Versuch, unsere Eitelkeit zu reizen und auszubeuten.«

Bismarcks Nachfolger – ausgenommen nur die Staatsmänner der Weimarer Republik (ohne Papen) von 1922 bis 1933 und der DDR seit 1949 – sollten gegen alle diese Gebote verstoßen: Sie suchten gegen Rußland/die Sowjetunion ihr Heil in überschätzter »kriegerischer Rüstung«, sei es allein, sei es in verstrickenden Allianzen, statt einen »richtigen politischen Blick« zu entwickeln; sie suchten sich »einstweilige Freunde« im Westen zu kaufen, womit sie deren Begehrlichkeit anstachelten; sie »periklitierten« außerhalb ihrer Interessensphäre; und stets kitzelte das angelsächsische Kommando »The Germans to the front!« die deutsche Eitelkeit.

Als Bismarck am 20. März 1890 entlassen wurde, verloren die Deutschen ihren bedeutendsten Außenpolitiker und der deutsch-russische Friede seine verläßlichste Stütze.

5. Kapitel

Der Imperialismus und sein Erster Weltkrieg, 1890–1918

Das Jahr 1890 markiert einen tiefen Einschnitt im deutsch-russischen Verhältnis wegen Bismarcks Sturz und der kurz darauf in Berlin beschlossenen Nichtverlängerung seines Rückversicherungsvertrages. Rußland wurde dadurch vor den Kopf gestoßen und in die Arme Frankreichs getrieben, und das Deutsche Reich geriet in die seit jeher gefürchtete Lage zwischen zwei Fronten. Die imperialistische Entwicklung trieb immer schneller dem Ersten Weltkrieg entgegen, den sowohl Rußland wie Deutschland (trotz seinem kurzlebigen Scheinerfolg mit dem Diktat von Brest-Litowsk) verloren; beider Dynastien stürzten. Am Ende standen die siegreichen Westmächte sowohl dem jungen Sowjetrußland wie dem geschlagenen Deutschland feindselig gegenüber.

Wilhelm II.: Deutschland schafft sich ringsum Feinde

Für die Außenpolitik des »neuen Kurses« nach Bismarck war charakteristisch, daß dessen Nachfolger Graf Leo Caprivi, ein General, das »Spiel mit den fünf Kugeln« (der europäischen Pentarchie) sofort als zu kompliziert aufgab; Deutschland und Österreich meinend, sagte Caprivi, er könne nur »zwei Glaskugeln gleichzeitig halten«. Aber die politische Wirklichkeit ließ sich nicht straflos versimpeln, die anderen drei Großmächte Rußland, Frankreich und England mußten früher oder später zusammenfinden.

Zu dieser Entwicklung gab Berlin den Anstoß, als es 1890 auf Veranlassung der intriganten »Grauen Eminenz« von Holstein (bis 1906 der eigentliche Leiter der deutschen Diplomatie nach Bismarck) den zur Verlängerung anstehenden Rückversicherungsvertrag mit Petersburg von 1887 nicht erneuerte. Rußland hatte die Verlängerung der Abmachung um zunächst fünf oder sechs Jahre gewünscht, mit der Absicht, sie zu einer dauernden zu machen, und der russische Außenminister Nikolai Giers versuchte noch bis zum Spätsommer 1890 vergebens, das Einvernehmen mit Deutschland – »nur ein paar Zeilen« wollte er – zu retten. Berlins Verantwortliche waren jedoch aufgrund eines Gutachtens ziemlich subalterner Diplomaten der Meinung, daß der Rückversicherungsvertrag mit ihren anderen Bündnissen unvereinbar sei, und zogen Österreich, Italien und Rumänien (die beiden letzteren sollten 1915/16 Feindmächte werden) der bewährten russischen Freundschaft vor.

Der große Umschwung, der Bismarcks »Alpdruck der Koalitionen« Wirklichkeit werden ließ, trat prompt ein, als das zurückgestoßene Rußland bei dem revanchedurstigen Frankreich Anlehnung suchte und sich mit ihm gegen das Deutsche Reich politisch und militärisch verbündete. Die Leute des »neuen Kurses« hatten Bismarcks wiederholte Warnungen vor einer solchen Koalition in den Wind geschlagen, weil sie ein Bündnis von »Zar und Republik«, von Autokratie und Demokratie, aus ideologischen Gründen für ausgeschlossen hielten. Aber schon am 28. Juli 1891 hörte sich Alexander III. bei einem französischen Flottenbesuch in Kronstadt stehend die revolutionäre Marseillaise an, und im selben Sommer schlossen Rußland und Frankreich ein Konsultativabkommen. Diesem folgte am 17. August 1892 eine geheime Militärkonvention über gegenseitigen Beistand im Falle eines deutschen Angriffs, die – nach einem Gegenbesuch der Zarenflotte in Toulon – vom Zaren Ende Dezember 1893 ausdrücklich ratifiziert wurde.

Die deutsche Politik hatte den französisch-russischen Zweibund (Entente) nicht nur politisch, sondern auch wirtschaftlich verursacht, als sie (schon unter Bismarck) den deutschen Kapitalmarkt für russische Anleihen sperrte und einen Zollkrieg gegen Rußland führte, den Caprivi im Herbst 1893 erneuerte. Die Folge war, daß französisches Kapital nach Rußland strömte und es von Frankreich abhängig machte. Die Anleihen dienten u.a. strategischen Zwecken wie dem Eisenbahn- und Straßenbau im russischen Westen, und die Militärkonvention von 1892 sah vor, daß Rußland im Falle eines deutschen Angriffs auf Frankreich mit 700 000 bis 800 000 Mann gegen das Deutsche Reich vorgehen sollte. Als der Zarismus im August 1914 dieses Versprechen einlöste, sollte er sich, einem eigennützigen Alliierten zuliebe, selbst zerstören. Daß Deutschland und Rußland sich voneinander getrennt hatten, geriet keinem von beiden zum Segen.

Dem seit 1890 immer irrationaler hervortretenden wilhelminischen Imperialismus fehlte nicht nur die zügelnde Hand Bismarcks in Berlin, sondern auch die russische Rückendeckung, als das bei der Aufteilung der Erde zu kurz gekommene Deutsche Reich im Interesse seines Industrie- und Handelskapitals auf der Suche nach Rohstoffquellen und Absatzmärkten mit den älteren Imperien Frankreichs und Englands immer häufiger zusammenstieß. Hatte Bismarcks »saturiertes« Reich von einer verwickelnden »Weltpolitik« weitgehend abgesehen und nur zögernd einige Kolonien in Afrika und im Pazifik erworben, an denen Bismarck wenig Freude hatte, so erklärten deutsche Imperialisten bereits 1890, »einem Herrenvolk anzugehören, das seinen Anteil an der Welt sich selbst nimmt und nicht von der Gnade und dem Wohlwollen eines anderen Volkes zu empfangen sucht. Deutschland wach auf!« 1891 gründeten diese Kreise auf Initiative des 25jährigen Rechtsanwalts Alfred Hugenberg den »Allgemeinen Deutschen Verband«, der als superchauvinistischer »Alldeutscher Verband«, wie er sich ab 1894 nannte, die staatliche Einheit aller Deutschen, die Ausdehnung des Reiches über See und »deutsche Weltpolitik« forderte. Diese einflußreiche Propagandaorganisation des deutschen Imperialismus stützte sich auf die mächtige Schwerindustrie des Ruhrgebietes, vertreten durch den späteren Krupp-Direktor Hugenberg und den Industriellen Emil Kirdorf (die beide nach dem Sturz des Wilhelminismus Hitler fördern sollten).

Wilhelm II., der gekrönte Vertreter des deutschen Imperialismus, hatte 1892 den Deutschen verheißen: »Zu Großem sind wir noch bestimmt, und herrlichen Tagen führe ich euch noch entgegen.« 1895 erklärte auch der liberale Soziologe Max Weber, die Einigung Deutschlands hätte besser unterbleiben sollen, »wenn sie der Abschluß und nicht der Ausgangspunkt einer deutschen Weltmachtpolitik sein sollte«. Bernhard von Bülow (der 1887 die Verheerung Rußlands befürwortet hatte) forderte als Staatssekretär des Auswärtigen am 6. Dezember 1897 im Reichstag »unseren Platz an der Sonne«. Am 1. März 1898 sagte der Kaiser vor Marinerekruten: »Wo der deutsche Aar Besitz ergriffen und die Krallen in ein Land hineingesetzt hat, das ist deutsch und wird deutsch bleiben.« Im selben Monat billigte die Reichstagsmehrheit eine beträchtliche Vergrößerung der deutschen Flotte, womit zwischen Deutschland und England ein hektisches Wettrüsten zur See begann. Am 30. April 1898 wurde unter maßgebender Beteiligung von Krupp, Kirdorf und der Hamburg-Amerika-Linie des Kaiserfreundes Albert Ballin der »Deutsche Flottenverein« gegründet, der zusammen mit dem Alldeutschen Verband und dem schon 1882 gegründeten Kolonialverein immer größere Kanonen- und Schiffbauprogramme zum Nutzen der großen Stahlkonzerne mit Krupp an der Spitze propagierte. Der marxistischer Neigungen gewiß unverdächtige Kronprinz Ruprecht von Bayern sollte 1917 feststellen: »Die Kreise der Schwerindustrie sind jetzt in Deutschland die ausschlaggebenden. Die letzten zwanzig Jahre schon stand die ganze auswärtige Politik des Reiches im Dienst von

Großindustriellen; nicht Deutschlands Wohl war maßgebend, sondern der Profit, den jene Konsortien machten oder zu machen hofften.«

Wilhelm II. brachte es fertig, sowohl England wie Rußland herauszufordern, als er sich am 8. November 1898 in Damaskus als »Freund« aller »300 Millionen Mohammedaner, die auf der Erde zerstreut leben«, bezeichnete, während der Deutsche Bank-Direktor Georg von Siemens in Konstantinopel bereits über den Bau der Bagdadbahn durch deutsche Firmen verhandelte. Am 4. Juli 1900 forderte Wilhelm II.: »Ohne das Deutsche Reich und ohne den Deutschen Kaiser darf keine große Entscheidung mehr fallen.« Solche imperialistischen Sprüche und Ansprüche brachten England, Frankreich und Rußland gegen das Deutsche Reich zusammen.

Zuerst England und Frankreich, dann auch England und Rußland. Bismarck hatte es gern gesehen, wenn der »gallische Hahn im Sand Nordafrikas scharrte« und sich fern der deutschen Westgrenze mit anderen Mächten anlegte; tatsächlich kam es während der »Faschodakrise« von 1898 um einen obskuren Ort im Sudan fast zu einem französisch-britischen Krieg. Vor allem Kruppsche Absichten auf die Erzlager Marokkos führten jedoch dazu, daß Frankreich und England ihre Kolonialstreitigkeiten beilegten und am 8. April 1904 die »Entente cordiale« schlossen, um die deutschen Ansprüche, nicht nur auf Marokko, zurückzuweisen. Damit kam England, dessen Kolonialminister Joseph Chamberlain noch 1898 Berlin ein gegen Rußland gerichtetes Bündnis vorgeschlagen hatte, erstmals in lockere Verbindung mit der französisch-russischen Allianz. In Berlin glaubten Leute wie Holstein und Bülow (seit 1900 Reichskanzler), daß »Walfisch und Bär«, England und Rußland, sich niemals vertragen würden. Aber auch dies erwies sich als Selbsttäuschung, denn London und Petersburg einigten sich am 31. August 1907 über Einflußbegrenzungen in Persien, Afghanistan und Tibet, womit die Tripel-Entente gegen Deutschland Gestalt gewann.

Was der eigene Imperialismus provoziert hatte, beklagte man nun in Deutschland als »Einkreisung«, oder man sprach in Überschätzung der eigenen Kraft ebenso trotzig wie töricht von »Viel Feind, viel Ehr«. Die Westmächte ihrerseits konnten nicht gut den deutschen Imperialismus anklagen, da er dem ihren grundsätzlich gleich war; sie richteten daher ihre Propaganda zunehmend gegen den »preußischen Militarismus«, obwohl Preußen-Deutschland unter Bismarck von 1871 bis 1890 für den Frieden gewirkt hatte.

Bei der russischen Volkszählung von 1897 gaben rund 1,8 Millionen Menschen als Nationalität deutsch an. Ein Deutscher, Ludwig Knoop, der sich 1839 in Rußland niedergelassen und 122 Spinnereien gegründet hatte, war 1894 als der reichste Industrielle Rußlands gestorben. Um die Jahrhundertwende gab es mehr als 3 000 deutsche Volksschulen und andere Lehranstalten. Die »Russifizierung« genannte Unterstellung dieser Schulen sowie der Universität von Dorpat (das seit 1893 wieder den Namen Jurjew trug) unter staatliche Aufsicht berührte sowohl die Deutschbalten wie auch die Nachkommen der seit dem 18. Jahrhundert ins Land gekommenen Kolonisten ungünstig. Nach der Revolution von 1905 entstanden Vereine »zur Pflege des Deutschtums«, und besonders bürgerliche Deutschbalten wandten sich der alldeutschen Ideologie zu und von Rußland ab. Schon 1892 hatte der Deutschbalte Victor Hehn in einem gehässigen Pamphlet behauptet, kein Russe sei fähig, Lokomotivführer zu werden, und der Historiker Schiemann war ebenfalls ein Russenhasser. In dieser vergifteten Atmosphäre wuchsen in Reval und Riga Alfred Rosenberg und Max-Erwin Scheubner-Richter auf, die früh zu Hitler stoßen sollten.

Gegen die chauvinistische Verhetzung breiter Schichten vermochten kulturelle Begegnungen einzelner wenig auszurichten. Um die Jahrhundertwende reiste der deutschsprachige Dichter Rainer Maria Rilke zweimal nach Rußland, das er liebte, um dem greisen Leo Tolstoi seine Verehrung zu Füßen zu legen. Im kunstfreundlichen München versammelte sich mit Wassili Kandinski, Alexej Jawlenski und anderen eine Kolonie russischer Maler. Von Bedeutung für die Zukunft war die Tatsache, daß auch Lenin sich in den ersten Jahren des 20. Jahrhunderts in Deutschland aufhielt, wo er mit Hilfe der deutschen Sozialisten Clara Zetkin und Alfred Braun seine Zeitschrift »Iskra« (Der Funke) herausgab, die von deutschen Grenzorten nach Rußland geschmuggelt wurde und dort seine Genossen inspirierte. 1902 erschien in Stuttgart Lenins Schrift »Was tun?«

Das Deutsche Reich war weiterhin der wichtigste Handelspartner Rußlands. Obwohl der Zolltarif von 1902 russisches Getreide fast ausgeschlossen hatte, nahm Deutschland mehr als 30 Prozent der russischen Ausfuhren auf und lieferte 47 Prozent der Einfuhren Rußlands. Aber die engen Wirtschaftsbeziehungen hielten die außenpolitische Entfremdung ebensowenig auf wie die häufigen persönlichen Kontakte des letzten deutschen Kaisers und des letzten russischen Zaren Nikolaus II. (1894—1917), dessen Frau die hessische Prinzessin Alice (Alexandra), eine Cousine Wilhelms II., war. Am 24. Juli 1905 überrumpelte »Willy« seinen willensschwachen Vetter »Nicky« bei Björkö in den finnischen Schären mit einem Defensiv-Vertrag. Obwohl der Zar dieses Papier unterschrieb, blieb es ohne jede Wirkung, weil die russische Regierung sich längst fest an Frankreich gebunden hatte.

Bei seinem Coup hatte Wilhelm II. eine doppelte Schwächung der Zarenautokratie ausgenutzt: Japan hatte nach einem Flottenüberfall Rußland im Fernen Osten geschlagen, und im Januar 1905 war die erste russische Revolution ausgebrochen, die das ganze Land erschütterte und sich auch gegen die deutschbaltischen Feudalherren der estnischen und lettischen Bauern richtete. In Deutschland applaudierten Sozialisten wie August Bebel, Franz Mehring, Karl Liebknecht und Rosa Luxemburg den Revolutionären. U.a. durch die Niederschlagung der Arbeiter- und Bauernaufstände mit Hilfe seiner Truppen und der protofaschistischen »Schwarzen Hundertschaften« erwarb sich der letzte Zar den Beinamen »der Blutige«, aber Wilhelm II. stand ihm an reaktionärer Gesinnung nicht nach, als er am 31. Dezember 1905 seinem Reichskanzler Bülow schrieb: »Erst die Sozialisten abschießen, köpfen und unschädlich machen, und dann Krieg nach außen!« Freilich unterstützten auch die westlichen »Demokratien« die zaristische Reaktion, als sie der russischen Regierung im Frühjahr 1906 eine Anleihe von 2,5 Milliarden Francs gewährten.

Die Sozialisten waren sich der wachsenden Kriegsgefahr bewußt. Lenin und Rosa Luxemburg beeinflußten die endgültige Form einer von Bebel entworfenen Resolution, die der Stuttgarter Kongreß der II. Internationale im August 1907 annahm: »Droht der Ausbruch eines Krieges, so sind die arbeitenden Klassen und deren parlamentarische Vertretungen in den beteiligten Ländern verpflichtet, . . . alles aufzubieten, um durch die Anwendung der ihnen am wirksamsten erscheinenden Mittel den Ausbruch des Krieges zu verhindern . . .« Als stärker sollten sich jedoch Imperialismus und Chauvinismus erweisen.

Genauso fest und verderblich wie Rußlands Bindung an Frankreich war Deutschlands Bindung an den moribunden Vielvölkerstaat Österreich-Ungarn, dessen Einverständnisses das deutsche Kapital bei seiner durch die Bagdadbahn forcierten Expansion in den Nahen Osten bedurfte. Waren Österreichs Balkaninteressen Bismarck keinen einzigen »pommerschen Musketier« wert gewesen, weil er nicht Wiens russische Feindschaft erben wollte, so stellte sich das wilhelminische Berlin offen auf die Seite Wiens, als dieses im Oktober 1908, unter Verletzung des Berliner Vertrages von 1878, Bosnien und die Herzegowina annektierte und dadurch die großserbischen Pläne des von Rußland unterstützten

Belgrad durchkreuzte. Das Deutsche Reich nötigte das noch nicht wieder kriegsbereite Rußland zum Nachgeben und demütigte es, während Reichskanzler von Bülow Österreich »Nibelungentreue« zusagte. Das hieß, wie der Schweizer Historiker Leonhard von Muralt schrieb, »die tödliche Gefahr im Osten suchen und in altgermanischem Heroismus in den Untergang schreiten«.

Von nun an verstärkten Entente und Mittelmächte ihre Rüstungen. 1912 – im Sommer besuchte der französische Ministerpräsident Raymond Poincaré Petersburg, wo 130 000 Arbeiter streikten – schlossen Frankreich und Rußland einen Marine– und einen Militärvertrag; Frankreich wollte, daß Rußland möglichst große deutsche Kräfte fesseln sollte, und verstärkte seinerseits die Armee. Durch den Mund des antirussischen Reichskanzlers (seit 1909) Theobald von Bethmann Hollweg die »Gefahr des Slawentums« beschwörend, tat Deutschland desgleichen, nachdem der Balkankrieg vom Herbst 1912 binnen zwei Wochen die militärische Schwäche der Türkei enthüllt hatte, auf deren von deutschen Militärs reorganisierte Armee die Mittelmächte gezählt hatten, um russische Kräfte am Kaukasus und britische am Suezkanal zu binden. Nach dem sogenannten »Kriegsrat« vom 8. November 1912 sprach Wilhelm II. im Dezember 1912 von dem kommenden »Endkampf der Slaven und Germanen«, der »die Angelsachsen auf seiten der Slaven und Gallier« finden werde; den »Kampf der Germanen gegen Russo-Gallien« sah er als ein neues Kapitel der »Völkerwanderung« und als »eine Rassenfrage« – womit er den Rassisten Hitler antizipierte.

1912 kündigte der führende Alldeutsche Heinrich Class bereits an, daß man »Franzosen oder Russen, also Menschen, die uns feind sind«, aus Gebieten »evakuieren« werde, die Deutschland erobern müsse, weil »nicht nur im Inland der wirtschaftliche Kampf ums Dasein sich täglich verschärft, sondern. . . . auch der Absatz nach außen immer schwieriger wird«. Class war auch darin ein Vorläufer Hitlers, daß er Sondergesetze gegen die Juden, die Beseitigung des allgemeinen Wahlrechts und die Verfolgung aller Propagandisten des Sozialismus im alldeutschen Staat forderte.

Demgegenüber erklärte der internationale Sozialistenkongreß in Basel im November 1912: »Die Regierungen mögen nicht vergessen, daß sie bei dem gegenwärtigen Zustand Europas und der Stimmung der Arbeiterklasse nicht ohne Gefahr für sich selbst den Krieg entfesseln können. . . . Die Proletarier empfinden es als Verbrechen, aufeinander zu schießen zum Vorteil des Profits der Kapitalisten, des Ehrgeizes der Dynastien oder zur höheren Ehre diplomatischer Geheimverträge.« Dieser Höhepunkt der proletarischen Friedensbewegung vor dem Ersten Weltkrieg war zugleich ihr letzter. Wie in anderen Parteien der II. Internationale hatten in der deutschen Sozialdemokratie – die 1912 mit 35 Prozent der Stimmen die stärkste Partei Deutschlands geworden war – Kräfte an Einfluß gewonnen, die auf der »Revision« des Marxismus beharrten und der Abstempelung als »vaterlandslose Gesellen« durch den Kaiser dadurch entgehen wollten, daß sie die »Vaterlandsverteidigung« – vor allem gegen den »russischen Despotismus« – über den internationalen Klassenkampf stellten. Als Exponent dieser Richtung wurde Friedrich Ebert nach Bebels Tod 1913 Vorsitzender der SPD.

Am 28. Juni 1914 wurde der österreichische Thronfolger Franz Ferdinand in Sarajevo durch serbische Attentäter ermordet. Der Wiener Regierung, die daraufhin die »Ausschaltung Serbiens als politischer Machtfaktor auf dem Balkan« verlangte, stärkten Wilhelm II. und Bethmann Hollweg am 5./6. Juli mit einer »Blankovollmacht« den Rücken. Um die europäische Öffentlichkeit in Sicherheit zu wiegen, trat der Kaiser seine übliche Nordlandreise an, und die Übergabe des österreichischen Ultimatums an Serbien wurde hinausgezögert, bis Poincaré, der in Petersburg gegen eine neue Anleihe den russisch-französischen Aufmarsch gegen das Deutsche Reich vereinbarte, wieder abgereist war. Am 23. Juli forderte Wien ultimativ die Mitwirkung österreichischer Organe bei der Unterdrückung der gegen Österreich gerichteten »subversiven Bewegung« in Serbien, wohl wissend, daß die Belgrader Regierung diesen Eingriff in ihre Souveränität nicht hinnehmen konnte. Der Papst Pius X. billigte das Vorgehen Österreichs, des »stärksten Bollwerks des Glaubens«. Am 24. Juli erklärte Nikolaus II., Rußland werde Serbien niemals im Stich lassen. Nacheinander mobilisierten Serbien, Österreich, Rußland, Deutschland und Frankreich. Am 28. Juli erklärte Österreich Serbien den Krieg, am 1. August 1914 erklärte Wilhelm II. unter dem Jubel der Alldeutschen (»Die Stunde haben wir ersehnt«) den Krieg gegen Rußland, am 3. August gegen Frankreich. Nach der Verletzung der belgischen Neutralität – für Reichskanzler Bethmann Hollweg ein »Fetzen Papier« – durch Deutschland in der Nacht zum 4. August trat auch England in den Krieg ein.

Am 4. August 1914 billigte der Reichstag einstimmig die von der Regierung geforderten Kriegskredite. Die Zustimmung der SPD-Fraktion war vom Parteivorstand mit der unwahren Behauptung erschlichen worden, daß der Partei im Falle einer Ablehnung der Kriegskredite die Illegalisierung drohe. Begründet wurde sie von dem Abgeordneten Hugo Haase, unter »stürmischem Beifall«, mit den Worten: »Für unser Volk und seine freiheitliche Zukunft steht bei einem Siege des russischen Despotismus, der sich mit dem Blut der Besten des eigenen Volkes befleckt hat, viel, wenn nicht alles auf dem Spiel.« In Petersburg hingegen lehnte die sozialdemokratische Dumafraktion es ab, für die Kriegskredite zu stimmen, und verließ den Sitzungssaal. Während die meisten Menschewiki (Minderheitler) und die Sozialrevolutionäre mit der Zeit kriegsunterstützende »Sozialpatrioten« wurden, blieben nur die Bolschewiki (Mehrheitler) fest bei ihrer Ablehnung des imperialistischen Krieges und nahmen das Odium des »Vaterlandsverrats« und die Verbannung auf sich.

Die Februar-Revolution in Rußland

Schon im August 1914 standen russische Armeen – erstmals wieder seit 1762 – als Feinde in Ostpreußen auf deutschem Boden und verursachten ein deutsches »Russentrauma« sowie das Ende der deutschen Hoffnungen auf einen »kurzen Krieg«: Dadurch, daß sie die Verlegung zweier deutscher Elite-Armeekorps von der Westfront nach Ostpreußen herbeiführten, bescherten sie Frankreich und England den Sieg an der Marne, der den deutschen Vormarsch auf Paris zum Stehen brachte, das die französische Regierung bereits verlassen hatte. Die Rettung seiner Alliierten mußte Rußland jedoch mit der Vernichtung der Blüte seines Heeres bei Tannenberg und an den Masurischen Seen im August/September 1914 bezahlen, worauf den Deutschen im Mai 1915 in Galizien eine Durchbruchsschlacht gelang, die ihnen Polen, Litauen und Kurland öffnete. Obwohl es den Russen schon 1915 an Munition und selbst an Gewehren mangelte, unternahmen sie im Frühjahr und Sommer 1916 erneut verlustreiche Offensiven gegen die Deutschen und Österreicher, um die Franzosen bei Verdun und an der Somme sowie die Italiener zu entlasten.

Im dritten Kriegsjahr, 1917, hatten die Armeen der Mittelmächte im Osten eine Linie von Riga bis zum Donaudelta erreicht, doch die Entscheidung auf den Schlachtfeldern Flanderns und Frankreichs war immer noch nicht in Sicht, und die Lage des durch die britische Blockade ausgehungerten Deutschlands drohte sich durch den bevorstehenden Kriegseintritt der unverbrauchten und industriemächtigen USA weiter zu verschlechtern. Rußland war freilich 1917 dem Ende seiner Kräfte noch näher als Deutschland. Der Zar hatte in der Hoffnung auf den Erwerb Konstantinopels, das die Westmächte Anfang 1915 (nicht anders als Bismarck) insgeheim Rußland versprochen hatten, ein national sinnloses Opfer erbracht, indem er Frankreich und England über russisches Kanonenfutter verfügen ließ. Nach dem Scheitern der verlustreichen

Offensiven von 1916 begann die Demoralisierung der Zarenarmee; Desertionen und Gehorsamsverweigerungen mehrten sich, und russische Soldaten verbrüderten sich an der Front mit Deutschen und Österreichern. Da Deutschland als Abnehmer ausfiel, kam der russische Export fast völlig zum Erliegen, so daß die zaristische Regierung gezwungen war, sich im Westen, hauptsächlich bei England, in Höhe von fast 8 Milliarden Rubel weiter zu verschulden. Die Militärbürokratie hatte Millionen Bauern aus ihren Dörfern und Familien gerissen, die schnell verelendeten. Die Ernährungslage wurde kritisch.

In der Hauptstadt Petrograd (der deutsche Name Petersburg war erst nach Kriegsausbruch russifiziert worden) brachen am 8. März 1917 Unruhen aus (am 23. Februar nach dem alten russischen Kalender, der bis zum 1. Februar 1918 in Gebrauch war; daher: Februar-Revolution). Die zaristischen Behörden antworteten mit Verboten auf die Protestversammlungen der kriegsmüden, hungernden Arbeiter und ließen am 11. März (26. Februar) die Polizei auf Demonstranten schießen. Ganze Truppenteile solidarisierten sich mit den Arbeitern und schossen zurück. Wie schon 1905 entstanden spontan Arbeiter- und Soldatenräte (Sowjets). Am 14. (1.) März 1917 übernahm der Petrograder Sowjet die Kontrolle über das Militär. Fast gleichzeitig bildeten die bürgerlichen Parteien eine Provisorische Regierung unter dem Fürsten Lwow und zwangen am 15. (2.) März 1917 Nikolaus II. zur Abdankung. Den bürgerlichen Kräften, die ihren Besitz wahren wollten, genügte die formale Demokratie als Ergebnis der Februar-Revolution; die Provisorische Regierung hatte deshalb keine Eile mit durchgreifenden Reformen, insbesondere einer Landreform. Den sozialistischen Kräften, vornehmlich den Bolschewiki, ging es dagegen um die inhaltliche, materielle Vollendung der Revolution. Dies war die Lage, als Deutschland erneut seinen Blick auf Rußland richtete.

Lenins Rückkehr nach Rußland: Die Oktober-Revolution

Berlin hoffte auf einen Sonderfrieden mit Rußland, der es ihm ermöglichen würde, mit den im Osten freiwerdenden Truppen die Entscheidung im Westen zu erkämpfen. Diese Hoffnung erfüllte sich jedoch zunächst nicht, weil die bürgerliche Provisorische Regierung trotz der Kriegsmüdigkeit des Volkes schon am 18. (5.) März 1917 die Fortsetzung des Kampfes an der Seite der Alliierten proklamierte und auch die Menschewiki und Sozialrevolutionäre den Krieg unterstützten. Der Petrograder Arbeiter- und Soldatenrat gab freilich am 27. (14.) März 1917 die Parole vom baldigen Frieden »ohne Annexionen und Kontributionen« aus. Aber nur der im Schweizer Exil lebende Führer der Bolschewiki, Lenin, befürwortete – wie der deutschen Diplomatie seit 1915 bekannt war – ein eindeutiges »Friedensangebot ohne Rücksicht auf die Entente«, wobei aber auch er zur Bedingung machte, daß Deutschland »auf Annexionen und Kriegsentschädigung verzichten« müsse.

Da Lenin nach dem Sturz des Zarismus schleunigst nach Rußland zurückkehren wollte, die Briten und Franzosen ihm jedoch Durchreisevisen und Transportmittel verweigerten, kam nur die Durchquerung des an die Schweiz angrenzenden Gebietes der Mittelmächte in Betracht. Lenin kam zu dem Ergebnis: »Wir müssen fahren, und wenn es durch die Hölle geht«, lehnte aber direkte Kontakte mit den Deutschen strikt ab, durch die er als »Agent der Deutschen« kompromittiert werden konnte. Deshalb liefen die ersten deutsch-bolschewistischen Kontakte über Lenins Schweizer Vertrauensmann Fritz Platten, dessen Bedingungen Berlin am 7. April 1917 akzeptierte: Transportführer und einziger Ansprechpartner für deutsche Organe ist Fritz Platten; der D-Zugwagen gilt als exterritorial; eine Paß- oder Personenkontrolle wird »weder beim Eingang noch Ausgang in Deutschland ausgeübt«; die Auswahl der Reisenden erfolgt »absolut ohne Rücksicht auf die politische Richtung und ihre Stellung zur Kriegs- und Friedensfrage« – dies weil auch kriegsbejahende Menschewiki mitreisen sollten. Lenin hatte sich den Deutschen gegenüber zu nichts verpflichtet, als er am 9. April 1917 Zürich verließ.

Während der zweitägigen Eisenbahnfahrt durch Deutschland von der badischen Grenzstation Gottmadingen zum Fährhafen Saßnitz auf Rügen markierte ein Kreidestrich auf dem Boden des plombierten D-Zugwagens 3. Klasse die Grenze der Exterritorialität, die der deutsche Begleitoffizier Arved von der Planitz nicht überschreiten durfte. Zu Kontakten mit Deutschen kam es kaum; einigen Sozialdemokraten, die bei einem Aufenthalt in Berlin für die deutschen Behörden Lenins Absichten erforschen wollten, ließ er sagen, sie sollten sich zum Teufel scheren. Die reichliche Verpflegung, die man den Russen anbot, täuschte diese nicht über die verzweifelte Lage des ausgehungerten Reiches.

Über Trälleborg und Stockholm traf Lenin am 16. (3.) April 1917 auf dem Petrograder Finnland-Bahnhof ein, wo ihn eine große Menge begeistert begrüßte. Sofort übernahm er die Führung der Bolschewiki, die in dem kriegsmüden Rußland, wo die Städter nach Brot und die Bauern nach Land hungerten, die einzigen waren, die das propagierten, was die Massen erwarteten: »Frieden, Brot und Land«. Diese Situation wurde verschärft, als der sozialrevolutionäre Kriegsminister Alexander F. Kerenski im Frühsommer 1917 unter dem Druck und zur Entlastung der durch eine Meuterei in der französischen Armee geschwächten Entente die russischen Truppen in eine verlustreiche letzte Offensive schickte. Durch diesen letzten Beweis der Bündnistreue zu den eigennützigen Westmächten zerbrach das russische Heer vollends und seine Soldaten, zumeist Bauern, wandten sich verstärkt den Bolschewiki zu und von der seit August 1917 von Kerenski geführten Provisorischen Regierung ab. Am 6. und 7. November 1917 (am 24./25. Oktober nach dem alten Kalender, daher: Oktober-Revolution) ergriffen die Bolschewiki mit wenig Blutvergießen in Petrograd die Macht, die sich schnell im ganzen Land ausbreitete und festigte.

Schon am 8. November (26. Oktober) 1917 nahm der Sowjetkongreß auf Vorschlag Lenins das »Dekret über den Frieden« an, mit dem ein sofortiger »ehrenvoller Frieden ohne Annexionen und Kriegsentschädigungen« angeboten wurde. Der Vorschlag, Friedensverhandlungen aufzunehmen, wurde den Ententemächten durch diplomatische Noten – sowie allen Völkern und Regierungen über den Rundfunk – mitgeteilt, aber die alliierten Mächte hüllten sich in unheilverkündendes eisiges Schweigen und lehnten die Anerkennung der Sowjetregierung und alle Kontakte mit ihr ab. Der deutsche Reichskanzler Graf Hertling dagegen nannte am 29. November 1917 vor dem Reichstag die sowjetrussischen Vorschläge »diskutable Grundlagen für die Aufnahme von Verhandlungen« und sprach die Hoffnung aus, »daß es wieder zu einem nachbarlichen Verhältnis kommen wird, besonders auf wirtschaftlichem Gebiete«. Nachdem am Sitz des deutschen Oberkommandos Ost in Brest-Litowsk am 15. (2.) Dezember ein Waffenstillstand vereinbart worden war, begannen dort am 22. (9.) Dezember 1917 die eigentlichen Friedensverhandlungen zwischen der Sowjetrepublik und dem Deutschen Reich, Österreich-Ungarn, Bulgarien und der Türkei.

Dabei verdarb sich Deutschland nicht nur die Chance, durch einen vorbildlichen Verständigungsfrieden im Osten zu ähnlichen Verträgen mit den Westmächten zu gelangen, sondern auch, gerade wenn es im Westen den Sieg erkämpfen wollte, die reale Möglichkeit, die dafür nötigen Truppen aus dem Osten abzuziehen. Während die am 6. April 1917 in den Krieg eingetretenen USA die alliierte Front nach und nach um rund 1,7 Millionen Soldaten verstärkten, wurden fast ebensoviele deutsche Truppen im Osten festgenagelt durch die Gier des geschichtlich zu spät gekommenen deutschen Imperialismus nach Territorium und Ausbeutung.

Deutsch-imperialistische Kriegsziele im Osten

Diese Gier hatte lange Wurzeln und meldete sich im Laufe des Ersten Weltkriegs immer wieder zu Wort. Nachdem bereits im ersten Kriegsmonat die »Insurgierung« Finnlands, Polens und der Ukraine in Aussicht genommen worden war und der nationalistische Schriftsteller Adolf Bartels sein Buch »Westrußland deutsch!« veröffentlicht hatte, verlangte der Reichskanzler Bethmann Hollweg in seinem Kriegszielprogramm vom 9. September 1914 neben einem großen Kolonialimperium in Afrika und Annexionen in Belgien und Frankreich, daß Rußland »von der deutschen Grenze nach Möglichkeit abgedrängt und seine Herrschaft über die nichtrussischen Vasallenvölker gebrochen werden« müsse. Deutlicher waren im September 1914 schon die Ostforderungen des Alldeutschen Verbands unter Heinrich Class: »Rußlands Gesicht muß . . . . gewaltsam wieder nach Osten umgewandt und dazu muß es im wesentlichen in die Grenzen vor Peters des Großen Zeit zurückgeworfen werden.« Noch konkreter forderte der Schwerindustrielle August Thyssen die baltischen Provinzen sowie, ihres Rohstoffpotentials wegen, das Dongebiet mit Odessa, das Gebiet von Asow und den Kaukasus; der katholische Zentrumspolitiker Matthias Erzberger, der Thyssens Denkschrift am 9. September 1914 der Regierung überreichte, erwartete die »Zersplitterung des russischen Kolosses«. (August Thyssens Sohn und Erbe Fritz wurde ein Finanzier Hitlers).

Den Fertigwaren-, Chemie- und Elektroindustriellen lag mehr an einem Großwirtschaftsraum »Mitteleuropa«, wie ihn der Liberale Friedrich Naumann in einem gleichnamigen Buch 1915 propagierte, aber auf Eroberungen und neue Kolonien wollten auch sie nicht verzichten. Walther Rathenau vom Elektrokonzern AEG und von der Großbank Berliner Handelsgesellschaft, der im Kriege die Rohstoffabteilung leitete, hatte schon sieben Monate vor Ausbruch des Krieges verlangt: »Wir brauchen Land dieser Erde; von künftigen Aufteilungen muß uns solange das Nötige zufallen, bis wir annähernd so wie unsere Nachbarn gesättigt sind.« 1915 unterschrieben 325 deutsche Hochschulprofessoren die sogenannte »Intellektuellen-Eingabe« an die Reichsregierung, in der es hieß: »Grenzwall und Grundlage zur Wahrung unseres Volkswachstums aber bietet Land, das Rußland abtreten muß. Es muß landwirtschaftliches Siedlungsgebiet sein«; Litauer, Letten und Esten sollten »die uns dringend nötigen Wanderarbeiter« stellen. Nachdem Berlin und Wien am 5. November 1916 das ehemalige Kongreßpolen zu ihrem Satelliten-»Königreich« erklärt hatten, forderte die Oberste Heeresleitung (OHL) des Generalfeldmarschalls Paul von Hindenburg und des

Generalquartiermeisters Erich Ludendorff, daß dieses Polen von deutschen Erwerbungen fast völlig umklammert und durch eine »selbständige« Ukraine von Rußland getrennt werden müsse.

Solche Ambitionen wurden im Frühjahr 1917 durch den Widerhall gestört, den die Losung des Petrograder Sowjets über einen Frieden »ohne Annexionen und Kontributionen« unter den Linken im Deutschen Reich ausgelöst hatte. Doch der Gegenangriff der Rechten formierte sich sofort: Am 17. April 1917 lehnte der Kaiser einen »Verzichtfrieden« ab, und am 23. April bekräftigte eine Konferenz der politischen und militärischen Führung in Bad Kreuznach die OHL-Ziele und nahm weitere Eroberungen im Baltikum in Aussicht. Ein gemeinsamer Aufruf »patriotischer« Verbände vom 3. Mai 1917 gipfelte in der Forderung: »Nur ein Friede mit Entschädigungen, mit Machtzuwachs und Landerwerb kann unserem Volk sein nationales Dasein, seine Stellung in der Welt und seine wirtschaftliche Entwicklungsfreiheit dauernd sicherstellen.« Der Alldeutsche Verband erklärte: »Das Land im Osten und Westen, das wir von Frankreich und Rußland jetzt erwerben, soll deutsch bleiben für alle Ewigkeit«; Rußland müsse verpflichtet werden, die Litauer, Letten und Esten, die Deutschland nicht haben wolle, aufzunehmen.

Als die Verhandlungen von Brest-Litowsk in Sicht kamen, wandte sich der Verein deutscher Eisen- und Stahlindustrieller mit folgenden »Wünschen« an Reichsregierung und OHL: zollfreie Ausfuhr russischer Mangan- und Eisenerze nach Deutschland; Erwerb, Benutzung und Ausbeutung russischer Erzgruben und Grundstücke durch Deutsche frei von Sondersteuern; Gleichstellung deutscher mit russischen Staatsbürgern als Teilhaber oder Gründer kommerzieller Unternehmen in Rußland; Herabsetzung der russischen Einfuhrzölle »mindestens Deutschland gegenüber«. Der Deutsche Handelstag erklärte am 24. Dezember 1917, daß Rußland nach Abtrennung Polens und Finnlands sowie der Annexion der baltischen Länder »durch Oktroyierung entsprechender wirtschaftlicher Verträge zum Ausbeutungsobjekt gemacht werden soll«.

Das Raub-Diktat von Brest-Litowsk

Verglichen mit dem in Brest-Litowsk mit der Faust auf den Verhandlungstisch hauenden Vertreter der OHL, Generalmajor Max Hoffmann, galt der Staatssekretär des Auswärtigen Richard von Kühlmann als »gemäßigt«. Aber auch Kühlmann, verheiratet mit einer Erbin des

Saar-Industriellen Stumm, ließ den Sowjets hochmütig »nur eine Wahl – nämlich, mit welcher Sauce sie verschlungen werden wollen«. Er wollte, wie er in seinen erst nach dem Zweiten Weltkrieg erschienenen Memoiren schrieb, »auf dem Selbstbestimmungsrecht der Völker fußend, den Punkt des annexionslosen Friedens unterhöhlen« und »was wir an territorialen Zugeständnissen durchaus brauchten, uns durch das Selbstbestimmungsrecht der Völker hereinholen«.

»Selbstbestimmung« à la Kühlmann war es zum Beispiel, wenn sich die deutsche Politik im Baltikum nicht etwa auf die große Mehrheit der Letten und Esten stützte, die sich 1917 – wie schon 1905 – der deutsch-baltischen Barone entledigen wollten, sondern auf eben die deutschbaltische Gruppe, die nur sechs Prozent der Bevölkerung ausmachte, aber 65 Prozent von Grund und Boden besaß. Oder wenn sie in der Ukraine das völlig unrepräsentative »Rada«-Regime unterstützte, mit diesem am 9. Februar 1918 den sogenannten »Brotfrieden« schloß, der den Mittelmächten Getreide und Rohstoffe geben sollte, und es, als es mit den Lieferungen nicht klappte, davonjagte und durch einen noch willigeren Kollaborateur, den Hetman Skoropadski, ersetzte; der deutsche Imperialismus wünschte niemals eine wirklich »unabhängige« Ukraine. Ein sowjetischer Delegierter in Brest-Litowsk, Professor Pokrowski, rief mit Tränen in den Augen aus: »Wie kann man von einem Frieden ohne Annexionen sprechen, wenn Rußland eines Territoriums entsprechend achtzehn Provinzen beraubt werden soll?«

Lenin wünschte jedoch für die junge Sowjetmacht dringend eine »Atempause« ähnlich jener, die Alexander I. 1807 von Napoleon erreicht hatte, und plädierte deshalb für den Abschluß des Friedens mit dem deutschen Block. Dies war realistisch, denn bereits am 2. Februar 1918, als in Brest-Litowsk noch verhandelt wurde, erklärte der Kaiser: »Ich habe befohlen, daß gegen Petersburg marschiert wird, sobald wir mit der Ukraine im Reinen sind.« Während der »Weder Krieg noch Frieden«-Phase, die am 10. Februar 1918 eintrat, beschloß ein Kronrat im Hauptquartier Wilhelms II. in Bad Homburg am 13. Februar, den Vormarsch im Osten wieder aufzunehmen. Der Kaiser konstruierte dabei eine große Verschwörung aus den Bolschewiki, »allen Juden der Welt«, den Freimaurern und »Geld von Entente« und verlangte: »Wir müssen also Bolschewiki so schnell wie möglich totschlagen.« Zumindest im Hirn des Kaisers hatte der Kampf der kapitalistischen Welt gegen den Kommunismus schon die Frontlinien des Ersten Weltkrieges gesprengt, denn er forderte, »England mitzuteilen, daß Bolschewiki Feinde sind. England müsse gemeinsam mit Deutschland gegen Bolschewiken kämpfen.« Mit einem Tiervergleich, der an britische Kolonialsahib-Instinkte appellieren mochte, rief der Kaiser zur Treibjagd: »Bolschewiki Tiger, Kesseltreiben, abschießen.«

Am 16. Februar 1918 schickte General Hoffmann der Sowjetregierung ein Ultimatum, und am 18. Februar begann auf breiter Front der Vormarsch, der auf keinen zusammenhängenden Widerstand mehr traf, da die Bauern-Soldaten der alten russischen Armee ihre Stellungen zumeist verlassen hatten, um bei der Landverteilung zu Hause zu sein. (Die Leichtigkeit dieser militärischen »Spazierfahrt mit Eisenbahn und Auto« verführte Hoffmann zu seinen späteren Feldzugsplänen gegen Sowjetrußland). Lediglich bei Pskow (Pleskau), 250 Kilometer vor Petrograd und unweit des Peipus-Sees, auf dessen Eis Alexander Newski 1242 die Deutschritter geschlagen hatte, gelang es eilends bewaffneten Roten Garden am 23. Februar 1918, die deutsche Angriffsspitze zum Stehen zu bringen. Dies war die Geburtsstunde der Roten Armee, die aber damals noch bei weitem zu schwach war, um den Deutschen überall gewachsen zu sein. Unter diesen Umständen blieb der nach Moskau übergesiedelten Sowjetregierung nichts anderes übrig, als das Raub-Diktat von Brest-Litowsk am 3. März 1918 unter Protest zu unterzeichnen.

Rußlands Verluste waren gewaltig: Es mußte auf Finnland, die baltischen Länder, Polen und die Ukraine sowie zugunsten der Türkei auf die Gebiete von Kars, Ardahan und Batum jenseits des Kaukasus verzichten. Es verlor ein Fünftel seiner Bevölkerung, je ein Viertel seines nutzbaren Landes und Eisenbahnnetzes, je ein Drittel seines Getreideertrags und seiner Werkzeug- und Maschinenbauindustrie und rund drei Viertel seiner Eisenproduktion und seiner Kohlengruben. 55 Millionen Slawen fielen unter deutsche und österreichische Herrschaft. Das Diktat von Brest-Litowsk wurde in Rußland als größte Erniedrigung seit der Polenherrschaft während der »Zeit der Wirren« im frühen 17. Jahrhundert empfunden. Für die Entente sollte es als Alibi für die harten Bedingungen dienen, die sie in Versailles 1919 dem besiegten Deutschen Reich auferlegte; die Deutschen beklagten danach das »Diktat von Versailles« und ließen Brest-Litowsk zum »vergessenen Frieden« werden. Im Fühjahr 1918 jedoch feierte der vorschnelle Kaiser den Brest-Litowsker Frieden als einen der »größten Erfolge der Weltgeschichte, dessen Bedeutung erst die Enkel richtig würdigen werden«.

Obwohl sich die Vertragspartner in Artikel I des Vertrages versprochen hatten, »fortan in Frieden und Freundschaft miteinander zu leben«, forderte die OHL sogleich die Fortsetzung der militärischen Operationen über die Grenze der Ukraine hinaus zur Schwarzmeerküste bis ins Donezbecken, um die russischen Erz- und Kohlelagerstätten zu erreichen. Diese neue Aggression führte zur Besetzung der Krim Ende April und zur Einnahme Rostows Anfang Mai 1918; die Deutschen unterstützten auch den »weißen« General Krasnow am Don. Seit seiner Bahnfahrt durch Deutschland ein Jahr zuvor wußte Lenin jedoch, daß die Macht des Reiches nachließ – der »deutsche Aar« würde den ungeheuren Raub im Osten, in den er seine Krallen geschlagen hatte, wieder fahrenlassen müssen. Die Westmächte hingegen würden dann gefährliche Sieger sein; sie schickten sich ja bereits an, mit Waffengewalt in Rußland gegen die Sowjets zu intervenieren.

Anfang Mai 1918 nannte Wilhelm II. einen Frieden »zwischen Slawen und Germanen überhaupt unmöglich«. Ein Schreiben des deutschen Gesandten in Stockholm, Lucius von Stoedten, das einen »wirklichen Frieden« mit Rußland befürwortete, bezeichnete der Kaiser als »unglaubliches Blech«: »Der Herr ist verrückt! Das ist Angstpolitik! Ich bin absolut anderer Ansicht. Friede mit Rußland kann nur durch Furcht vor uns erhalten werden. Die Slawen werden uns immer hassen und Feinde bleiben! Sie fürchten und haben nur Respekt vor dem, der sie verhaut. Siehe Japan! So wird es auch mit uns!«

Deutschland schaufelt sich sein Grab in Rußland

Während der Kaiser einem Kommunisten- und Slawenhaß die Zügel schießen ließ, der ihn als Vorläufer Hitlers ausweist, erneuerte die deutsche Schwerindustrie gleichzeitig mit der Aufnahme deutsch-sowjetischer Verhandlungen über Zusatzverträge ihre Forderungen vom Dezember 1917 und verschärfte sie. Am 16. Mai 1918 verlangten fünfzehn Vertreter deutscher Eisen- und Stahlkonzerne, darunter August Thyssen, Hugo Stinnes, Emil Kirdorf, Alfred Hugenberg (Krupp), Röchling und Poensgen, in einer Denkschrift, »die Vormachtstellung Deutschlands im Osten dauernd zu sichern« und die »politische Stellung des Deutschen Reiches in den östlichen Gebieten in nachhaltigster und jedenfalls viel weitergehender Weise zu verankern, als es durch die bisherigen Friedensschlüsse erkennbar sei«. Dies forderten sie als Voraussetzung für das Gelingen ihres Planes für die »wirtschaftliche Erschließung der Ostgebiete« mit Hilfe einer Summe von zwei Milliarden Mark, zu der Wirtschaft und Banken lediglich je 50 Millionen Mark beisteuern wollten, während der Löwenanteil durch öffentliche Anleihen oder Reichsmittel, also von der Allgemeinheit, aufgebracht werden sollte. Am 14. Juni 1918 forderte der Unterstaatssekretär des Auswärtigen, von dem Busche: »Das russische Verkehrswesen, die Industrie und die ganze Volkswirtschaft müssen in unsere Hände kommen. Es muß gelingen, den Osten für uns auszubeuten. Dort sind die Zinsen für unsere Kriegsanleihen zu holen.«

Schon das Diktat von Brest-Litowsk hatte die von Lenin erhoffte Atempause gefährdet. Es hatte u.a. dazu geführt, daß die »linken« Sozialrevolutionäre der Sowjetregierung ihre Unterstützung entzogen und, von der Entente finanziell unterstützt, zum Kampf gegen die Bolschewiki bis aufs Messer übergingen. Durch die Ermordung des deutschen Botschafters Graf Mirbach-Harff am 6. Juli 1918 versuchten sie, Deutschland zum offenen Bruch mit der Sowjetregierung zu provozieren; tatsächlich forderte Berlin daraufhin die Stationierung eines deutschen Bataillons als Botschaftswache in Moskau, was Lenin ablehnte. Aber noch größer war die Gefahr seitens der Entente, die bereits in Murmansk und Wladiwostok Truppen gelandet hatte, den Aufstand von 40 000 Tschechen und Slowaken entlang der Transsibirischen Eisenbahn unterstützte und im Süden den Bürgerkrieg monarchistischer Offiziere mit der Verleumdung anstachelte, die Bolschewiki seien bezahlte Agenten des deutschen Kaisers. In Wirklichkeit jedoch forderten der Kaiser und General Ludendorff, der heimliche Militärdiktator Deutschlands, das Bündnis mit den »Weißen«, um die »Roten« zu liquidieren und die Monarchie in Rußland wiederherzustellen. In der deutschen Botschaft in Moskau, die eine Woche lang von dem Deutsche Bank-Mann Karl Helfferich geleitet wurde, entstand der tückische Plan, auf ein Ersuchen des sowjetischen Außenkommissars Georgi W. Tschitscherin um militärische Hilfe gegen die britische Intervention im Norden zum Schein einzugehen, »im letzten Augenblick aber mit Kosakenführern Front gegen die Bolschewiki zu machen«.

In dieser Zwangslage erkaufte sich die Sowjetregierung eine neuerliche »Atempause«, indem sie Berlin durch Tschitscherin anbieten ließ, freiwillig das Erdöl und Getreide zu liefern, das eine Million deutscher Besatzungssoldaten nicht imstande waren, aus der Ukraine herauszuholen. Auf deutscher Seite griff der neue Staatssekretär des Auswärtigen Admiral Paul von Hintze dieses Angebot auf. Er wies Ludendorff und Helfferich darauf hin, daß weder die russischen Bauern noch die Roten Garden sich gegen die Sowjetregierung erhoben hätten, während alle deren Gegner, von den Sozialrevolutionären bis zu den »Mitessern des Zarismus«, sich dem Krieg gegen Deutschland und dem Umsturz des Brest-Litowsker Friedens verschrieben hätten. Im August 1918 erklärte Hintze hinsichtlich der Bolschewiki: »Ob wir gern oder ungern mit ihnen arbeiten, ist belanglos, solange es nützlich ist«; im selben Monat unterband er einen neuen Marsch auf Petrograd, den General Hoffmann verlangt hatte. Auch der Vorsitzende der nationalliberalen Reichstags-fraktion und Industriesyndikus Gustav Stresemann ließ Ludendorff wissen: »Ich überlege mir rein realpolitisch, was wir denn von einer an-deren Regierung (als der Sowjetregierung) zu erwarten hätten.« Deut-sche Großbanken und die Schwerindustrie – u.a. Helfferich (Deutsche Bank), Havenstein (Reichsbank) und Hugenberg (Krupp) – hatten in-zwischen ihr Zwei-Milliarden-Mark-Konsortium zur »wirtschaftlichen Durchdringung Rußlands« zustande gebracht.

Das Ergebnis waren die deutsch-sowjetischen Zusatzverträge vom 27. August 1918. Sie erlegten Rußland die Abtretung weiterer Gebiete und sechs Milliarden Rubel Kriegsentschädigung auf, davon eine Mil-liarde in Gold. Aber für Deutschland zahlten sie sich in den restlichen zehn Wochen bis zu seinem Zusammenbruch nicht mehr aus. Schon die Niederlage vom 8. August 1918, nach Ludendorffs Eingeständnis der »schwarze Tag des deutschen Heeres«, hatte die Westfront ins Wanken gebracht. Das hielt die verblendete militärische Führung jedoch nicht davon ab, deutsche Truppen, die ihr im Westen fehlten, im Osten noch weiter vormarschieren zu lassen. Am 13. September 1918 befahl die OHL, den Angriff auf Baku vorzubereiten, und General Wilhelm Groener (der Ludendorffs Nachfolger werden sollte) erklärte: »Wenn wir Baku und die dortigen Ölfelder nicht erschließen für unseren Zweck, können wir eben nicht feuern. . . . Wir brauchen die Produkte bis an das Kaspische Meer und wenn es geht, auch noch die Produkte von Turkestan.«

Am 27. September 1918 – zwei Tage, bevor er den Krieg für verloren erklären mußte – verlangte Ludendorff noch einmal von Staatssekretär Hintze, gegen die Bolschewiki vorzugehen, in Rußland ein Deutsch-land »genehmes Regime« zu installieren und die deutsche Position im Osten zu stabilisieren, um sie als Trumpf in die Friedensverhandlungen mit der Entente einzubringen. Auch Albert Ballin, der Großreeder und Freund Wilhelms II., forderte, »die wirtschaftlichen Werte des Ostens für Europa zu sichern als gemeineuropäisches Interesse der Wirtschafts- und Finanzkreise«.

Doch am 9. November 1918 war das wilhelminische Deutsche Reich im Westen endgültig besiegt. Das Reich wurde Republik, der Kaiser und Ludendorff flohen wie billige Defraudanten ins neutrale Ausland, und das Westheer strömte in ein Land zurück, das selbst im Aufruhr stand, und löste sich auf. Das Ostheer, zunehmend zersetzt, blieb noch eine Weile, bis Entente–Truppen es ablösten. Am 13. November 1918 annullierte Sowjetrußland den Vertrag von Brest-Litowsk.

Weil der deutsche Imperialismus sich mit anderthalb Millionen Soldaten – rund 40 Divisionen –, die ihm im Westen fehlten, in den Weiten Rußlands verbiß, um vergebens einen ungeheuren Raub zu sichern, schaufelte er sich schon im Ersten Weltkrieg, wie später im Zweiten Weltkrieg, durch Raubpolitik sein Grab in Rußland.

6. Kapitel

»Bollwerk«, Rapallo- und Berliner Vertrag, 1918–1933

Das offizielle Verhalten der ersten deutschen Republik zwischen Ost und West ist als »Schaukelpolitik« bezeichnet worden: Nach der Niederlage Deutschlands im Ersten Weltkrieg bot sich die Weimarer Republik zunächst etwa zwei Jahre lang den siegreichen Westmächten als »antibolschewistisches Bollwerk« an, in der Hoffnung, dadurch die Friedensbedingungen mildern zu können. Als diese Hoffnung trog, erinnerte sie sich der Tradition Bismarcks und söhnte sich 1922 im Vertrag von Rapallo mit Sowjetrußland aus. Von 1923 bis 1925 wandte sich die deutsche Politik wieder dem Westen zu, aber 1926 rückversicherte sie sich durch den Berliner Freundschafts- und Neutralitätsvertrag mit der Sowjetunion. In der westlichen Weltwirtschaftskrise nach 1929 sicherten große »Russenaufträge« vielen Deutschen Arbeit und Brot, aber in Berlin lag die Ostpolitik auf Eis. Im Sommer 1932 wurde versucht, Deutschland einseitig nach Westen zu orientieren; Ende jenes Jahres gab es noch einmal eine Reorientierung nach Osten, der jedoch keine lange Dauer beschieden war. Nachdem es inoffizielle Rufer zum »Marsch auf Moskau« im Bunde mit den Westmächten von Anfang an gegeben hatte, wurde 1933 der krasseste Vertreter einer imperialistisch-faschistischen Raubpolitik, Adolf Hitler, vom deutschen Großkapital an die Macht gebracht. Damit endete auch eine Periode intensiver kultureller Beziehungen zwischen Deutschland und der Sowjetunion.

Trotz antisowjetischer Haltung: Versailler Diktat

Sowohl Sowjetrußland wie die neue deutsche Republik sahen sich 1918 der siegreichen Entente gegenüber, aber auf deren Druck reagierten sie unterschiedlich: Während der Sowjetstaat sich gegen die bewaffnete Intervention von vierzehn kapitalistischen Staaten und die »weißen« Bürgerkriegskräfte energisch zur Wehr setzte und schließlich siegte, nahm die deutsche Republik angesichts alliierter Interventionsdrohungen eine Demutshaltung an, indem sie sich der Entente, die das Rheinland besetzt hatte, als »Bollwerk« gegen den Bolschewismus andiente und im Inneren die Revolution bekämpfte.

Die Träger dieser Politik waren die Mehrheitssozialdemokraten Friedrich Eberts, der nicht einmal die Republik gewollt hatte und die soziale Revolution »wie die Sünde« haßte. Da die SPD-Mehrheit den Krieg unterstützt hatte, haßte sie die von ihr abgesplitterten »Spartakisten« um Karl Liebknecht und Rosa Luxemburg, die Anfang 1919 die Kommunistische Partei Deutschlands (KPD) gründeten, umso mehr, als deren den Krieg ablehnende Haltung durch den Kriegsausgang bestätigt worden war. Die führenden Sozialdemokraten übertrugen ihre alte Aversion gegen das zaristische auf das kommunistische Rußland und befürchteten insbesondere, den Weg Kerenskis zu gehen, wenn sich die auch in Deutschland spontan entstandenen Arbeiter- und Soldatenräte zu kommunistisch geführten Sowjets entwickelten. Ebert verbündete sich deshalb bereits am 10. November 1918 mit der Obersten Heeresleitung des Feldmarschalls Hindenburg und des Generals Groener zur Niederschlagung der Revolution.

Da die reguläre Armee sich weitgehend aufgelöst hatte, besorgten dieses blutige Geschäft die sogenannten »Freikorps« rechter Offiziere und Söldner unter der Oberleitung des Sozialdemokraten Gustav Noske, der sich bereit erklärt hatte, den »Bluthund« zu machen. Ihre prominentesten Opfer waren gleich zu Beginn der Unterdrückungskampagne Liebknecht und Luxemburg, die am 15. Januar 1919 in Berlin bestialisch ermordet wurden. Dann beseitigte der »weiße Terror« kurzlebige »Räterepubliken« in anderen Teilen Deutschlands, zuletzt die Münchener im Mai 1919. Die deutsche Revolution unterlag, weil sie, anders als die Bolschewiki, nicht über eine straffe Organisation und ausreichende Truppen verfügte. Die Macht der Industriellen, Bankiers und Großagrarier – eine Oligarchie, die mit ihrem Anhang in der Verwaltung und mit Familienangehörigen, höchstens 500000 Menschen zählte – wurde nicht gebrochen. Die Arbeiter- und Soldatenräte hießen die Wahl einer Verfassunggebenden Nationalversammlung gut, die das Reich zu einer bürgerlich-parlamentarischen Republik machte. Die Nationalversammlung tagte in Weimar, der Stadt Goethes und Schillers, was gegenüber den Westmächten bedeuten sollte, daß Deutschland sich von der Tradition Preußens abgekehrt habe, die außenpolitisch auf die Freundschaft mit Rußland beruht hatte.

Erfüllte die Weimarer Republik so im Inneren ihr Soll an antikommunistischem Wohlverhalten gegenüber der Entente, so demonstrierte sie es auch nach außen: Sie unterhielt keine diplomatischen Beziehungen zu Sowjetrußland; durch die Ausweisung des Sowjetbevollmächtigten

Adolf Joffe waren diese am 5. November 1918 noch von der kaiserlichen Regierung abgebrochen worden, nachdem die Berliner Polizei – auf Veranlassung des sozialdemokratischen Staatssekretärs Philipp Scheidemann – eine angeblich für die Sowjetbotschaft bestimmte Kiste mit Propagandamaterial auf dem Bahnhof Friedrichstraße hatte zu Bruch gehen lassen. Ein sowjetisches Angebot, die »unterbrochenen« Beziehungen wieder anzuknüpfen und dem durch die fortgesetzte alliierte Blockade ausgehungerten Deutschland Getreide zu liefern, wies die von Ebert geführte Regierung zurück. Sie verbot die Einreise sowjetischer Delegierter zum Kongreß der Arbeiter- und Soldatenräte; lediglich Karl Radek kam durch, wurde aber bald verhaftet. Die Freikorps ließ sie auch außerhalb der Reichsgrenzen gegen die Sowjetregime im Baltikum kämpfen; sie genossen dabei zunächst das Wohlwollen der Briten, die sie jedoch 1919 zum Abzug zwangen, nachdem sich auch gegen die »weißen« Esten und Letten gewandt hatten.

Sogar einer deutschen Teilnahme an einem antibolschewistischen Kreuzzug, wie sie besonders der damalige britische Kriegsminister Winston Churchill wünschte, der das bolschewistische »Baby in seiner Wiege erwürgen« wollte, waren offizielle und besonders inoffizielle Deutsche nicht abgeneigt: Schon am 12. Dezember 1918 hatte die deutsche Waffenstillstandskommission unter dem Zentrumsführer (und Thyssen-Hauspolitiker) Matthias Erzberger den Alliierten vorgeschlagen, »gemeinsam gegen den Bolschewismus zu kämpfen«, und Ende Dezember 1918 hatte General Groener bei einem Offizier der USA sondiert, »wieweit die ehemaligen Gegner für eine gemeinsame Niederwerfung der Bolschewiken zu haben sein würden«. Selbst Außenminister Graf Brockdorff-Rantzau, der 1917 die Heimreise Lenins durch Deutschland befürwortet hatte, erklärte noch am 24. April 1919 im Kabinett: »Der Kampf gegen den Bolschewismus (bildet) eine der wenigen gemeinsamen Grundlagen für eine Wiedervereinigung mit den Westmächten.« Dies meinte er allerdings mehr theoretisch als praktisch, denn gleichzeitig wurden mit seiner Billigung alliierte Pläne durchkreuzt, in deutschen Lagern kriegsgefangene Russen für einen antibolschewistischen Kreuzzug zu rekrutieren; außerdem lehnte Brockdorff-Rantzau ein britisches Ersuchen um Auslieferung Radeks ab.

Die schrillsten Rufer nach einem »Marsch auf Moskau« im Bunde mit den Westmächten waren zwei Leute ohne amtliche Stellung: der ehemalige Chef des Stabes des deutschen Ostheeres in Brest-Litowsk, Generalmajor a.D. Max Hoffmann, und sein Berater Arnold Rechberg, dessen Familie der Kalikonzern Burbach gehörte. Über die britischen und französischen Vertreter der alliierten Kontrollkommission in Berlin standen sie in Verbindung mit Churchill, Poincaré und dem alliierten Generalissimus Marschall Ferdinand Foch; ihnen nahe stand der nach Deutschland zurückgekehrte Ludendorff, der zusammen mit Hitler im November 1923 in München einen Putschversuch unternehmen sollte.

Rechberg schlug vor, England und Frankreich zu 30 Prozent an der deutschen Industrie zu beteiligen, und dann gemeinsam mit ihnen »das russische Volk zu erlösen«, d.h. ihm eine Regierung von Kollaborateuren aufzuzwingen. Diese müsse dann im Werte von »mehreren hundert Milliarden Goldmark . . . den russischen Staatsbesitz an Wäldern, an Erz- und Bergwerksvorkommen und an sonstigen Immobilienwerten dem englischen, französischen und deutschen Staate zur gemeinschaftlichen Verwaltung« ausliefern. Auch für Hoffmann hatte der Feldzug, den er plante und bei dem er auch das USA-Kapital beteiligen wollte, den Zweck, »die unermeßlichen Naturschätze zu heben, die im russischen Boden schlummern«. Als der General, dessen Truppen im Februar 1918 allzu leicht gegen eine nicht mehr vorhandene russische Armee vorgedrungen waren, sagte er seiner geplanten »Europa-Armee« nur geringe Kampfverluste und einen sicheren Erfolg voraus; er wollte mit ihr nicht nur Moskau, sondern »mindestens den Ural erreichen«. Hoffmann setzte insbesondere auf den Ölindustriellen Sir Henri Deterding von der Royal Dutch/Shell, der später auch Hitler unterstützte. Nach Hoffmanns Tod am 8. Juli 1927 setzte Rechberg die antisowjetischen Bestrebungen fort, die 1932 von dem Reichskanzler von Papen (siehe unten) und ab 1933 von Hitler (siehe nächstes Kapitel) verkörpert werden sollten.

Die unmittelbar nach dem Ersten Weltkrieg der Entente gemachten deutschen Angebote scheiterten jedoch an der harten Haltung des französischen Ministerpräsidenten Georges Clémenceau, der das mit alliierter Hilfe wiedererstandene Polen zum Bollwerk eines »cordon sanitaire« gegen Sowjetrußland und zum Verbündeten gegen Deutschland erkoren hatte. Alle deutschen Anbiederungen waren vergebens gewesen, als das Reich am 28. Juni 1919 u.a. unter dem Druck der bis zum 12. Juli andauernden Hungerblockade den Friedensvertrag von Versailles unterzeichnen mußte – ein »Diktat« wie dasjenige von Brest-Litowsk. Deutschland verlor alle Kolonien, mußte in Europa Gebiete an Frankreich, Belgien, Dänemark und vor allem Polen abtreten, seine alleinige »Kriegsschuld« anerkennen und sich verpflichten, riesige Reparationen zu leisten.

In der vergeblichen Hoffnung, die Anwendung des Vertrages mildern zu können, empfahlen Berliner Regierungsmitglieder noch im Jahr darauf der Entente das Deutsche Reich als »Schutzwall« im Osten – so der

Reichswehrminister Otto Geßler im April 1920 (als Pilsudskis Polen gerade erobernd nach Kiew vorstieß), und der Reichsaußenminister Walter Simons gegenüber dem britischen Botschafter Lord d'Abernon noch im Oktober 1920. Zuspruch fand Deutschland nur in Moskau, wo Lenin am 22. November 1919 erklärt hatte: »Den Werktätigen sind die Augen aufgegangen, weil der Versailler Frieden ein Raubfrieden ist und gezeigt hat, daß Frankreich und England in Wirklichkeit gegen Deutschland Krieg führten, um ihre Herrschaft über die Kolonien zu festigen und ihre imperialistische Macht zu vergrößern.«

Annäherung an Sowjetrußland: Rapallo-Vertrag

Inzwischen hatte der Sowjetdelegierte Karl Radek, der – ohne Kontakt mit Moskau – von Februar 1919 bis Januar 1920 im Berliner Gefängnis Moabit inhaftiert war, neue deutsch-sowjetische Beziehungen angeknüpft, aus denen allmählich offizielle wurden. Radek konnte dies tun, weil ihm das Reichswehrministerium gestattete, in seiner Zelle, die zu einem veritablen »politischen Salon« wurde, Besucher aller Art zu empfangen. Neben Mitgliedern der KPD, die seit März 1919 illegal war, und Deutschen, die in Bismarcks Tradition aufgewachsen waren und nun unter dem Druck von Versailles an ein Wiederaufleben der deutsch-russischen Interessengemeinschaft dachten, gehörten zu Radeks Besuchern auch Industrielle wie Walther Rathenau und Felix Deutsch vom Elektrokonzern AEG, die an Handelsbeziehungen mit Sowjetrußland interessiert waren. Die Industriellen berichteten dem Auswärtigen Amt, wo der Leiter des Rußlandreferates, Ago von Maltzan, ihre Sache unterstützte. Ein weiterer Besucher Radeks war der ehemalige türkische Kriegsminister Enver Pascha, der mit dem Chef des Reichswehr-Truppenamts (Generalstab), General Hans von Seeckt, befreundet war.

Seeckt plädierte schon im Februar 1920 für einen »festen Anschluß an ein Groß-Rußland« und argumentierte: »Ob uns das heutige Rußland in seinem inneren Aufbau gefällt oder nicht, das spielt keine Rolle«, denn: »Wir haben keinen anderen Weg offen.« Am 26. Juli 1920, als Truppen der Roten Armee unter dem Befehl des jungen Michail N. Tuchatschewski die polnischen Aggressoren auf Warschau zurückwarfen, legte Seeckt dem Reichspräsidenten Ebert, dem Außen- und Reichswehrminister eine prosowjetische Stellungnahme vor, in der es hieß: »Rußland hat die Zukunft für sich. Es kann nicht untergehen, weil es auf seinem gewaltigen Landbesitz immer wieder neue Kräfte gebiert. . . . .Es braucht Deutschland als Industrieland, als Lieferanten von Intelligenz und Organisation. Deutschland und Rußland sind also aufeinander angewiesen, wie sie es vor dem Kriege waren.« Die Anklänge an Bismarck waren unüberhörbar.

Während die Berliner Regierung aus Furcht vor den Westmächten, die Warschau unterstützten, sich im russisch-polnischen Konflikt für neutral erklärte, aber westliche Waffen- und Munitionslieferungen für Polen deutsches Gebiet passieren ließ, hoffte Seeckt auf einen sowjetischen Sieg über Polen und zählte bestimmt nicht zu den deutschen Militärs, mit denen, wie d'Abernon am 11. August 1920 nach London berichtete, möglicherweise »ein gutes Geschäft« zum Zwecke einer »Zusammenarbeit gegen die Sowjets« zu machen war. Im Sinne der Kampagne »Hände weg von Sowjetrußland« behinderten auch deutsche Hafenarbeiter in Danzig den Nachschub für Polen, und der sowjetische Dichter Wladimir Majakowski sehnte einen proletarischen Händedruck Deutschlands und Rußlands herbei, bei dem Polen nichts weiter sein würde, als »der kleine Schweißtropfen der übrigbleibt, wenn sich starke Männer die Hand drücken«.

Wenige Tage nach dem Beginn der polnischen Gegenoffensive, die die durch ihren langen Vormarsch geschwächten Truppen Tuchatschewskis zurückwarf – Mitte August 1920 – ließ Enver Pascha seinen Freund Seeckt aus Moskau wissen, daß es im Volkskommissariat für Kriegswesen eine einflußreiche Partei gebe, die für eine Verständigung mit Deutschland auf der Grundlage seiner Grenzen von 1914 sei. Enver bat um die »unoffizielle« Hilfe der Reichswehr bei der Beschaffung von Nachrichten über die polnische Armee sowie von Waffen. Das war der Ausgangspunkt einer geheimen Kooperation zwischen der auf 100 000 Mann beschränkten Reichswehr und der Roten Armee, von der die Deutschen auf den ihnen durch Versailles verbotenen Gebieten der Kriegführung profitieren sollten, während die Rote Armee von der Reichswehr taktische Lehren übernahm. Aus dieser Zusammenarbeit wurde nie ein Bündnis, aber sie blieb eine tragende Säule der deutschsowjetischen Beziehungen bis zum Ende der Weimarer Republik über alle Regierungswechsel in Berlin hinweg.

Am 19. April 1920 war mit einer Vereinbarung über die Heimschaffung der beiderseitigen Kriegsgefangenen das erste Abkommen zwischen dem Deutschen Reich und Sowjetrußland seit dem Abbruch der diplomatischen Beziehungen geschlossen worden. Im Laufe des Sommers 1920 kam auch ein bescheidener Warenaustausch wieder in Gang. Am 17. Juni 1920 hatte Außenkommissar Tschitscherin erklärt: »Unsere Losung war und bleibt die gleiche: Friedliche Koexistenz mit den anderen Regierungen, ganz gleich was für welche Regierungen.«

Deutscherseits versicherte Außenminister Simons am 26. Juli 1920 – demselben Tag, an dem Seeckt seine prosowjetische Denkschrift vorlegte – im Reichstag: »Wir haben nicht vor, die Sowjetrepublik deswegen als Paria zu behandeln, weil uns ihre Regierungsmethoden nicht gefallen, wir haben selbst zu sehr unter der Behandlung als Paria gelitten, als daß wir diese Behandlung anderen angedeihen lassen wollen.« Ende 1920 wies Lenin darauf hin, daß das durch den Versailler Vertrag »geknebelte« Deutschland sich »in unmöglichen Existenzbedingungen« befinde: »Dort stirbt das Volk dahin, weil ihm die Entente die Motoren und das Vieh wegnimmt. Diese Lage treibt Deutschland natürlicherweise zur Annäherung an Sowjetrußland.«

Am 21. Januar 1921 erklärte Außenminister Simons – ähnlich wie ein Jahr zuvor schon Seeckt – im Reichstag: »Der Kommunismus als solcher ist kein Grund, weshalb eine republikanische und bürgerliche Regierung nicht mit der Sowjetregierung Handel treiben sollte. . . . Wenn sich jeder von beiden Teilen politisch in seinen Grenzen hält, werden wir wirtschaftlich uns über diese Grenzen hinaus die Hand reichen können.« Simons kündigte auch eine mehr als Handel versprechende Politik der wohlwollenden Neutralität an, indem er betonte: »Der deutsche Boden darf kein Aufmarschgebiet von Gewaltmaßregeln irgendwelcher Art gegen die russische Regierung sein, sie sei auch, wie sie sei.« Spätestens damit war die Politik des antibolschewistischen Kreuzzugs offiziell beendet. Am 6. Mai 1921 wurde ein vorläufiges deutsch-sowjetisches Handelsabkommen geschlossen, das die künftige Vertretung der RSFSR in Berlin als »einzige Vertretung des russischen Staates in Deutschland« bezeichnete. Damit hatte Berlin den ersten Schritt zur Anerkennung des Sowjetstaates unternommen.

Exorbitante Reparationsforderungen der Entente sorgten dafür, daß Deutschland noch näher an Sowjetrußland heranrückte. Im März 1921 hatten die Westmächte die Höhe der Reparationen auf die astronomische Summe von 269 Milliarden Goldmark festgesetzt und, als die deutsche Regierung diese Forderung nicht sofort anerkannte, die rechtsrheinischen Häfen Düsseldorf, Duisburg und Ruhrort militärisch besetzt. Eine neue Regierung unter dem badischen Zentrumspolitiker Joseph Wirth, die am 10. Mai 1921 gebildet wurde, akzeptierte schließlich eine auf 132 Milliarden Mark ermäßigte Geldforderung. Den ehemaligen Mathematiklehrer Wirth bedrückte die Sorge, daß zu den westlichen noch russische Forderungen kommen könnten, denn der Versailler Vertrag behielt in Artikel 116 »Rußland ausdrücklich das Recht vor, von Deutschland alle Entschädigungen und Wiedergutmachungen zu verlangen, die auf den Grundsätzen dieses Vertrages beruhen.« Wirth bildete deshalb mit dem prorussischen Maltzan im Sommer 1921 eine »geheime Waffenbrüderschaft« zu dem Zweck, »die Versailler Klammer durch einen Ausbruch nach Osten zu brechen«: Maltzan, der im Oktober 1921 Leiter der Ostabteilung im Auswärtigen Amt wurde, sollte Verhandlungen mit den Sowjets über einen Verzicht auf Reparationen »ganz auf eigene Verantwortung führen, seinen Minister aus allem heraushalten und namentlich den strikt auf Westkurs eingestellten Reichspräsidenten (Ebert) nicht unterrichten«.

Außenminister wurde am 22. Januar 1922 der Großindustrielle Rathenau, was den Sowjets wieder als ein Zeichen deutscher Westorientierung galt, weil Rathenau im Einvernehmen mit den Westmächten, namentlich dem britischen Premierminister David Lloyd George, Rußlands Wirtschaft einem europäischen »Wiederaufbau«-Finanzkonsortium zu unterwerfen plante. Zum britischen Botschafter d'Abernon sagte Rathenau am 31. Januar 1922, sobald westliche Privatgesellschaften »eine genügende Anzahl von Kontrakten bekommen haben, wird das Sowjetsystem von selbst zusammenbrechen«. Die Sowjets hatten jedoch nicht im Bürgerkrieg gesiegt und die westlichen Interventen vertrieben, um sich anschließend der ökonomischen Fremdherrschaft einer »kapitalistischen Einheitsfront« zu unterwerfen; sie lehnten das Projekt entschieden ab.

Der Verzicht auf Reparationen gegen den Verzicht auf eine deutsche Teilnahme an einem Wirtschaftskonsortium für Rußland bildete daher die Grundlage und den Kernpunkt des berühmten Vertrages von Rapallo, den das Deutsche Reich und Sowjetrußland am 16. April 1922 während der internationalen Wirtschaftskonferenz von Genua abschlossen. In nur sechs Artikeln verpflichteten sich beide Staaten außerdem zur sofortigen Aufnahme diplomatischer Beziehungen und zur wirtschaftlichen Kooperation nach dem Prinzip der Meistbegünstigung. Eine geheime militärische Vereinbarung, wie sie allgemein vermutet wurde, enthielt der Rapallo-Vertrag nicht; die Zusammenarbeit zwischen Reichswehr und Roter Armee war freilich schon 1921 in Gang gekommen. Der Rapallo-Vertrag war ein – endlich – nachgeholter Friedensvertrag »ohne Annexionen und Kontributionen« auf der Basis der »friedlichen Koexistenz« zwischen Staaten unterschiedlicher Gesellschaftsordnung.

Seine Väter waren auf deutscher Seite Wirth und Maltzan, auf sowjetischer Tschitscherin und Radek. In Berlin war besonders Reichspräsident Ebert ungehalten und ein »ausgesprochener Gegner« des Vertrages; er forderte die Entlassung Maltzans. Doch am 29. Mai 1922 ratifizierte der Reichstag den Rapallo-Vertrag bei nur wenigen Gegenstim-

men. Besonders lebhaft befürwortete den Vertrag Dr. Gustav Stresemann, der Vorsitzende der rechtsliberalen Deutschen Volkspartei, in
der der Großindustrielle Hugo Stinnes eine gewichtige Rolle spielte.
Rathenau, der am wenigsten für Rapallo verantwortlich war, wurde am
24. Juni 1922 von Rechtsextremisten ermordet. Maltzan avancierte
Ende 1922 zum Staatssekretär. Die Westmächte vergaßen und vergaben
Rapallo niemals.

Deutsche und russische Patrioten empfanden den Rapallo-Vertrag als
Ausdruck einer »Schicksalsgemeinschaft« angesichts der auftrumpfen-
den westlichen Siegermächte. Das Beglaubigungsschreiben, das Brockdorff-Rantzau am 5. November 1922 als Botschafter in Moskau überreichte, betonte: »Der Vertrag von Rapallo hat einen Strich gemacht unter die Vergangenheit, aber nur soweit sie traurig war. Es hat eine Zeit
gegeben, in der das deutsche Volk und das russische Volk sich verstanden haben; zum Schaden beider haben sich ihre Wege getrennt, aber in
der schweren Prüfung, die das Schicksal uns auferlegt hat, haben wir uns
wiedergefunden zu gemeinsamer Arbeit.« (Brockdorff-Rantzau wurde
noch Jahrzehnte später vom sowjetischen »Diplomatischen Wörter-
buch« gewürdigt als »ein nüchterner Realist in der Politik, der die nationalen Interessen seines Landes erkannte. Obwohl er der Sowjetregierung keine Sympathien entgegenbrachte, begann er sich beharrlich für
die Aufnahme freundschaftlicher Beziehungen sowie für die Entwicklung von Handels- und Wirtschaftsverbindungen zwischen beiden
Ländern einzusetzen.«) Sowjetischerseits erklärte Karl Radek auf dem
4. Kongreß der Komintern im November 1922: »Die Politik der Er-
drosselung Deutschlands schließt in der Tat die Zerstörung Rußlands
als einer Großmacht ein. Denn, wer auch Rußland regiert, es ist immer
in seinem Interesse, daß Deutschland besteht.«

Der Rapallo-Vertrag, im November 1922 auf fünf weitere Sowjetrepubliken ausgedehnt, mit denen die russische sich Ende des Jahres zur
Union der Sozialistischen Sowjetrepubliken (UdSSR), der Sowjetunion, vereinigte, bedeutete für diese die Sprengung der politischen Iso-
lation und für Deutschland die wiedergewonnene Rückenfreiheit. Am
11. September 1922 hatte General Seeckt geschrieben: »Daß der Vertrag
von Rapallo nur den Anschein erweckte, als ob er militärische Folgen
haben könnte, genügte, die polnische Politik in günstigem Sinne zu beeinflussen« – dies bewahrheitete sich schon 1923, als Polen während der
französisch-belgischen Okkupation des Ruhrgebietes an der deutschen
Ostgrenze Ruhe hielt. Die sowjetische Sympathie mit dem nationalen
Widerstand an der Ruhr kam in einem Tribut Karl Radeks für den von
den Franzosen erschossenen rechten Freikorpsmann und Ruhrkämpfer

Albert Leo Schlageter zum Ausdruck und rief unter intellektuellen deutschen Rechten einen gewissen »Nationalbolschewismus« wach, der ein Bündnis mit der Sowjetunion gegen den Entente-Kapitalismus in Erwägung zog.

Vor allem aber förderte der Rapallo-Vertrag das Rußlöandgeschäft deutscher Konzerne wie der AEG sowie der Firmen Otto Wolff, Krupp, Stinnes, Junkers und anderer; auf den Gebieten des Handels, Transportwesens, der Petroleumwirtschaft und der Luftfahrt entstanden gemeinsame Unternehmen. Mit 32,7 Prozent der sowjetischen Einfuhr rückte Deutschland schon 1922 vor England (18,8 Prozent) an die erste Stelle der Länder, die nach Rußland exportierten, wenn es diese Position auch 1924/25 wieder einbüßte, weil England und die USA bessere Kreditbedingungen gewähren konnten. Am 12. Oktober 1925 wurde in Moskau ein deutsch-sowjetischer Wirtschaftsvertrag unterzeichnet.

Freundschaft und Neutralität, große »Russenaufträge«

Die in Rapallo eingeleitete Zusammenarbeit mit der Sowjetunion war die Voraussetzung für die Wiedergewinnung der deutschen Gleichberechtigung gegenüber den Westmächten, die Stresemann, 1923 Reichskanzler und bis 1929 Außenminister, nach dem Abbruch des »Ruhrkampfes« und der Stabilisierung der deutschen Währung anstrebte; sie war sein »Atout«, seine Trumpfkarte.

Berlins Westwendung im Zeichen amerikanischer Kredite, die gemäß dem Reparationsplan von Charles G. Dawes vom New Yorker Haus Morgan von 1924 an nach Deutschland flossen, beunruhigte jedoch die Sowjetunion: Nicht nur wurde Maltzan Ende 1924 als Staatssekretär durch den prowestlichen von Schubert, einen Enkel des Saar-Industriellen Stumm, ersetzt; die Reichsregierung hatte auch bereits ihre Absicht bekundet, dem von der Entente gegründeten und beherrschten Völkerbund beizutreten, den die Sowjets damals als ein gegen sie gerichtetes kapitalistisches Bündnis betrachteten. Da Artikel 16 der Völkerbundssatzung alle Mitglieder zu politischen, wirtschaftlichen und militärischen Sanktionen gegen einen »Angreifer« verpflichtete, befürchteten die Sowjets, von westlicher Intervention »gebrannte Kinder«, daß Berlins Beitritt zum Völkerbund Deutschland für einen Durchmarsch westlicher Heere gegen die Sowjetunion öffnen würde. Um diese Gefahr abzuwenden, schlug das Außenkommissariat der Reichsregierung schon Ende 1924 den Abschluß eines Neutralitätsvertrages vor.

Als Tschitscherin Anfang Oktober 1925 in Berlin Bedenken geltend machte, beruhigte Stresemann ihn hinsichtlich Deutschlands künftiger Rolle im Völkerbund: Sie werde darin bestehen, »einmal für seine eigenen Interessen einzutreten, andererseits aber auch darüber zu wachen, daß der Völkerbund sich nicht zu einem Instrument auswächst, das den Krieg gegen Rußland auf seine Fahne schreibt«. Außerdem gab Berlin im Wirtschaftsabkommen vom 12. Oktober 1925 den Sowjets durch Anerkennung des sowjetischen Außenhandelsmonopols nach, das der deutschen Industrie ein Dorn im Auge war, weil sie sich von Abschlüssen mit einzelnen Sowjetunternehmen höhere Profite versprach. Als Vorstufe für Deutschlands Aufnahme in den Völkerbund wurde am 16. Oktober 1925 in Locarno ein Vertrag geschlossen, in dem Deutschland, Frankreich und Belgien die deutsche Westgrenze anerkannten und England und Italien sie garantierten, während die Frage der deutschen Ostgrenze offen gelassen wurde. Schon gleich nach seinem Eintreffen in Locarno hatte Stresemann erklärt: »Für uns gibt es kein Option zwischen Ost- oder Westpolitik. Wir wollen nach beiden Seiten gute Beziehungen unterhalten!«

Im Gegensatz zu Rapallo war der Locarno-Pakt in Deutschland nicht populär; sowohl Kommunisten wie Deutschnationale bekämpften ihn im Reichstag, wo er schließlich mit den Stimmen der SPD durchgesetzt wurde. Auch Botschafter Brockdorff-Rantzau, der für den Geschmack d'Abernons »zu oft in Berlin« war und »zuviel Einfluß« ausübte, war ein Gegner der Locarnopolitik, die in seinen Augen die »deutsch-sowjetische Schicksalsgemeinschaft« gefährdete; er drohte mit seinem Rücktritt, ließ sich aber durch Reichspräsident von Hindenburg, der im April 1925 auf den verstorbenen Ebert gefolgt war, zum Verbleiben auf seinem Posten bewegen. Hauptsächlich Brockdorff-Rantzaus Beharrlichkeit war es zu danken, daß Stresemann im Dezember 1925 den ein Jahr alten sowjetischen Neutralitätsvorschlag aufgriff.

Am 24. April 1926 unterzeichneten Stresemann und der sowjetische Botschafter Nikolai N. Krestinski den »Berliner Vertrag« über Freundschaft und Neutralität als Gegengewicht zu Locarno. Er bekräftigte ausdrücklich den Vertrag von Rapallo und verpflichtete beide Seiten, sich »in freundschaftlicher Fühlung« über alle gemeinsam interessierenden Fragen zu informieren und konsultieren. Sein Kernpunkt war das beiderseitige Versprechen der Neutralität für den Fall, daß »einer der vertragschließenden Teile trotz friedlichen Verhaltens angegriffen« würde. Falls »zwischen dritten Mächten« (gemeint waren die Westmächte) »eine Koalition zu dem Zweck geschlossen werden sollte, gegen einen der vertragschließenden Teile« (gemeint war die Sowjetunion)

»einen wirtschaftlichen oder finanziellen Boykott zu verhängen, so wird sich der andere vertragschließende Teil« (gemeint war Deutschland) »einer solchen Koalition nicht anschließen«. In einer gleichzeitigen Note an Krestinski versicherte Stresemann, daß das Deutsche Reich sich von einer bloßen Behauptung anderer Mächte, die Sowjetunion sei ein »Angreifer«, nicht zur Teilnahme an Sanktionen gemäß Artikel 16 der Völkerbundssatzung zwingen lassen werde.

Am 1. Mai 1926 erklärte Stresemann in einer Rundfunkrede: »Niemals war es die deutsche Absicht, sich im Westen zu einer Kampfgemeinschaft gegen den Osten zu verbinden. Deutschland ist kraft seiner geographischen Lage der gegebene große Mittler und die Brücke zwischen Ost und West.« Am 2. Oktober 1926 betonte er in Köln: »Niemals kann es Aufgabe deutscher Außenpolitik sein, von Frieden und Verständigung andere Mächte auszuschließen oder Tendenz gegen bestimmte Mächte zu richten.«

Der zunächst auf fünf Jahre geschlossene Berliner Vertrag wurde vom Reichstag bei nur drei Gegenstimmen ratifiziert; er war weitaus populärer als der Locarnopakt. Analog zu Bismarcks Rückversicherungsvertrag hatte der Berliner Vertrag für Stresemann den Sinn, die Neubildung einer russisch-französischen Allianz zu verhindern und Deutschland den Rücken zu decken, wenn es gegenüber dem Westen die Räumung des besetzten Rheinlandes und die Senkung der Reparationslast anstrebte. Für die Sowjetunion bewährte er sich schon 1927, als es nach der Ermordung des sowjetischen Gesandten in Warschau, P.L. Wojkow, am 7. Juni zu sowjetisch-polnischen Spannungen kam, und der britische Außenminister Sir Austen Chamberlain, der schon Ende Mai die diplomatischen Beziehungen zur UdSSR abgebrochen hatte, Stresemann fragte, ob Deutschland den Transport britischer und französischer Truppen durch sein Gebiet nach Polen erlauben würde. Stresemann lehnte dies ab und erklärte – auch hiermit auf den Spuren Bismarcks – am 15. Juni 1927 in der Völkerbundstadt Genf: »Jede Idee eines Kreuzzuges gegen Rußland halte ich für töricht und unsinnig. Er würde Rußland zusammenschmelzen und Europa nur schwächen. . . . wir dürfen unsere Politik nicht von Empörung beeinflussen lassen.«

Im Laufe der Jahre verwandelte sich die »Schicksalsgemeinschaft« der beiden »Parias« in eine mehr nüchterne »Zweckgemeinschaft«. Die »Väter« von Rapallo verließen nach und nach die Bühne: Seeckt wurde 1926 entlassen, Maltzan wurde Botschafter in den USA und kam 1927 bei einem Flugzeugunglück ums Leben, Graf Brockdorff-Rantzau starb im September 1928, Tschitscherin kränkelte und gab Ende 1928 seine Funktionen an Maxim Litwinow ab, der Nichtangriffspakte auch mit anderen Ländern schloß. Die Kooperation Reichswehr-Rote Armee lief weiter, kaum gestört durch sozialdemokratische Enthüllungen Ende 1926. Auch der Handel, gefördert durch einen im Juli 1926 gewährten 300-Millionen-Reichsmark-Kredit, der die Position der deutschen Wirtschaft gegenüber ihren westlichen Konkurrenten verbessern sollte, nützte beiden Seiten, obwohl deutsche Großagrarier, wie schon zu Bismarcks Zeit, gegen sowjetische Vieh- und Getreideexporte Sturm liefen. Am 19. März 1929, ein halbes Jahr vor seinem Tode, nannte Stresemann das Verhältnis zur Sowjetunion »immerhin ein Atout in unserem Spiel«.

Bald darauf war Deutschland mehr auf die Sowjetunion angewiesen als umgekehrt, nachdem Ende 1929 die große westliche Depression von den USA aus, die ihre – zur Hälfte kurzfristigen – Kredite zurückforderten, auf Deutschland übergegriffen hatte. 1928 hatte die Sowjetunion 25 Prozent ihrer Gesamteinfuhr aus Deutschland bezogen, 1931 waren es 37 Prozent, 1932 sogar 47 Prozent. Der Anteil des Exports in die Sowjetunion an der deutschen Gesamtausfuhr erhöhte sich 1928—1932 von 3,3 auf 10,9 Prozent, bei den Investitionsgütern auf 26 Prozent. In die UdSSR gingen 1931 ein Viertel der deutschen Produktion von Maschinenteilen, Automobilen, Kesseln, Blechen und Drahterzeugnissen sowie mehr als die Hälfte aller produzierten Werkzeugmaschinen. Deutschland nahm den ersten Platz im sowjetischen Außenhandel ein, und die großen »Russenaufträge« halfen in einer Zeit hoher Arbeitslosigkeit viele deutsche Arbeiter – schätzungsweise eine halbe Million – in Lohn und Brot zu erhalten – wie heute wieder.

Brüning – Papen – Schleicher

Aber die intensiven Wirtschaftsbeziehungen fanden, wie schon in der wilhelminischen Ära, keine politische Entsprechung. Schon der im Frühjahr 1930 Reichskanzler gewordene Münsteraner Katholik Heinrich Brüning legte die politischen Beziehungen zur Sowjetunion auf Eis, während er mit rigorosen Sparmaßnahmen, die den Westen überzeugen sollten, daß Deutschland alles tat, um seine restlichen Reparationsverpflichtungen zu erfüllen, die Wirtschaftskrise verschärfte. Weil Brüning bei der von ihm angestrebten Gesamtrevision des Versailler Vertrages dem Westen gegebenenfalls Deutschlands besonderes Verhältnis zur Sowjetunion opfern wollte, lehnte er die vom Auswärtigen Amt befürwortete Verlängerung des Berliner Neutralitätsvertrages von 1926 um weitere fünf Jahre ab. Zwar wurde am 24. Juni 1931 ein Protokoll über eine zweijährige Verlängerung des abgelaufenen Vertrages paraphiert, doch Brüning brachte es nicht im Reichstag zur Ratifikation. Er hatte auch die sich zuspitzende Lage im Fernen Osten im Auge, wo Japan im September 1931 die Mandschurei eroberte, und war der Meinung, daß eine Annäherung Frankreichs und Polens an Japan »die russische Karte entwerten« könne. In einem Augenblick also, in dem die Sowjetunion wieder eine Einkreisung befürchten mußte, minderte Brüning den geringen Schutz, den ihr der Neutralitätsvertrag mit dem Deutschen Reich gewährte.

Das deutsch-sowjetische Verhältnis wurde auch durch eine handelspolitische Entscheidung beeinträchtigt, die Brüning im Interesse der deutschen Großagrarier traf: Als die Sowjetunion anbot, Deutschland mit Roggen zu einem Tonnenpreis von 60,— RM zu versorgen, antwortete Brüning mit einer Erhöhung des Einfuhrzolls für Roggen von 150 auf 200 RM pro Tonne. Dadurch wurde nicht nur die großenteils arbeitslose städtische Bevölkerung schwer getroffen, sondern auch die deutschen Klein- und Mittelbauern, die mit Futtergetreide vorwiegend Fleisch- und Molkereiprodukte erzeugten. Die Großagrarier dankten Brüning seine Wohltat nicht, sondern halfen ihn im Mai 1932 stürzen.

Die Sowjetunion blieb Deutschland weiterhin wohlgesonnen, obwohl sie ihr Verhältnis zu Polen und Frankreich zu bereinigen suchte. Als Stalin am 4. Februar 1931 die Notwendigkeit der mit dem 1. Fünfjahrplan forcierten Industrialisierung mit dem Hinweis begründete, daß ein rückständiges Rußland immer wieder von Fremden geschlagen worden sei – von Tatarenchans, türkischen Beys, schwedischen Adeligen, polnisch-litauischen Pans, französischen und englischen Kapitalisten und japanischen Baronen –, da fehlten in dieser Aufzählung die Deutschen, etwa die »preußischen Junker und Militaristen« oder »der Kaiser«. In einem im Dezember 1931 Emil Ludwig gewährten Interview versicherte Stalin vielmehr Deutschland der besonderen Sympathie der Russen und erklärte hinsichtlich der Verhandlungen mit Warschau: »Wir waren nie die Garanten Polens und werden es nie sein. . . . Unsere freundschaftlichen Beziehungen zu Deutschland bleiben dieselben wie vorher. Das ist meine feste Überzeugung.« Von Deutschland schien Stalin damals keine Gefahr für die Sowjetunion zu drohen, ja, er unterschätzte den aufsteigenden Hitler-Faschismus – dessen Abwehr und Vernichtung später nur dank der unter Stalin geschaffenen sowjetischen Schwerindustrie und unter hohen Menschenopfern gelingen sollte.

War schon Brüning gegenüber der Sowjetunion gleichgültig gewesen, so lief die Politik seines gleichfalls westfälischen und katholischen

Nachfolgers Franz von Papen, Reichskanzler seit dem 1. Juni 1932, auf den völligen Bruch mit der Rapallo-Tradition hinaus. Papen, der durch seine der Saar-Industriellenfamilie von Boch entstammende Frau mit aristokratischen Schwerindustriellen in Luxemburg, Belgien und Frankreich verschwägert war und der auch von der deutschen Groß-wirtschaft geschätzt und unterstützt wurde, hatte schon im März 1930 im konservativen »Deutschen Herrenklub« zu Berlin eine Tagung ar-rangiert, die sich u. a. mit Plänen zur Abtrennung der Ukraine von der Sowjetunion befaßte. Am 27. Februar 1931 hatte er in diesem Klub ei-nen »accord à trois« mit Frankreich und Polen zum »Kampf gegen den Bolschewismus« gefordert. Und einer der Gönner Papens, der Präsi-dent des Reichsverbandes der deutschen Industrie (RDI) und Aufsichts-ratsvorsitzende der IG Farbenindustrie Carl Duisberg, plädierte am 24. März 1931 ebenfalls für eine Verständigung mit Frankreich und ei-nen »geschlossenen Wirtschaftsblock von Bordeaux bis Odessa« (im veröffentlichten Text »abgemildert«: bis Sofia). Papens Ernennung zum Reichskanzler löste deshalb, wie der deutsche Botschafter Herbert von Dirksen aus Moskau berichtete, dort eine »große Besorgnis hinsichtlich der Fortführung unserer bisherigen Politik gegenüber der Sowjetunion« aus.

Diese Besorgnis war wohlbegründet, da Papen während der vom 16. Juni bis zum 9. Juli in Lausanne tagenden Reparationskonferenz »Frankreich weitgehende Vorschläge zu einer deutsch-französischen Verständigung unterbreitete, die auf Kosten der Beziehungen Deutsch-lands zur Sowjetunion gehen mußten«. Heinrich Brüning zufolge hat Papen dem französischen Ministerpräsidenten Edouard Herriot sogar »ein deutsch-französisch-polnisches Militärabkommen zur Eroberung der Ukraine angeboten«. Doch dieser Vorstoß erlitt sofort eklatant Schiffbruch, da Herriot den sowjetischen Außenkommissar Litwinow über ihn informierte: Es kam zu einer französisch-sowjetischen Annä-herung, die mit dem Abschluß eines Nichtangriffspaktes am 29. No-vember 1932 gekrönt wurde. Während Papens Westeskapade miß-glückte, erinnerte sich die Reichswehr ihrer engen Beziehungen zur Ro-ten Armee: Als Gast der Heeresleitung kam im September 1932 Tucha-tschewski mit einer Abordnung hoher sowjetischer Kommandeure zu Manövern in Ostpreußen und wurde dem Reichspräsidenten Hinden-burg vorgestellt.

Als am 2. Dezember 1932 der Reichswehrminister und General Kurt von Schleicher Reichskanzler wurde, reagierte Moskau mit Erleichte-rung. Litwinow kam nach Berlin und versicherte Schleicher am 19. De-zember 1932 (nach einer Niederschrift der Reichskanzlei): »Während die Sowjetregierung dem Reichskanzler von Papen mit Mißtrauen gegenüber gestanden hat, wäre dies gegenüber der Regierung Schleicher nicht der Fall.« Schleicher bekannte sich in diesem Gespräch zur deutsch-sowjetischen Zusammenarbeit »in politischer und namentlich militärischer Beziehung«. Litwinow begrüßte das und betonte, daß Moskaus Nichtangriffspakte mit Paris und Warschau in keiner Weise gegen das Deutsche Reich gerichtet seien. Schleicher, der mit dem stark im Osthandel engagierten Industriellen Otto Wolff befreundet war, versprach, sich für eine Verbesserung der Wirtschaftsbeziehungen einzusetzen und wollte prüfen, ob der Berliner Vertrag notfalls auch ohne den Reichstag wieder in Kraft gesetzt werden könne. Auf dieser Basis wurde die Weimarer Außenpolitik in letzter Stunde noch einmal nach Osten orientiert.

Doch Schleicher war nur eine knapp zweimonatige Regierungszeit beschieden. Er scheiterte mit dem Versuch, den »linken« Strasser-Flügel von der Hitlerpartei abzuspalten und die Unterstützung der SPD zu gewinnen. Seine Bemühungen, als »sozialer General«, um eine Landreform durch Aufsiedelung bankrotter Güter und um Arbeitsbeschaffung mit Hilfe der Gewerkschaften – die amtliche Arbeitslosenzahl war auf über sechs Millionen, zehn Prozent der Gesamtbevölkerung, gestiegen – trugen ihm den erbitterten Haß der Großagrarier wie der Großindustriellen ein. Sie malten eine »bolschewistische Gefahr« an die Wand, meinten damit aber nicht die von Ernst Thälmann geführten Kommunisten, sondern den »roten« Schleicher. Im Kölner Haus des Bankiers und Nazi-Anhängers Kurt von Schröder begann der Industrie-Vertrauensmann Papen am 4. Januar 1933 Gespräche mit Hitler zu dem Zweck, diesen an die Stelle Schleichers zu setzen. Von Papen überredet, ernannte der senile Hindenburg den gebürtigen Österreicher Hitler am 30. Januar 1933 zum Reichskanzler. Damit begann das zweite imperialistische Abenteuer des deutschen Großkapitals, denn Hitler hatte ihm nicht nur die Vernichtung des Sozialismus versprochen, sondern sich auch den Raub von »Grund und Boden. . . .auf Kosten Rußlands« zum Ziel gesetzt.

Geistiger Austausch und Antikommunismus

In der Weimarer Epoche gab es zwischen Deutschland und der Sowjetunion nicht nur enge politische und wirtschaftliche Beziehungen – viele deutsche Techniker arbeiteten in der UdSSR –, sondern auch einen lebhaften geistigen Austausch, wie er erst wieder mit der DDR zustande kommen sollte. Von den frühen zwanziger Jahren an wurden die Werke sowjetischer Autoren wie Isaak Babel, Wladimir Majakowski, Leonid Leonow, Maxim Gorki, Konstantin Fedin, Wsewolod Iwanow, Boris Pilnjak, Michail Scholochow in kürzester Frist ins Deutsche übersetzt.

In Deutschland fand das neue Rußland am meisten Gehör. Der weltberühmte Albert Einstein übernahm das Patronat der »Gesellschaft der Freunde des neuen Rußlands«, die Ausstellungen, Lesungen, Filmabende und Künstlertourneen organisierte. Auf wissenschaftlicher Ebene veranstaltete die »Deutsche Gesellschaft zum Studium Osteuropas« 1927 eine Naturforscher-Woche in Berlin, bei der zwanzig sowjetische Gelehrte Vorträge hielten, und 1928 eine ähnliche Historiker-Woche. Sie begann auch mit Aktenveröffentlichungen aus zaristischen Archiven zur Vorgeschichte des Ersten Weltkrieges. Sergej Eisensteins berühmter Film »Panzerkreuzer Potemkin« wurde – freilich mit Schnitten – 1926 in Berlin aufgeführt. Das Luftschiff »Graf Zeppelin« traf im Rahmen einer deutsch-sowjetischen Zusammenarbeit in der Arktisforschung mit dem Eisbrecher »Malygin« zusammen und besuchte im September 1930 Moskau.

Der Antikommunismus, den Thomas Mann »die größte Torheit der Epoche« nannte, erreichte in der Weimarer Republik nie die emotionale Intensität und Verbreitung wie im Hitler-Reich und, in den Jahren des Kalten Krieges, in der Bundesrepublik Deutschland. 1918—1920 diente er den Regierungen als Beweis ihrer Demut gegenüber der Entente. Danach trat er in der Außenpolitik zurück, wurde aber in der Innenpolitik von der Rechten dazu benutzt, die ganze Linke zu diffamieren, auch die SPD, die vergebens ihre Feindschaft gegen die KPD hervorkehrte. Das Bürgertum übernahm von den feudalen und bourgeoisen russischen Emigranten (Vorläufern der heutigen »Dissidenten«), die in Berlin und München zahlreich vertreten waren, deren haßgefärbtes Bild vom Sowjetstaat; das Buch des »weißen« Generals Krasnow »Vom Zarenadler zur roten Fahne« und die Bücher Edwin Erich Dwingers, der unter Koltschak gekämpft hatte, erzielten hohe Auflagen.

Die liberale Presse berichtete relativ vorurteilsfrei über die Sowjetunion, aber die rechte Presse, besonders die des deutschnationalen Medienzaren Alfred Hugenberg (dessen Pendant heute Axel Cäsar Springer ist), war vehement antisowjetisch und druckte gern, unter der Datumszeile »Riga« oder »Kowno«, Erfindungen und Greuelmeldungen, die russische Emigranten in Berlin gefälscht hatten. An der Schwelle der dreißiger Jahre erhielten diese Nachrichten größere Bedeutung, als die Kollektivierung der Landwirtschaft auch die Wolgadeutschen erfaßte, von denen viele als »Kulaken« oder Sektenchristen verfolgt wurden.

Vornehmlich die Kirchen erregten sich über die »Brüder in Not« und die »Gottlosen-Kampagne« in der Sowjetunion. Schlagwörter wie »asiatische Barbarei«, »Dämonie« und »Sowjet-Hölle« kamen vermehrt in Umlauf und machten den innenpolitischen Antikommunismus wieder antisowjetisch und antirussisch. Mit diesem Kapital konnte Hitlers Propaganda nach innen und außen wuchern.

7. Kapitel

Hitler-Deutschland und die Sowjetunion, 1933–1939

Im Gehirn Hitlers, der am 30. Januar 1933 zum deutschen Reichskanzler gemacht wurde, brodelte schon früh ein hochbrisantes Gemisch, das von Leichengiften der drei im Ersten Weltkrieg untergegangenen Imperien gespeist wurde: In Österreich, wo er 1889 geboren wurde, hatte er einen alldeutschen Supernationalismus aufgesogen, der Slawenhaß und Antisemitismus mit Verachtung für die Demokratie und den klassenkämpferischen Sozialismus verband. Im wilhelminischen Kaiserreich teilte er dessen Selbstüberschätzung, und seinen Sturz schrieb er, gemäß der von Ludendorff wider besseres Wissen in die Welt gesetzten Legende, einem »Dolchstoß« von Juden, Freimaurern, Demokraten und Marxisten in den Rücken des angeblich »im Felde unbesiegten« Heeres zu. Seine parteipolitische Karriere begann im Dunstkreis von Leuten wie Ludendorff, Hoffmann und Rechberg, die die Politik der Ostexpansion im Zeichen des kurzlebigen »Siegfriedens« von Brest-Litowsk auf ihn übertrugen. Aus dem Zarenreich stießen die Deutschbalten Rosenberg und Scheubner-Richter zu ihm und vermachten ihm die Überzeugung, daß in Sowjetrußland »jüdischer Bolschewismus« über »minderrassiges« Slawentum die Macht ergriffen, durch die Ausschaltung der »germanischen Herrenschicht« Rußland aber »reif zum Zusammenbruch« gemacht habe, so daß seine Kornkammern leicht erobert werden könnten.

Die »Lebensraum«-Pläne Hitlers und seine Förderer

Nach seinem fehlgeschlagenen Münchener Putsch vom 9. November 1923 begann Hitler während seiner kurzen Landsberger Festungshaft, in seinem Buch »Mein Kampf« sein außenpolitisches Programm zu fixieren, das auf die Eroberung von »Grund und Boden . . . auf Kosten Rußlands« als Basis eines »großgermanischen Weltreichs« hinauslief. Fast siebenhundert Jahre nach der Niederlage der Deutschritter auf dem Eis des Peipus-Sees wollte er Deutschland »wieder auf der Straße der einstigen Ordensritter in Marsch setzen« – zwecks »Erwerbung der notwendigen Scholle für unser deutsches Volk«.

Diesen »Lebensraum«-Plan wollte er mit Hilfe Englands und Italiens, nach Ausschaltung Frankreichs, verwirklichen; nur hierin unterschied er sich von den Raub- und Kreuzzugsplanern Hoffmann und Rechberg, die mit England *und* Frankreich gegen Moskau marschieren wollten. Die Idee einer Verständigung mit England, um nach Osten hin »freie Hand« zu erhalten, verdankte Hitler dem bayerischen General a. D. Karl Haushofer, der als Professor der »Geopolitik« die These vertrat, daß »Lebensraum« durch die Beherrschung zusammenhängender Landmassen zu suchen sei, da moderne Waffen wie U-Boote und Flugzeuge die Seewege zu überseeischen Kolonien unsicher machten; Haushofer war ein Lehrer von Rudolf Heß, der Hitler bei der Abfassung von »Mein Kampf« half, und besuchte die beiden häufig in Landsberg. Tatsächlich konnte Hitler mit der wütenden Sowjetfeindlichkeit der britischen Konservativen rechnen, die später alles tun sollten, um Hitler-Deutschland nach Osten zu lenken, damit es die Sowjetunion und dabei sich selbst ruiniere – mit dem Westen, wie sie hofften, als lachendem Dritten.

In Deutschland selbst genossen die Putschisten Hitler und Ludendorff schon 1923 die finanzielle Unterstützung der Schwerindustriellen Hugo Stinnes und Fritz Thyssen (Vereinigte Stahlwerke). Ein weiterer früher Förderer Hitlers war der Montanindustrielle Emil Kirdorf (Gelsenkirchner Bergwerks AG), dem Hitler zur »Verbreitung in Ihren Kreisen« im August 1927 seine Broschüre »Der Weg zum Wiederaufstieg« überreichte, in der es hieß: »Jedes Volk braucht zur Entfaltung seines eigenen Ichs den nötigen Raum auf dieser Welt. Die Aufgabe der Politik ist es, . . . diesem natürlichen Imperialismus die ebenso natürliche Befriedigung zu geben.« Im Sommer 1928 diktierte Hitler ein Manuskript (das erst 1961 als sein »zweites Buch« das Licht der Öffentlichkeit erblickte), in dem er an mehreren Stellen bekräftigte, daß Deutschland »Raum im Osten« erobern müsse.

Nachdem Ende 1929 im Westen die große Wirtschaftskrise ausgebrochen war, verstärkten Industrielle wie Steinbrinck (Flick), Rosterg (Wintershall) und viele andere sowie der Bankier Hjalmar Schacht den Zug des Großkapitals zu Hitler, der sich ihm durch Streichung des Pseudo-»Sozialismus« im Nationalsozialismus angenehm machte. Von den Nazi-Industriellen finanziell unterstützt, konnte die Hitler-Partei bei den Wahlen vom 14. September 1930 ihre Reichstagsmandate von 12 auf 107 vermehren. Über Äußerungen des sieggeschwellten Hitler ihm gegenüber am 6. Oktober 1930 berichtete Brüning: »Immer häufiger kam das Wort ›vernichten‹ zuerst gegen die SPD gerichtet, dann gegen die Reaktion und endlich gegen Frankreich als den Erbfeind und gegen Rußland als den Hort des Bolschewismus. Er mache sich stark, wenn er an der Regierung sei, gemeinsam mit England, dann mit Italien und Amerika diese Feinde in kurzer Zeit zu Boden zu werfen.« Brüning bestätigte später auch, daß die deutschen Großindustriellen »froh« waren, »daß Hitler die Arbeiter radikal entrechten wollte«, und deshalb seine Partei mit Geldspenden versahen: »Das ist natürlich allerorts der übliche Beginn des Faschismus.«

Im Sommer 1931 schlugen seine Förderer Hitler erstmals für die Kanzlerschaft vor. Im Oktober bildeten die Nazis und die Deutschnationalen des Medienzaren und ehemaligen Krupp-Direktors Hugenberg die »Harzburger Front«. Am 26. Januar 1932 riß Hitler, eingeführt von Thyssen, im Düsseldorfer »Industrieclub« ein auserlesenes Industriellenpublikum zu Beifallskundgebungen hin, als er erklärte, daß infolge der Existenz der Sowjetunion »auch nicht annähernd mehr die Voraussetzungen zur Beschäftigung der gigantisch entwickelten (kapitalistischen) Industrien vorhanden« seien; er nannte eine neue deutsche »Machtposition die Voraussetzung auch für die Hebung der wirtschaftlichen Situation« und forderte die »Reorganisation einer Armee« mit »8 Millionen Reserven« sowie die Lösung der »Raumfrage«. Die galoppierende Wirtschaftskrise trieb Hitler weitere Wähler zu, so daß seine Partei in den Wahlen vom 31. Juli 1932 230 Reichstagssitze gewann.

Am 12. September 1932 sagte Hitler zu dem auf dem »linken« Flügel der Nazis um den Organisationsleiter Gregor Strasser stehenden und dem SA-Chef Ernst Röhm nahestehenden Kurt Lüdecke: »Wenn Sie sich ein größeres Deutschland Seite an Seite mit Rußland vorstellen, dann sage ich Ihnen, daß ich ein Deutsches Reich erblicke, das von der Nordsee bis zum Ural reicht – aber ohne einen Stalin!« Hitler erläuterte auch, wie er die kapitalistischen Mächte dazu bringen wolle, die deutsche Aufrüstung zu dulden: »Wenn ich mein Regime mit Sozialismus begänne, würden Paris, London und New York alarmiert werden; die Kapitalisten würden sich ängstigen und zusammenschließen, und ich würde geschlagen werden, bevor ich es mich versähe. Ein Präventivkrieg würde alles ruinieren. Nein, ich muß das Spiel des Kapitalismus mitspielen und die Versailler Mächte im Zaum halten, indem ich das Schreckgespenst des Bolschewismus hochhalte – muß sie glauben machen, daß ein nationalsozialistisches Deutschland das letzte Bollwerk gegen die rote Flut ist. Das ist der einzige Weg, um die Gefahrenperiode durchzustehen, Versailles loszuwerden und aufzurüsten. Ich kann ja vom Frieden reden, aber doch an den Krieg denken.«

Als die Nazimandate durch die Reichstagswahl vom 6. November 1932 auf 196 zurückgingen und es so aussah, als habe Hitler seinen Zenit überschritten, trieben die Nazi-Industriellen, die schon ihre Felle davonschwimmen sahen, zur Eile: Gemeinsam mit den Großagrariern forderten sie Hindenburg auf, Hitler endlich zum Kanzler zu ernennen. Dies wurde jedoch noch einmal abgelehnt, weil sich noch nicht alle wichtigen Teile der Wirtschaft hinter Hitler gestellt hatten, was freilich bald darauf geschah: Nachdem Kurt von Schleicher am 2. Dezember Kanzler geworden war, ein »linkes« Wirtschaftsprogramm in Angriff genommen und gute Beziehungen zu Moskau wiederhergestellt hatte, gewann Hitlers Kandidatur auch die Unterstützung jener Chemie-, Elektro- und Exportinteressen, deren politischer Vertreter Papen war, der dann dafür sorgte, daß Hitler Kanzler wurde.

Das deutsche Großkapital mietete sich den Hitler-Faschismus zur Vernichtung des Sozialismus nach innen und außen. Alle dafür Verantwortlichen kannten und billigten Hitlers imperialistisches Aufrüstungs-, Kriegs- und Raubprogramm – Thyssen, dessen Vater schon im Ersten Weltkrieg die Bodenschätze Südrußlands gefordert hatte, ebenso wie Kirdorf, Papen, der selber schon mit der Eroberung der Ukraine geliebäugelt hatte, ebenso wie Duisberg von der IG Farben, der einen »bis Odessa« reichenden Wirtschaftsblock gefordert hatte. Und die führenden deutschen Militärs erfuhren spätestens am 3. Februar 1933 von Hitler dessen Präferenz für die »Eroberung neuen Lebensraumes im Osten und dessen rücksichtslose Germanisierung«. Der deutsche Imperialismus stürzte sich sehenden Auges in sein zweites großes Abenteuer.

Propagandakrieg gegen die Sowjetunion und Aufrüstung

Da Hitler, wie er den Militärs am 3. Februar 1933 ebenfalls sagte, einen Präventivkrieg Frankreichs und seiner »Ost-Trabanten« fürchtete, wie ihn der polnische Diktator Józef Piłsudski tatsächlich befürwortete, bemühte er sich vorübergehend im Sinne der Rapallo-Tradition um ein gutes Verhältnis zur UdSSR als der Macht im Rücken Polens. So ließ er am 5. Mai 1933 sogar den abgelaufenen Berliner Neutralitätsvertrag von 1926 wieder in Kraft setzen. Aber praktisch im selben Augenblick befahl er der Reichswehr, ihre Kooperation mit der Roten Armee zu beenden – unbeeindruckt von den prophetischen Worten des Schöpfers dieser Zusammenarbeit, General von Seeckt, der in seiner 1933 veröffentlichten Schrift »Deutschland zwischen West und Ost« schrieb: »Wollen wir noch einmal zwischen zwei Feinde genommen werden? . . . Soll Polen bis zur Oder vordringen? Solche Möglichkeiten gewinnen greifbare Gestalt, schalten wir Rußland aus unserer Rechnung aus.«

Statt dessen betrieb Hitler insgeheim – unter prompter Verletzung des Berliner Vertrages, der die Konsultation Moskaus vorschrieb – die Annäherung an das ihm durch Antisemitismus und Antisowjetismus wesensverwandte Pilsudski-Polen, um es von Frankreich zu trennen. Im Oktober 1933 entwickelte sein Propagandachef Joseph Goebbels dem polnischen Außenminister Józef Beck in Genf auch bereits die Idee einer »möglichen Entente mit dem Blick auf eine gemeinsame Aktion im Osten und speziell in der Ukraine«. Das Ergebnis war der auf zehn Jahre abgeschlossene deutsch-polnische Freundschafts- und Nichtangriffspakt vom 26. Januar 1934, der nur fünf Jahre halten sollte.

Am selben Tag konstatierte Stalin »eine Änderung in der Politik Deutschlands. Es handelt sich darum, daß bereits vor dem Machtantritt der jetzigen deutschen Politiker, besonders aber nach ihrem Machtantritt, in Deutschland ein Kampf zwischen zwei Linien der deutschen Politik begonnen hat, zwischen der alten Politik, die in den bekannten Verträgen der UdSSR mit Deutschland ihren Ausdruck gefunden hatte, und der ›neuen‹ Politik, die im wesentlichen an die Politik des ehemaligen deutschen Kaisers erinnert, der eine Zeitlang die Ukraine besetzt hielt, einen Feldzug gegen Leningrad unternahm und die baltischen Länder in ein Aufmarschgebiet für einen solchen Feldzug verwandelte; dabei gewinnt die ›neue‹ Politik in offenkundiger Weise die Oberhand über die alte.« Stalin sagte auch: »Es ist bestimmt nicht unsere Sache, die wir die Erniedrigung des Vertrags von Brest-Litowsk hinnehmen mußten, das Hohelied des Vertrags von Versailles zu singen. Aber wir geben nicht zu, daß wegen dieses Vertrages die Welt in den Abgrund eines neuen Krieges gestoßen werden muß!«

Um Hitlers Friedensbeteuerungen auf die Probe zu stellen, schlug Außenkommissar Litwinow am 28. März 1934 eine gemeinsame Garantie der baltischen Staaten durch das Deutsche Reich und die Sowjetunion vor. Als Berlin diesen Vorschlag ohne überzeugende Begründung brüsk ablehnte, war klar, daß Hitler sich das baltische Einfallstor offenhalten wollte. Ein von der Sowjetunion unterstützter französischer Vorschlag für einen kollektiven Ostpakt zum Schutz aller Grenzen in Osteuropa wurde von Berlin (und Warschau) ebenfalls abgelehnt. Der deutsche Botschafter in Moskau, Rudolf Nadolny, ein Vertreter der Rapallo-Politik, trat enttäuscht zurück. Nicht zuletzt bestätigte Hitlers Massaker vom 30. Juni 1934, das seine Macht endgültig festigte, durch die Ermordung »prorussisch« eingestellter Männer wie Röhm, Gregor Strasser und Schleicher die aggressiv sowjetfeindliche Haltung des »Führers«.

Während die diplomatischen Beziehungen zwar aufrecht erhalten wurden, aber einfroren, und der Handelsaustausch stark zurückging, eröffnete die Nazipropaganda zunächst einen damals noch nicht so genannten »Kalten Krieg«: »Sprachregelungen« des Goebbels-Ministeriums zur Verdummung der Bevölkerung schrieben der deutschen Presse im Herbst 1934 z. B. vor, nichts über sowjetische Großbauten zu bringen, und im Frühjahr 1935 nichts, was die Öffentlichkeit glauben lassen könnte, daß die Sowjets das »revolutionäre Ziel« – den Export der Revolution – aufgegeben hätten. Auf dem Naziparteitag im September 1935 sprach Goebbels von der »Blutschuld Moskaus« für »Einzelmorde, Geiselmorde und Massenmorde«. (Ähnlich behauptet der Großverleger Axel Cäsar Springer noch heute, in der Sowjetunion seien seit 1917 rund 66 Millionen Menschen – die Kriegsopfer nicht mitgerechnet – umgekommen.) Nach den »Richtlinien für die antibolschewistische Propaganda« vom 24. März 1937 war dem deutschen Volk zu zeigen, »daß der Bolschewismus sein Todfeind ist, und der Welt zu beweisen, daß er der Feind aller Völker und Nationen und damit der Weltfeind ist«. (1956 sollte Bundeskanzler Adenauer der Sowjetunion das Etikett »unser Todfeind« anheften.) Die millionenfache Anprangerung des Bolschewismus als »Weltfeind Nummer eins« wurde besonders von der Agitationszentrale »Antikomintern« betrieben. (Deren Leiter Eberhart Taubert wurde auch in der Bundesrepublik in diesem Sinne tätig.)

Mit jedem seiner eigenen Aufrüstungsschritte stellte Hitler die Rote Armee größer dar: Als er am 16. März 1935 die allgemeine Wehrpflicht und den Ausbau des Heeres auf 36 Divisionen mit 500 000 Mann verkündete, begründete er dies mit der Existenz »einer sowjetrussischen Armee von 101 Divisionen, d. h. 960 000 Mann zugegebener Friedenspräsenzstärke«. Aus diesen Zahlen ergab sich schon damals die Tatsache, daß sowjetische Divisionen kleiner als westliche sind (was freilich auch heute noch NATO-Vertreter nicht davon abhält, unredliche Divisionen-Vergleiche anzustellen); und daß die UdSSR bei mehr als doppelter Volkszahl knapp doppelt soviel Soldaten unterhielt wie Hitler zunächst anstrebte, war angesichts ihrer langen Grenzen und durchweg feindseligen Nachbarn in West und Ost (Japan) nicht unangemessen. Hitler dagegen baute ja darauf, dem Deutschen Reich im Westen den Rücken freihalten zu können; schon am 2. Mai 1935 wurde die Wehrmacht angewiesen, die Besetzung des entmilitarisierten Rheinlandes vorzubereiten.

Als Hitler diese Pläne am 7. März 1936 ausführen ließ, sprach er der Roten Armee bereits »eine Friedensstärke von 1 350 000 Mann«, die »größte Tankwaffe« und die »größte Luftwaffe der Welt« zu. Er sprach (in Tönen, wie sie auch NATO-Sprechern geläufig sind) von einer »Riesenmobilmachung des Ostens gegen Mitteleuropa«, während Deutschland »schon aus rein territorialen Gründen« nicht in der Lage sei, »Rußland anzugreifen«. Aber schon im August 1936 forderte er insgeheim, die Wehrmacht binnen vier Jahren zur »ersten Armee in der Welt« und »einsatzfähig« zu machen, und in einer Nürnberger Parteitagsrede vom 12. September 1936 ließ er durchblicken wozu: »Wenn der Ural mit seinen unermeßlichen Rohstoffschätzen, Sibirien mit seinen reichen Wäldern und die Ukraine mit ihren unermeßlichen Getreideflächen in Deutschland lägen, würde dies unter nationalsozialistischer Führung im Überfluß schwimmen.« Mit dem Segen der Westmächte, besonders Englands, konnte er bald darangehen, sich die »territorialen« Voraussetzungen für einen Angriff auf die Sowjetunion zu schaffen.

Die Westmächte lenken Hitler nach Osten

Gegen die von Hitler-Deutschland ausgehende Gefahr suchte sich die Sowjetunion durch eine Politik der »kollektiven Sicherheit« im Verein mit den Westmächten zu schützen. Sie trat am 18. September 1934 dem einst geschmähten Völkerbund bei, aus dem das Deutsche Reich im Oktober 1933 ausgetreten war, und schloß im Mai 1935 Beistandsabkommen mit Frankreich (wie nach 1890) und der Tschechoslowakei für den Fall »eines nicht herausgeforderten Angriffs von seiten eines europäischen Staates«, womit das Nazireich gemeint war. Aber der Vertrag mit Paris blieb ein Torso, weil Frankreich ihn nicht mit einer Militärkonvention komplettierte, und der Vertrag mit Prag sollte erst wirksam werden, wenn Frankreich zuvor den Bündnisfall als gegeben ansah. Die Politik der »kollektiven Sicherheit« scheiterte insbesondere an der »Befriedungspolitik« (appeasement) der britischen Konservativen gegenüber Hitler-Deutschland, das sie gegen die Sowjetunion lenken wollten.

Von Hitlers »Abrüstungsbeauftragtem« Joachim von Ribbentrop (ab 1938 Reichsaußenminister) hatte der führende britische Konservative Lord Davidson schon im November 1933 den Eindruck gewonnen, »daß ein Krieg im Westen für alle Zeit ausgeschlossen werden könne, und daß Deutschlands Ambition sich später nach Osten wenden werde«. England ließ Hitler daraufhin zu Lande und in der Luft aufrüsten und schloß selbst am 18. Juni 1935 ein Flottenabkommen mit Deutschland, das diesem erlaubte, seine Kriegsmarine auf 35 Prozent der britischen Stärke zu bringen; so würde sie auf jeden Fall groß genug sein, um die Ostsee zu beherrschen und Leningrad zu blockieren.

Der britische Konservativenführer und mehrmalige Premierminister Stanley Baldwin, der schon bis 1930 Hitlers »Mein Kampf« gelesen und 1933 Ribbentrop empfangen hatte, pflegte zu sagen: »Glücklicherweise hätten die Nasties (wörtlich: die Garstigen, gemeint: die Nazis) die Macht ergriffen als ein Instrument zur Vernichtung der Bolshies (Bolschewiki). Er könne sich nicht vorstellen, daß die britische Diplomatie so töricht sei, sich in einen Krieg mit den einen oder den anderen zu verwickeln, bevor sie sich gegenseitig an der Gurgel gepackt hätten. Dann könnten wir ja eine Weile mitansehen, wie es weiterginge.« Ende Juli 1936 sagte Baldwin vor konservativen Abgeordneten: »Wir alle kennen den deutschen Wunsch, sich nach Osten zu wenden, wie er (Hitler) es in seinem Buch gesagt hat. Und wenn er sich gegen den Osten wendet, dann wird mein Herz nicht brechen . . . Wenn in Europa gekämpft werden muß, dann würde ich es gern sehen, daß die Bolschewiken und Nazis dies besorgen.«

Mit wenigen Ausnahmen – wie Churchill, der nun Deutschland als »die größte Gefahr für das Empire« ansah, oder Anthony Eden – teilten die Konservativen die Auffassung Baldwins und dessen Hintergedanken: »Wir sollten das tapfere kleine Deutschland sich im Osten an den Roten sattfressen lassen« (der Abgeordnete Henry Channon im September 1936) und: »Wenn Deutschland einen solchen Krieg begänne, würde es daraus als ein geschwächtes, nicht als ein gestärktes Deutschland hervorgehen. Wir würden ein gebrochenes Deutschland vor uns sehen, das seine Macht verausgabt hätte« (der Abgeordnete Stuart Russell im Unterhaus am 23. Juni 1936). Mit anderen Worten: Deutschland sollte die Sowjetunion ruinieren und sich dabei selbst ruinieren.

Premierminister Neville Chamberlain, Exponent der Londoner City und seit Ende Mai 1937 im Amt, setzte die Appeasementpolitik verstärkt mit dem Ziel fort, Hitler die notwendigen territorialen Sprungbretter für seinen »Drang nach Osten« auszuliefern. In Chamberlains Auftrag besuchte Lord Halifax im November 1937 Hitler, gratulierte dem »Führer« zur »Vernichtung des Bolschewismus im eigenen Lande«, die Deutschland zum »Bollwerk des Westens gegen den Bolschewismus« gemacht habe, und bezeichnete Österreich, die Tschechoslowakei und Danzig als Gebiete, wo »keine Änderungsmöglichkeit des bestehenden Zustandes ausgeschlossen sein solle«. Hitler konnte diesen Worten entnehmen, daß England ein fait accompli hinnehmen würde, und vollzog im März 1938 zunächst den »Anschluß« Österreichs, wodurch dem nunmehrigen »Großdeutschen Reich« die Expansion in Richtung Balkan auf den Spuren der Habsburger eröffnet wurde.

Dann kam die Tschechoslowakei an die Reihe, deren Territorium wie ein Keil auf die Sowjetukraine wies. Chamberlains Führung folgend, verriet Frankreich sein Bündnis mit Prag, wodurch auch das sowjetisch-tschechoslowakische Bündnis offiziell nicht wirksam werden konnte; dennoch – trotz japanischer Aggression im Fernen Osten – gemachte sowjetische Hilfeangebote wurden ignoriert oder abgewiesen. Die Sowjetunion wurde vielmehr diplomatisch aus Europa hinausgedrängt, als die Premierminister Englands und Frankreichs (mit dem Segen der USA) am 29. und 30. September 1938 mit den Diktatoren Deutschlands und Italiens zur Münchener Konferenz zusammentraten und der Angliederung der Sudetengebiete an Deutschland zustimmten. Durch den Verlust ihrer dortigen Befestigungen, den stärksten in Europa nach der Maginotlinie, wurde die Tschechoslowakei wehrlos, und die Sowjetunion verlor die erste Verteidigungslinie der Ukraine.

Mehr noch: Der östlichste Landesteil der Rest-Tschechoslowakei wurde unter dem Namen Karpato-Ukraine autonom und, wie der deutsche Diplomat Ernst Woermann bereits am 7. Oktober 1938 schrieb, »ein Ansatzpunkt für eine künftige größere Ukraine« – die natürlich eine von Deutschland beherrschte sein sollte. Während der aus dem letzten Kapitel bekannte Kali-Industrielle Arnold Rechberg in einer Eingabe an die Reichskanzlei vom 18. November 1938 schon »mindestens das russische Gebiet bis einschließlich des Urals mit seinen gewaltigen Erzvorkommen« forderte, erwartete der Westen zunächst begierig einen deutschen Raubzug in die Sowjetukraine. So berichtete der französische Botschafter Robert Coulondre am 15. Dezember 1938 aus Berlin: »Die Mittel und Wege sind scheinbar noch nicht endgültig bestimmt, aber das Ziel scheint unverrückbar festzustehen: die Schaffung einer Großukraine, die das Vorratsbecken Deutschlands werden soll.« Anfang Januar 1939 reiste der ehemalige Ukraine-Hetman Skoropadski, der 1918 mit dem wilhelminischen Deutschland kollaboriert hatte, in die Karpato-Ukraine.

Aber am 10. März 1939 erklärte Stalin in einer Parteitagsrede, daß man für etwaige »Verrückte« in Deutschland, die den »Elefanten« Sowjetukraine der »Mücke« Karpato-Ukraine anzugliedern beabsichtigten, in der Sowjetunion genügend Zwangsjacken habe. Am 15. März 1939 absorbierte Hitler die »Rest-Tschechei«, während die Slowakei »unabhängig« wurde. Doch am 16. März ließ er die Karpato-Ukraine nach eintägiger »Unabhängigkeit« von Ungarn annektieren – womit er diese auf Kiew zielende Pistole zunächst aus der Hand legte.

Erst als damit klar wurde, daß Hitler den Angriff auf die Sowjetunion vertagt hatte, und als es möglich erschien, daß er sich zuerst gegen den Westen wenden würde (wie er es in »Mein Kampf« in bezug auf Frankreich angekündigt hatte), schrillten im Westen die Alarmglocken. Hatte Chamberlain anläßlich Hitlers Einzugs in Prag noch erklärt: »Laßt uns deswegen nicht von unserem Kurs (appeasement) abweichen«, so fragte er am 17. März 1939 in einer Rede in Birmingham ungewohnt markig: »Ist dies der letzte Angriff auf ein kleines Land oder sollen ihm noch andere folgen? Ist dies in der Tat ein Schritt in Richtung auf einen Versuch, die Welt mit Gewalt zu beherrschen?«

Nach Österreich und der Tschechoslowakei: Polen

Es war klar, welches Land nun an der Reihe war: Polen war auf drei Seiten – im Süden in der »unabhängigen« Slowakei, im Westen vom Reich und im Norden bis Memel, das Hitler am 23. März 1939 annektierte – von der deutschen Wehrmacht umklammert und konnte nur mit Hilfe der Sowjetunion gerettet werden. Aber das Polen der Obristen und Großgrundbesitzer überschätzte seine militärische Kraft und war unversöhnlich antisowjetisch; 1920/21 hatte es sich im Osten große Gebiete mit 4,5 Millionen Ukrainern und 1,5 Millionen Belorussen einverleibt, so wie es sich auch auf Kosten Litauens und Deutschlands bereichert hatte. 1934 war es Hitlers Sekundant geworden, und noch im Herbst 1938 hatte es sich an der Fledderung der Tschechoslowakei (Gebiet von Teschen) beteiligt. Nun forderte Hitler Danzig und eine exterritoriale Verbindung durch den Polnischen Korridor, der Ostpreußen seit 1919 vom Reich trennte, was Warschau am 26. März 1939 endgültig ablehnte.

Schon am Vortag hatte Hitler zu seinem Heeres-Oberbefehlshaber Walther von Brauchitsch gesagt, Polen müsse »so niedergeschlagen werden, daß es in den nächsten Jahrzehnten nicht mehr in Rechnung gestellt zu werden braucht«. Am 3. April 1939 wies er die Wehrmacht an, den Krieg gegen Polen (»Fall Weiß«) so vorzubereiten, »daß die Durchführung ab 1. 9. 39 jederzeit möglich ist«. Polen war für Hitler ein weiteres Sprungbrett nach Osten, wie er am 23. Mai 1939 vor hohen Militärs klarstellte: »Danzig ist nicht das Objekt, um das es geht. Es handelt sich für uns um Arrondierung des Lebensraums im Osten und Sicherstellung der Ernährung. Aufrollen des Ostsee- und Baltikumproblems . . .«

Als es um das Sprungbrett Polen ging, änderte Chamberlain nur die Methode: Hatte er Hitler Österreich und die Tschechoslowakei dadurch ausgeliefert, daß er diesen Ländern Garantien verweigerte, so erteilte er (mit Frankreich im Schlepptau) Polen am 30. März 1939 eine

»Garantie«, die in Wirklichkeit ein Todeskuß war. England hatte weder die Absicht noch die Macht, Polen vor der Vernichtung zu bewahren; Chamberlain hatte am selben Tag die – übertrieben optimistische – Einschätzung der britischen Stabschefs erfahren, daß Polen nach zwei bis drei Monaten überrannt sein werde. Chamberlain konnte deshalb davon ausgehen, daß Hitlers Armeen, wenn auch geschwächt, wie seine Stabschefs meinten, früher oder später an den Grenzen der Sowjetunion stehen würden; dann könnten sie endlich mit der »Vernichtung der Bolshies« beginnen. Polen war also dazu bestimmt, den deutschen Blitz anzuziehen, der in der Sowjetunion zünden sollte. Deshalb wünschten Chamberlain und sein Außenminister Halifax die u. a. von Churchill und Lloyd George geforderte »Große Allianz« mit der Sowjetunion *nicht,* die den Krieg wahrscheinlich verhindert hätte. Hitler sollte jedenfalls im Juni 1939 sagen, wenn es zum Abschluß eines solchen Bündnisses komme, werde er die Aktion gegen Polen abblasen und im September den »Parteitag des Friedens« abhalten.

Nachdem die Sowjetregierung ganz im Sinne der »kollektiven Sicherheit« schon am 17. April 1939 vorgeschlagen hatte, über den Abschluß eines Beistandspaktes und einer Militärkonvention zwischen der UdSSR, Großbritannien und Frankreich sowie die Garantie der Unabhängigkeit aller an die UdSSR grenzenden Staaten von der Ostsee bis zum Schwarzen Meer zu verhandeln, konnten Chamberlain und Halifax jedoch unter dem Druck der Öffentlichkeit nicht umhin, im Mai 1939 Verhandlungen mit Moskau aufzunehmen. Aber sie führten sie nur zum Schein und so schleppend, daß von 75 Tagen, wie ihnen Stalins Vertrauter Andrej Schdanow am 29. Juli 1939 vorhielt, »59 Tage durch Verzögerung und hinhaltendes Verfahren seitens der Engländer und Franzosen vergeudet wurden«. Sie fühlten sich nicht bemüßigt, einen hochrangigen Vertreter nach Moskau zu schicken (während Chamberlain selbst während der vorjährigen Krise um die Tschechoslowakei dreimal zu Hitler geflogen war), sondern entsandten nur den Foreign Office-Beamten Sir William Strang, der keinen Ministerrang besaß. Ende Juli 1939 ließen sie die politischen Verhandlungen wegen der Frage einer sowjetischen Aktion gegen eine »indirekte Aggression« Deutschlands in den baltischen Ländern (nach der in Österreich angewandten Methode) in der Schwebe.

Ihre Militärdelegierten – der britische besaß nicht einmal eine schriftliche Verhandlungsvollmacht – reisten gemächlich per Dampfer nach Rußland und wußten am 14. August 1939 und danach keine Antwort auf die »Kardinalfrage« Marschall Woroschilows zu geben, ob die Rote Armee durch Polen marschieren könne, um sich mit der Wehrmacht zu schlagen. Die verneinende Antwort überließen sie dem polnischen Außenminister Oberst Beck, der am 19. August 1939 hochmütig erklärte: »Ich lasse nicht zu, daß man in irgendeiner Weise über die Benutzung eines Teiles unseres Gebietes durch ausländische Truppen diskutiert . . . Wir haben kein Militärabkommen mit der UdSSR; wir wollen keines haben.« Damit sprach sich das Warschauer Obristen-Regime selbst das Todesurteil, und die Große Allianz, die Hitler wahrscheinlich im Zaum gehalten hätte, war endgültig vereitelt.

Parallel zu den unaufrichtigen »Verhandlungen« mit der Sowjetunion hatte Chamberlain vom Mai bis in den August 1939 hinein Vertretern Hitler-Deutschlands insgeheim die größten finanziellen Offerten und Avancen machen lassen, um eine britisch-deutsche Verständigung zu erreichen und durch Wiederherstellung der Münchener Viermächte-Eintracht zwischen den Westmächten und den faschistischen Diktaturen die Sowjetunion erneut zu isolieren. Hitler sollte nur einem »Non-Aggression«-Vertrag zustimmen, dann brauchte England seine Verpflichtungen gegenüber Polen nicht zu erfüllen, und Polen wäre, wie der deutsche Botschafter in London, Herbert von Dirksen, feststellte, »gewissermaßen mit Deutschland alleingelassen«. Es müßte dann den deutschen Forderungen nachgeben und würde wahrscheinlich in Hitlers Hakenkreuzzug gegen die Sowjetunion eingereiht werden, dem der Westen, wie schon im Winter 1938/39, wieder voller Erwartung entgegensehen würde. Chamberlains Vorschläge ließen Hitler zunächst jubeln, »daß der Traum seines Lebens, die Verständigung mit den Engländern, doch verwirklicht werden würde«, aber er wollte sie erst aufgreifen, »wenn es an der Zeit ist« – von seinem Polenkrieg ließ er sich durch Appeasement nicht abbringen.

Der deutsch-sowjetische Nichtangriffspakt

Da Hitler vom Krieg nicht mehr abzuschrecken war, weil Chamberlain statt einer Großen Allianz gegen ihn eine antisowjetische »kapitalistische Einheitsfront« mit ihm anstrebte, und da die verblendeten Polen die Hilfe der Roten Armee ablehnten, konnte es für die Sowjetunion realistischerweise nur noch darum gehen, eine »Atempause« (wie schon mehrmals in der Geschichte) zu gewinnen, die Hitler-Wehrmacht nicht an ihre Grenze herankommen zu lassen und die bisher polnisch-beherrschten Ukrainer und Belorussen vor der Nazi-Herrschaft zu bewahren.

Schon am 26. Juli 1939 hatte der deutsche Wirtschaftsdiplomat Julius

Schnurre auf Weisung Ribbentrops dem sowjetischen Geschäftsträger Georgi Astachow Neutralität und eine deutsch-russische Verständigung »auf der ganzen Linie von der Ostsee bis zum Schwarzen Meer und dem Fernen Osten« angeboten. Am 3. August 1939 bekräftigte Ribbentrop selbst gegenüber Astachow, es gebe »kein Problem von der Ostsee bis zum Schwarzen Meer, was zwischen uns nicht zu lösen sei«. Am 14. August 1939 – als die westlich-sowjetischen Militärkommissionsgespräche in Moskau wegen der »Kardinalfrage« eines Durchmarschs durch Polen in die Sackgasse gerieten – wies Ribbentrop seinen Moskauer Botschafter Graf von der Schulenburg an, Stalin und dem Regierungschef und (seit Mai 1939) Außenminister Molotow zur Kenntnis zu bringen, daß Deutschland »keinerlei aggressive Absichten gegen die UdSSR« hege und alle Fragen wie »Ostsee, Baltikum, Polen, Südostfragen usw.« mit ihr regeln wolle. Ribbentrop erklärte sich – im Gegensatz zu Halifax – bereit, baldigst »zu einem kurzen Besuch nach Moskau zu kommen«, und beschwor den Geist Bismarcks und der Rapallo-Politik: »Beiden Ländern ist es früher immer gut gegangen, wenn sie Freunde waren, und schlecht, wenn sie Feinde waren«; sie dürften sich nicht »im Interesse der westlichen Demokratien« zerfleischen.

Erst am 19. August 1939 – die Sowjets hatten den Westmächten nunmehr fünf Tage Zeit gelassen, um die »Kardinalfrage« zu beantworten, die Oberst Beck an diesem Tage abschlägig beschied – teilte Molotow Schulenburg mit, »er habe der Sowjetregierung berichtet und sei beauftragt, mir (Schulenburg) einen Entwurf für den Nichtangriffspakt zu überreichen«; den Besuch Ribbentrops schob Molotow, der keine Eile an den Tag legte, auf den 26. oder 27. August hinaus. Am 20. August 1939 wurde ein deutsch-sowjetisches Wirtschaftsabkommen über einen 200-Millionen-Reichsmark-Warenkredit unterzeichnet. Am selben Tag wandte sich Hitler, der es eilig hatte, persönlich an Stalin mit der Bitte, Ribbentrop schon am 22. oder 23. August zu empfangen. Mit dem letzteren Datum erklärte sich die Sowjetregierung am 21. einverstanden.

In dem am 23. August 1939 in Moskau von Molotow und Ribbentrop in Anwesenheit Stalins unterzeichneten Nichtangriffspakt, der an den Berliner Neutralitätsvertrag von 1926 anknüpfte, verpflichteten sich beide Staaten, »sich jeden Gewaltaktes, jeder aggressiven Handlung und jeden Angriffs gegeneinander, und zwar sowohl einzeln als auch gemeinsam mit anderen Mächten, zu enthalten«. Der Vertrag wurde auf zehn Jahre geschlossen. Eine von Ribbentrop gewünschte »Freundschafts«-Präambel lehnte Stalin mit der Begründung ab, daß die Sowjetunion, die von den Nazis sechs Jahre lang »mit Kübeln von Jauche«

überschüttet worden sei, nicht mit deutsch-russischen Freundschafts-
bekundungen an die Öffentlichkeit treten könne. Der veröffentlichte
Vertrag rief ohnehin eine weltweite Sensation hervor.

Nicht veröffentlicht wurden die Verpflichtungen über die »Abgren-
zung der beiderseitigen Interessensphären in Osteuropa«, mit denen
Hitler den Preis für die Neutralität der Sowjetunion entrichten mußte:
An der Ostsee reihten sie Finnland, Estland und Lettland in die sowjetische und Litauen in die deutsche Einflußsphäre ein; in Polen bildete die
Linie der Flüsse Narew, Weichsel und San die Interessengrenze; »hinsichtlich des Südostens Europas« erklärte die deutsche Seite »das völlige
politische Desinteressement an diesen Gebieten«, während die Sowjetunion »das Interesse an Bessarabien«, der 1918 an Rumänien verlorenen
Provinz, bekundete. Dies alles für den Fall einer »territorial-politischen
Umgestaltung« im Baltikum und in Polen, die am 23. August 1939
durchaus noch durch ein neues »München« mit den Westmächten
denkbar war.

Daß Hitler diesen »Fall« militärisch schuf, indem er am 1. September
1939, dem von ihm seit Anfang April vorgesehenen Datum, Polen angriff, war nicht die Schuld der Sowjetunion, sondern in erster Linie die
Schuld Hitlers und in zweiter Linie Chamberlains und Oberst Becks,
die ein Sowjetbündnis vereitelt hatten. Die Westmächte erklärten
Deutschland erst am 3. September den Krieg und sahen mit ihren
76 Divisionen, denen nur 32 deutsche gegenüberstanden, der Vernichtung Polens untätig zu, obwohl Frankreich im Mai 1939 den Polen »Of-
fensivaktionen« versprochen hatte. In diesem »Sitzkrieg« oder »seltsa-
men Krieg« verharrten sie, bis sie am 10. Mai 1940 selbst von Hitler angegriffen wurden.

Als sich die Reste der polnischen Regierung bereits anschickten, auf
neutrales rumänisches Gebiet zu fliehen, rückte die Rote Armee am
17. September 1939 zur Narew-Weichsel-San-Linie vor, um die West-
ukrainer und Westbelorussen zu schützen. Die dabei besetzten rein
polnischen Gebiete um Lublin und bei Warschau tauschte die Sowjetunion schon bei Ribbentrops zweitem Moskau-Besuch am 28. September 1939 gegen die Einreihung Litauens, dem sie seine alte Hauptstadt
Wilna zurückgab, in ihre Einflußsphäre aus; die sowjetische Grenze gegenüber Polen entsprach nun weitgehend der ethnographischen »Cur-
zon-Linie«, die die Entente 1919 als Polens Ostgrenze vorgesehen hatte. Gleichzeitig verabredeten Ribbentrop und Molotow einen Bevölke-
rungsaustausch, der u. a. die 700jährige Geschichte der deutschbaltischen Volksgruppe sang- und klanglos beendete und die Sowjets von einer potentiellen »fünften Kolonne« befreite.

Der Moskauer Nichtangriffspakt enttäuschte auch Japans Hoffnungen auf deutsche Unterstützung gegen die Sowjetunion: Nachdem sowjetische Truppen unter dem Befehl des damals noch kaum bekannten Generals Georgi K. Schukow die in die verbündete Mongolische Volksrepublik eingedrungenen Japaner im August 1939 am Grenzfluß Chalchin-Gol vernichtend geschlagen hatten, unterzeichnete Japan am 15. September in Moskau ein Grenzabkommen und ließ fortan gegenüber der UdSSR Vorsicht walten. Vor allem aber gewährte der Pakt der Sowjetunion einen Aufschub des Krieges und die Möglichkeit, sich besser auf ihn vorzubereiten.

In der Sowjetunion verschwand im Zeichen des Nichtangriffspaktes Sergej Eisensteins Filmepos »Alexander Newski«, das den Sieg über die Deutschritter verherrlichte, aus den Kinos. In Deutschland schlug die gelenkte Presse auf Goebbels' Geheiß vom 26. August 1939 einen »warmen, sympathischen Ton« gegenüber »Rußland« an, welches, wie sich sogar das SS-Blatt »Das schwarze Korps« erinnerte, schon zweimal, 1762 und 1812, Preußen-Deutschland gerettet habe. Manche Nazis – so der deutschbaltische Parteiphilosoph Alfred Rosenberg – verstanden die Welt nicht mehr. Der Schwerindustrielle Fritz Thyssen, ein früher Förderer Hitlers, wandte sich enttäuscht von diesem ab, weil er mit den Sowjets paktierte, statt sie anzufallen, und setzte sich ins Ausland ab. Aber Thyssen blieb unter den deutschen Großkapitalisten ein Einzelfall, während in hohen Nazikreisen inoffiziell die Parole kursierte, daß es in längstens zwei Jahren zum Krieg gegen die Sowjetunion kommen werde.

Carl Krauch, Aufsichtsratsvorsitzender der IG Farbenindustrie, hatte schon am 28. April 1939 »die Notwendigkeit, im Kriegsfall die Ukraine wehrwirtschaftlich auszunutzen«, betont, und im Mai 1939 hatte Staatssekretär Wilhelm Keppler, der Hitlers erste Fäden zu den Ruhrindustriellen geknüpft hatte, vor dem Zentralausschuß der Reichsbank erklärt, die Sowjetunion müsse »bis zum Ural germanisiert werden«. Hitler selbst hatte am 11. August 1939 dem Danziger Völkerbundskommissar Jacob C. Burckhardt, einem Schweizer Großbürger, gesagt: »Alles, was ich unternehme, ist gegen Rußland gerichtet; wenn der Westen zu dumm und zu blind ist, um dies zu begreifen, werde ich gezwungen sein, mich mit den Russen zu verständigen, den Westen zu schlagen, und dann nach seiner Niederlage mich mit meinen versammelten Kräften gegen die Sowjetunion wenden. Ich brauche die Ukraine . . .« Und am 22. August 1939 – einen Tag, bevor er Ribbentrop den Nichtangriffspakt unterzeichnen ließ – hatte er seinen Generalen erklärt: »Mein Polenpakt (von 1934) war nur als Zeitgewinn gedacht. Und im übrigen, meine Herren, ereignet sich mit Rußland ja nur dasselbe, was ich mit Polen durchexerziert habe. Nach Stalins Tod, er ist ein schwerkranker Mann, zerbrechen wir die Sowjetunion. Dann dämmert die deutsche Erdherrschaft herauf.«

Wenn ihr diese Äußerungen auch vielleicht nicht im einzelnen bekannt wurden, vergaß die Sowjetführung nicht, daß Hitlers Hauptziel der Angriff auf die Sowjetunion war und blieb.

8. Kapitel

»Barbarossa« und der »Große Vaterländische Krieg«, 1940–1945

Mit Hitlers Überfall auf die Sowjetunion vom 22. Juni 1941 begann die blutigste Phase der deutsch-russischen Beziehungen und zugleich die folgenreichste: Die Sowjetunion errang im »Großen Vaterländischen Krieg«, in dem sie von ihren westlichen Alliierten in der Anti-Hitler-Koalition nur mäßig unterstützt wurde, unter schweren Opfern den Sieg und drang in Deutschland ein. Hitlers »Drittes Reich«, das er zu einem tausendjährigen hatte machen wollen, wurde nur wenig mehr als zwölf Jahre alt und lag nach knapp vier Jahren Krieg gegen die Sowjetunion zerschmettert am Boden. Da dem Zweifrontenkrieg, in den Hitler Deutschland bedenkenlos gestürzt hatte, ohnehin die Gefahr der Zerreißung innewohnte, drohte Deutschland die nationale Spaltung. Der deutsche Imperialismus hatte das Deutsche Reich aufs Spiel gesetzt – und verspielt.

Vorbereitung des Überfalls seit Sommer 1940

Als Hitler am 1. September 1939 vor dem Reichstag den Krieg gegen Polen verkündete, hatte er hinsichtlich des Nichtangriffspaktes mit der Sowjetunion heuchlerisch versichert, »daß diese Entscheidung eine ungeheure politische Wende bedeutet und eine endgültige ist«. Aber nachdem er Polen niedergeworfen hatte, trug er schon am 17. Oktober 1939 dem Chef des Oberkommandos der Wehrmacht (OKW), Generaloberst Wilhelm Keitel, auf, »Vorsorge zu treffen, daß das Gebiet (Polen) . . . für einen Aufmarsch ausgenutzt werden kann. Dazu müssen die Bahnen, Straßen- und Nachr.-Verbindungen für unsere Zwecke in Ordnung gehalten werden«. Als er Stalin zum 60. Geburtstag am 21. Dezember 1939 gratulierte, verband er damit beste Wünsche »für eine glückliche Zukunft der Völker der befreundeten Sowjetunion«, aber in einem kleinen Kreis erblickte er im Januar 1940 »die deutsche Mission darin, die Gefahr aus dem Osten zu brechen und den Einfluß des Bolschewismus wieder nach Osten zurückzuschieben«.

Oberflächlich gesehen schien das deutsch-sowjetische Verhältnis von

Freundschaft geprägt zu sein: Anfang 1940 ließ die Goebbels-Zensur Soschtschenkos Satire »Schlaf schneller, Genosse« in Deutschland erscheinen. Am 11. Februar 1940 wurde in Moskau ein deutsch-sowjetisches Handelsabkommen geschlossen, das zusätzlich zu dem im August 1939 vereinbarten einen Güteraustausch im Werte von mindestens 640 Millionen Reichsmark für die nächsten eineinhalb Jahre vorsah. In Berlin führte die Staatsoper Glinkas »Iwan Sussanin« auf.

Hitler jedoch sah den Zeitpunkt für den Angriff auf die Sowjetunion bereits gekommen, als die deutschen Armeen nach Überrennen der Niederlande, Belgiens und Luxemburgs im Norden Frankreichs kämpften, dessen Niederwerfung er schon in »Mein Kampf« als Voraussetzung für Deutschlands »Ausdehnung« nach Osten bezeichnet hatte. Zu Generaloberst Gerd von Rundstedt sagte Hitler am 2. Juni 1940 in dessen Hauptquartier in Charleville: »Jetzt, da die Dinge diesen Punkt erreicht hätten und England vermutlich zum Frieden bereit sei, könne er beginnen, die Rechnung mit dem Bolschewismus zu begleichen.« Obwohl Hitler die britischen Truppen ohne ihre schweren Waffen bei Dünkirchen über den Ärmelkanal entkommen ließ, war die seit dem 10. Mai 1940 von Churchill geführte britische Regierung jedoch nicht bereit, Frieden zu schließen. Nun wollte Hitler, wie er Mitte Juni 1940 zu Ribbentrop sagte, »Rußland schlagen, solange England am Boden liegt«. »Ich habe mich entschlossen, gegen Rußland zu marschieren. Ich bin entschlossen, der bolschewistischen Drohung ein für allemal ein Ende zu machen und uns in Europa die Kolonien zu sichern, die allein eine Garantie für unsere Zukunft sein können.«

Nachdem Frankreich am 22. Juni 1940 kapituliert hatte, notierte General Franz Halder, der Generalstabschef des Heeres, schon am 25. Juni »Umgliederungsbefehle« mit dem »neuen Gesichtspunkt: Schlagkraft im Osten«, und seit Anfang Juli 1940 stellte das Oberkommando des Heeres (OKH) »Vorüberlegungen« über einen Ostfeldzugsplan an. In einer Eingabe an die Reichskanzlei vom 8. Juli 1940 forderte bezeichnenderweise auch der seit den zwanziger Jahren zum »Marsch auf Moskau« rufende Kali-Industrielle Arnold Rechberg die Anwendung von »Waffengewalt« zur »Erschließung« der russischen Gebiete und Naturreichtümer. Am 21. Juli 1940 erteilte Hitler dem Oberbefehlshaber des Heeres, Brauchitsch, Aufträge bezüglich der Planung des Ostkrieges, den er, wie Halder notierte, ursprünglich schon »in diesem Herbst« beginnen wollte. Diesen Termin redeten ihm Keitel und dessen Gehilfe Alfred Jodl jedoch unter Hinweis auf Aufmarschschwierigkeiten und die späte Jahreszeit aus, so daß Hitler am 31. Juli 1940 den Angriff auf das »Frühjahr 1941« festsetzte.

Im August und September 1940 ging es Hitler bereits um die Sicherung der Absprungräume gegen die Sowjetunion in Nord-, Ost- und Südosteuropa: Am 14. August informierte der Wirtschaftsdiktator und -protektor Hermann Göring den Chef des Wehrwirtschafts- und Rüstungsamtes, General Georg Thomas, »daß der Führer eine schnelle und starke Belieferung Finnlands (mit Waffen) wünsche«; am 22. September wurde mit Finnland, das eindeutig in der sowjetischen Sphäre lag, ein Abkommen über Waffenlieferungen und den »Durchmarsch« deutscher Truppen geschlossen. Nach der Verlegung weiterer deutscher Divisionen nach Südpolen befahl Hitler am 20. September die Entsendung von »Militärmissionen« und »Lehrtruppen« nach Rumänien, die bis Februar 1941 auf 680 000 Mann anschwollen.

Über den künftigen Gegner urteilte Hitler noch genauso überheblich, wie er es vor fast zwanzig Jahren bei der Aufstellung seines »Lebensraum«-Programms getan hatte: »Der russische Mensch ist minderwertig.« Die sowjetische Armee sei »führerlos«. »Der Russe ist uns waffenmäßig unterlegen wie die Franzosen«, sagte er gegenüber Brauchitsch und Halder am 5. Dezember 1940. Hitler forderte: »Russische lebendige Kraft vernichten; regenerationsfähige Körper dürfen nicht mehr vorhanden sein« und erklärte: »Die Entscheidung über die europäische Hegemonie fällt im Kampf gegen Rußland.« Dieses größenwahnsinnige »Denken« ging in Hitlers Weisung Nr. 21 vom 18. Dezember 1940 über den Fall »Barbarossa« ein (als Tarnbezeichnung für seinen Ostfeldzug hatte Hitler den Beinamen Kaiser Friedrichs I. gewählt, offenbar ohne zu bedenken, daß dieser 1190 auf einem Kreuzzug in Kleinasien umgekommen war): »Das Endziel der Operationen ist die Abschirmung gegen das asiatische Rußland auf der allgemeinen Linie Wolga-Archangelsk.« Am 3. Februar 1941 rief Hitler aus: »Wenn Barbarossa steigt, wird die Welt den Atem anhalten und sich still verhalten.«

Anmaßend nannte Hitler die Sowjetunion einen »Koloß auf tönernen Füßen« und prahlte: »Wir brauchen das Tor nur aufzustoßen, und das ganze morsche Gebäude wird zusammenbrechen.« Die in Opposition zu Hitler stehenden ehemaligen führenden Militärs Kurt von Hammerstein und Ludwig Beck waren sich am 8. Januar 1941 einig, daß der Krieg mit Rußland den endgültigen Verlust des ganzen Krieges bedeuten würde, aber die aktiven hohen Militärs taten es ihrem arroganten »Führer« gleich: Jodl sprach von einer Schweinsblase, die ein einziger Stich zerplatzen lassen werde; Halder sagte: »Man braucht nur einmal mit der Faust hineinzuhauen, und das Ganze geht in Stücke.« Halder war sich eines Blitzsieges im Osten so gewiß, daß er sich bereits am

5. Mai 1941 über »Aufgaben der kriegsgeschichtlichen Arbeiten ab Herbst 1941 nach Erledigung unserer europäischen Aufgaben« Gedanken machte. Auch Goebbels rechnete am 15. Juni 1941 mit einem nur vierteljährigen Krieg im Osten, und Ribbentrop, der sich vorübergehend als geistiger Erbe Bismarcks gefühlt hatte, machte es am gleichen Tag gegenüber seinem italienischen Kollegen Galeazzo Ciano noch kürzer: »Wenn wir angreifen, wird das Rußland Stalins in acht Wochen von der Landkarte ausgelöscht sein.« – So sprachen Leute, denen eine Reihe von leichten Siegen so zu Kopf gestiegen war, daß sie die eigene Kraft und »Qualität« total überschätzten, aber so sprachen keine Leute, die sich von der Sowjetunion so bedroht fühlten, daß sie ihr »präventiv« begegnen mußten.

Hitlers »Präventivkriegslüge«

Die »Präventivkriegslüge«, in der Hitlers häufiges Gerede von der »Gefahr aus dem Osten« und der »bolschewistischen Drohung« am 22. Juni 1941 gipfelte, wird durch das tatsächliche defensive Verhalten der Sowjetunion seit Abschluß des Nichtangriffspaktes voll widerlegt:

Aus der Umgebung Warschaus, von wo aus die Rote Armee am direktesten Berlin hätte bedrohen können, zog sie sich gemäß dem Grenzabkommen vom 28. September 1939 rund 150 Kilometer weit nach Osten hinter den Bug zurück. Als Hitler sich am 10. Mai 1940 mit 136 Divisionen im Westen engagierte, ließ er im Osten des Reiches und im besetzten Polen nur vier aktive Infanterie- und neun Landesschützendivisionen zurück; die Rote Armee hätte, ohne auf nennenswerten Widerstand zu stoßen, nach Berlin marschieren können, tat es aber nicht – ein Argument, das u. a. Botschafter Graf Schulenburg gegenüber Hitler vergebens gebrauchte, um ihn von der defensiven Haltung der UdSSR zu überzeugen. Für Hitlers in der ersten Hälfte des Juni 1940 gefällten Entschluß, demnächst gegen Rußland zu marschieren, war »der Einmarsch der Russen in das Baltikum und in Bessarabien nicht ausschlaggebend«, wie Ribbentrop zugab. Vielmehr lösten Hitlers unerwartet schnelle Erfolge in Frankreich die sowjetischen Maßnahmen vom 15. bis 23. Juni 1940 aus, um die traditionelle baltische Vormarschstraße Deutschlands zu sperren und das vorher dicht an der rumänischen Grenze gelegene Odessa zu schützen. (Auch Großbritannien und die USA verlegten damals ihre Verteidigungslinien vor, indem sie u. a. Island und Grönland besetzten.) Stalin, der die Thesen von »Mein Kampf« kannte, wußte, daß die Ausschaltung Frankreichs der

Prolog zum Angriff auf sein eigenes Land sein sollte, das in Kürze einem siegestrunkenen Hitler-Deutschland auf dem Kontinent allein gegenüberstehen würde.

Die Sowjetunion griff auch nicht, wie in Deutschland befürchtet, nach den für das Reich kriegswichtigen finnischen Nickel- und rumänischen Ölvorkommen, obwohl beide unweit ihrer Grenzen lagen. Weder ließ sie sich von Churchill, der ihr im Juli 1940 die »Führung des Balkans« anbot, auf die britische Seite ziehen, noch umgekehrt in einen Krieg gegen England durch grandiose Weltaufteilungspläne, die Hitler und Ribbentrop im November 1940 in Berlin Molotow unterbreiteten; diese Vorschläge wurden offenbar mit dem Hintergedanken gemacht, daß die Sowjetunion um so leichter überfallen werden könne, wenn sie zuvor durch einen Angriff auf britisches Territorium im Orient selbst eine »kapitalistische Einheitsfront« herbeiführte. Aber gerade die Möglichkeit einer solchen Einheitsfront gegen die Sowjetunion – besonders, wie es schien, nach dem Schottland-Flug von Hitlers Parteistellvertreter Rudolf Heß am 10. Mai 1941 – fürchtete Stalin und bestärkte ihn in dem Entschluß, nichts zu tun, was Hitler provozieren könnte.

Der erste Bearbeiter der deutschen Angriffspläne, Generalmajor Erich Marcks, konstatierte schon in seinem am 5. August 1940 Halder vorgelegten »Operationsentwurf Ost« ironisch: »Die Russen werden uns nicht den Liebesdienst eines Angriffs erweisen.« Halder selbst notierte in seinem »Kriegstagebuch«: »Es liegen keine Anzeichen für russische Aktivität uns gegenüber vor« (22. 7. 1940); »Ich glaube nicht an eine russische Initiative« (22. 3. 1941); »Ich halte sie aber für völlig unwahrscheinlich« (6. 4. 1941); »Rußland wird alles tun, um den Krieg zu vermeiden« (5. 5. 1941). Da dies der Wirklichkeit entsprach, wurde deutscherseits zuletzt die »Feindlage«-Karte gefälscht, um Hitlers »Präventivkriegslüge« zu untermauern. Der damalige Oberstleutnant im Wehrmachtsführungsstab, Bernhard von Loßberg, prahlte später, daß er Ordonnanzoffizieren gesagt habe: »Jungs, zeichnet ordentlich etwas hinein!« und ihren ersten Entwurf mit den Worten zurückgewiesen habe: »Noch nicht dick genug, noch mehr hineinzeichnen!« Diese gefälschte Karte wurde dann in Berlin der Presse vorgelegt als »Beweis« für die Gefährlichkeit des sowjetischen Aufmarsches.

Pläne für Ausbeutung, Terror und Versklavung

Während die Sowjetunion auch ihre wirtschaftlichen Verpflichtungen so getreulich erfüllte, daß selbst am Tage des deutschen Angriffs noch sowjetische Güterzüge über die Grenze rollten, hatte Hitler schon am 14. August 1940 Anweisung gegeben, deutsche Lieferungen »nur noch bis zum Frühjahr 1941« auszuführen. Trotzdem wurde am 10. Januar 1941 ein weiteres großes Wirtschaftsabkommen geschlossen. Zehn Tage später sagte Hitler zu Mussolini: »Wir haben zwar sehr günstige politische und wirtschaftliche Verträge mit Rußland, aber ich verlasse mich lieber auf meine Machtmittel.«

Am 26. Februar 1941 bezeichnete der Wehrwirtschafts- und Rüstungsgeneral Thomas gegenüber Göring das kaukasische Treibstoffgebiet als »unentbehrlich«, und zwei Tage später schaltete Thomas bereits »zuverlässige Persönlichkeiten deutscher Konzerne« in seine Planungen ein. Eine unter maßgeblicher Beteiligung der IG Farbenindustrie und der Deutschen Bank am 27. März 1941 gegründete Kontinentale Öl AG erhielt das »Recht«, sich die Mineralölindustrie in den eroberten Gebieten auf 99 Jahre hinaus anzueignen.

Am 30. März 1941 sprach Hitler von »kolonialen Aufgaben« in Rußland – für ihn war es Deutschlands »Afrika« und »die Russen unsere Neger« – und umriß das »künftige Staatenbild«: »Nordrußland gehört zu Finnland. Protektorate Ostseeländer, Ukraine, Weißrußland.« Zum »Beauftragten für die zentrale Bearbeitung der Fragen des osteuropäischen Raumes« ernannte Hitler am 20. April 1941 Alfred Rosenberg, der sich sofort daranmachte, die europäische Sowjetunion in vier »Reichskommissariate« zu zerlegen: Ostland (Baltikum und Belorußland), Ukraine, Kaukasien und Moskowien. Die Ukrainer wollte Rosenberg gegen das Großrussentum ausspielen, aber für Hitler waren auch sie nur »slawische Untermenschen«, die rücksichtslos ausgebeutet werden sollten.

Görings oberste Zentralstelle für Rußland forderte am 2. Mai 1941, die gesamte Wehrmacht aus Rußland zu ernähren, und nahm eiskalt in Kauf: »Hierbei werden zweifellos -zig Millionen Menschen verhungern, wenn von uns das für uns Notwendige aus dem Lande herausgeholt wird.« Die Arbeiterfamilien der sowjetischen Industrieregionen sollten einfach verhungern, sofern sie nicht »in die sibirischen Räume abgelenkt« werden könnten, wie eine Richtlinie von Görings »Wirtschaftsstab Ost« vom 23. Mai 1941 vorsah. Und Rosenberg erklärte seinen Mitarbeitern zwei Tage vor dem Überfall: »Wir sehen durchaus nicht die Verpflichtung ein, aus den Überschußgebieten das russische Volk mitzuernähren . . . Dem Russentum werden sicher sehr schwere Jahre bevorstehen.«

Im März 1941 hatte auch die Planung zur Terrorisierung und Versklavung der Sowjetbevölkerung begonnen: Zur Ausrottung der »jü-

disch-bolschewistischen Intelligenz« wurden die bereits in Polen er-
probten Mordkommandos der »Einsatzgruppen« unter der Zuständig-
keit des SS- und Polizeichefs Heinrich Himmler aktiviert; eine
OKW-Weisung vom 13. März 1941 wies ihnen »Sonderaufgaben« im
Operationsgebiet des Heeres zu. Am 17. März 1941 erklärte Hitler gegenüber Halder und Oberst Heusinger (dem späteren ersten Generalin-
spekteur der Bundeswehr): »Im großrussischen Bereich ist Anwendung
brutalster Gewalt notwendig. Weltanschauliche Bande halten das russische Volk noch nicht fest genug zusammen. Es wird mit dem Beseitigen
der Funktionäre zerreißen.« Am 30. März 1941 schärfte Hitler einer
Versammlung von Generalen ein: »Wir müssen vom Standpunkt des
soldatischen Kameradentums abrücken. Der Kommunist ist vorher
kein Kamerad und nachher kein Kamerad. Es handelt sich um einen
Vernichtungskampf . . . Vernichtung der bolschewistischen Kommis-
sare und der kommunistischen Intelligenz . . .« Am 13. Mai 1941 erließ
der OKW-Chef Keitel im Namen Hitlers eine Weisung, die die ordent-
liche Militärgerichtsbarkeit weitgehend ausschaltete: »Tatverdächtige
Elemente (werden) sogleich einem Offizier vorgeführt. Dieser ent-
scheidet, ob sie zu erschießen sind. Für Handlungen, die Angehörige
der Wehrmacht und des Gefolges gegen feindliche Zivilpersonen bege-
hen, besteht kein Verfolgungszwang . . .«.

Der Verlauf des Krieges im Osten

Um 4 Uhr früh am 22. Juni 1941, einem Sonntag, begann Hitler den
Angriff auf die Sowjetunion mit einem Ostheer von (einschließlich der
Verbündeten) 195 Divisionen und 3,5 Millionen Mann. Ihm gegenüber
standen in den westlichen Militärbezirken der Sowjetunion nur 2,5 Millionen Mann, die an der Grenze zum großen Teil nicht rechtzeitig alarmiert worden waren, weil Stalin Hitler nicht provozieren wollte. Die
Angreifer kamen deshalb schnell voran und konnten große Truppen-
massen einkesseln. Doch die Rote Armee floh nicht, sondern zog sich
kämpfend zurück: »Auch wo sie eingekesselt waren, hielten die Russen
die Stellung und kämpften«, bestätigte der deutsche General Blumen-
tritt. Die deutschen »Einzelheiten über die Feindlage« mit dem Stand
vom 27. Juli 1941 konstatierten erstaunt: »Der Kampfwille des russischen Volkes ist noch nicht gebrochen. Auflehnung gegen die Regierung oder das System ist bisher noch nicht in Erscheinung getreten.«
Die ersten T-34-Panzer, die anerkannt besten des Zweiten Weltkrieges,
tauchten auf und lösten auf deutscher Seite einen »Panzerschreck« aus.

Schon am 8. August 1941 notierte Goebbels, »daß wir über den Rüstungsstand der Sowjetunion ziemlich falsch unterrichtet gewesen sind«, und am 11. August mußte Halder sich eingestehen, »daß der Koloß Rußland . . . von uns unterschätzt worden ist«. Hitler dagegen behauptete in einer Rede am 3. Oktober, »daß dieser Gegner bereits gebrochen ist und sich nie wieder erheben wird«.

Seine letzten Hoffnungen auf einen siegreichen »Blitzkrieg« im Jahre 1941 wurden jedoch zerstört, als die Rote Armee mit frischen Reserven aus Sibirien am 6. Dezember 1941 vor Moskau die Offensive ergriff, nachdem der aus Baku gebürtige Richard Sorge gemeldet hatte, daß Japan die Sowjetunion nicht angreifen werde. Bis zum Frühjahr 1942 trieb die Rote Armee die Wehrmacht stellenweise bis zu 300 Kilometer nach Westen zurück, und Halder mußte registrieren: »Die Legende von der Unbesiegbarkeit der deutschen Wehrmacht war zerstört.« Im Sommer 1942 wollte Hitler noch einmal den Sieg erzwingen, indem er seine Armeen sowohl auf Stalingrad wie den Kaukasus ansetzte – ein Versuch, gleichzeitig zwei Hasen zu jagen, wie Stalin sagte.

Im Winter 1942/43 wurde die Wehrmacht in Stalingrad eingekesselt und geschlagen; den nördlichen Kaukasus hatte sie wieder räumen müssen. Im Juli 1943 zerschlug die Rote Armee die letzte deutsche Großoffensive bei Kursk und ging sofort zur Gegenoffensive über, die sie bis Ende September 1943 tief in die Ukraine an den Dnjepr zurückführte. Alle diese Erfolge hatte die Sowjetunion ohne wesentliche Entlastung durch ihre anglo-amerikanischen Verbündeten errungen. Da diese eine »zweite Front« in Westeuropa verweigerten, befanden sich die Beziehungen zwischen der Sowjetunion und den Westmächten im Sommer 1943 auf einem Tiefpunkt.

In dieser Situation bot sich Deutschland eine einmalige Chance, aus dem verlorenen Krieg unter Rettung des Reiches in seinen Grenzen von 1937 herauszukommen: Das von deutschen Emigranten und Kriegsgefangenen im Lager Krasnogorsk bei Moskau am 12./13. Juli 1943 gegründete »Nationalkomitee Freies Deutschland« rief zur Ersetzung Hitlers durch eine Regierung auf, die »den Krieg sofort abbrechen, die deutschen Truppen an die Reichsgrenzen zurückführen und Friedensverhandlungen unter Verzicht auf alle eroberten Gebiete einleiten« müsse. Zwei Monate später appellierten 95 Mitglieder des »Bundes deutscher Offiziere« in sowjetischer Gefangenschaft speziell an die Heerführer und Offiziere der Wehrmacht, »die Wahrheit zu sehen und demgemäß kühn und unverzüglich zu handeln . . . um Hitler und sein Regime zu entfernen«. Aber diese Appelle verhallten ungehört. Auch in Stockholm fanden in jener Zeit Sondierungen statt, hinter denen Ribbentrop stand, der sich jedoch gegen den auf seinen Raub versessenen Hitler nicht durchsetzen konnte.

Die illegale deutsche Linke war unter den Bedingungen des Nazi-Polizeistaats zu einem Umsturz nicht in der Lage; schon im Herbst 1942 hatte die Gestapo die prosowjetische Gruppe um Arvid von Harnack und Harro Schulze-Boysen zerschlagen. Der konservative Widerstand wiederum, der durch seinen Einfluß auf hohe Militärs am ehesten hätte handeln können, jagte der Schimäre eines separaten Westfriedens gegen den Osten nach und verschmähte – mit Ausnahme Einzelner wie des ehemaligen Moskau-Botschafters Graf Schulenburg – einen Ostfrieden. Die Tatenlosigkeit seiner Herrenschicht machte Deutschland vom Subjekt der Politik zum Objekt der Beschlüsse der Anti-Hitler-Koalition von Teheran im November 1943; als der konservative Widerstand sich am 20. Juli 1944 endlich zum Putsch gegen Hitler aufraffte, tat er es verspätet und erfolglos.

1944 wurde das Jahr der zehn Siege für die Sowjetunion: Im Januar wurde die Blockade Leningrad endgültig durchbrochen. Im Februar und März schlug die Rote Armee die große Kesselschlacht von Korsun (Tscherkassy) in der Ukraine und stieß dann nach Rumänien hinein. Im April wurde Odessa befreit, im Mai die Krim endgültig gesäubert. Im Juni wurde Finnland ausgeschaltet. Ebenfalls im Juni – zur Entlastung der endlich in der Normandie gelandeten Westalliierten – zerschlug die Rote Armee die deutsche Heeresgruppe Mitte und stieß bis Warschau vor. (Was den Vorwurf betrifft, die Rote Armee habe vor Warschau haltgemacht, um die Niederschlagung der verfrüht ausgelösten nationalpolnischen Erhebung »tatenlos« zuzusehen, so war es nach dem damaligen deutschen Generalstabschef Guderian »unsere Verteidigung, die den Feind zurückhielt, und nicht ein russischer Wunsch, den Warschauer Aufstand zu sabotieren«.) Im Juli wurde Lwow (Lemberg) wiedergewonnen. Im August wurde Rumänien zur Kapitulation gezwungen. Im September war der größte Teil des Baltikums befreit. Im Oktober drang die Rote Armee in Ungarn, die Slowakei und Jugoslawien ein und vertrieb die Wehrmacht aus Petsamo und Nordnorwegen.

1945 war Deutschland selbst dem Zugriff der Roten Armee ausgesetzt. Mit einer Offensive zur Entlastung der in den Ardennen bedrängten Alliierten hatte sie bis Ende Januar in Ostpreußen und Schlesien die Reichsgrenze von 1937 überschritten und im Mittelabschnitt die Oder erreicht; sie stand nun etwa 70 Kilometer vor Berlin. Am 16. April setzte sie von der Oder aus zum Stoß gegen Berlin an, wo Hitler in seinem Bunker am 30. April Selbstmord beging. Mit der bedingungslosen Kapitulation vom 8. Mai 1945 folgte ihm sein »Drittes Reich«.

Schon am 14. März 1945 hatte Goebbels (der sich und seine ganze Familie umbrachte) anläßlich Stalins 300. »Tagesbefehl des Sieges« gestanden: »Eigentlich hätten wir schon beim dritten aufhorchen müssen; aber wir haben den 30., ohne daraus ernste Konsequenzen zu ziehen, spurlos an uns vorübergehen lassen, und nun müssen wir den 300. auf uns nehmen wie ein dunkles Verhängnis. Es ist nicht ganz unrichtig, wenn in dem Stalinschen Tagesbefehl gesagt wird, daß bei diesen 300 Etappen des bolschewistischen Sieges die deutsche Militärmaschine zum größten Teil zertrümmert worden sei.« Wieder einmal hatte sich bewahrheitet: Wer so vermessen war, Rußland/die Sowjetunion anzugreifen, der erlitt seine »Rußlandkatastrophe«, den traf ein vernichtender Gegenschlag.

Die Verluste und Leiden der Völker

Dabei ist das Schicksal, das Deutschland ereilte, nicht mit dem zu vergleichen, das Hitler der Sowjetunion bereitete oder bereiten wollte: Sein »feststehender Entschluß« war es, »Moskau und Leningrad dem Erdboden gleichzumachen«, und in Stalingrad wollte er die »männliche Bevölkerung vernichten, (die) weibliche abtransportieren«, wie Halder überlieferte.

Das Baltikum und die Krim sollten Reichsgebiete werden, das Gebiet der Wolgadeutschen wollte er annektieren – was diese mit der Deportation nach Kasachstan bezahlen mußten –, die Halbinsel Kola mit ihren Nickelvorkommen sollte zu Deutschland kommen, ebenso die Ölfelder von Baku. Diese Ziele entwickelte Hitler in einer Konferenz am 16. Juli 1941, an der u. a. sein »Ostminister« (seit dem 7. Juli 1941) Rosenberg, der Parteisekretär Martin Bormann und Göring teilnahmen. Letzterer erklärte bei dieser Gelegenheit, »der Riesenraum müsse natürlich so rasch wie möglich befriedet werden; dies geschehe am besten dadurch, daß man jeden, der nur schief schaue, totschieße«.

Am 23. Juli 1942 entwickelte Bormann Rosenberg noch einmal Hitlers Ansichten, die ein Beamter des Ostministeriums wie folgt zusammenfaßte: »Die Slawen sollen für uns arbeiten. Soweit wir sie nicht brauchen, mögen sie sterben . . . Bildung ist gefährlich. Es genügt, wenn sie bis hundert zählen können . . . Die Religion lassen wir ihnen als Ablenkungsmittel. An Verpflegung bekommen sie nur das Notwendige. Wir sind die Herren, wir kommen zuerst.« Bei der Behandlung der slawischen »Untermenschen« wurden keine nationalen Unterschiede gemacht: Ende August 1942 erklärte der »Reichskommissar« in der Ukraine, Erich Koch, »daß wir es mit einem in jeder Hinsicht minderwertigen Volk zu tun haben . . . Wenn dieses Volk zehn Stunden am Tag arbeitet, arbeitet es acht davon für uns. Nur keine Gefühlsduseleien!« Der von Himmler 1942 gebilligte »Generalplan Ost« sah die Aussiedlung – Vertreibung – von 65 Prozent der Ukrainer und 75 Prozent der Belorussen nach Sibirien vor.

Bei der »Anwerbung« von Millionen Arbeitskräften aus den Ostgebieten wurden, wie ein Beamter des Ostministeriums, Otto Bräutigam, in einem Memorandum vom 25. Oktober 1942 feststellte, »Methoden angewandt, die wohl nur in den schwärzesten Zeiten des Sklavenhandels ihr Vorbild haben. Es setzte eine regelrechte Menschenjagd ein. Ohne Rücksicht auf Gesundheitszustand und Lebensalter wurden die Menschen nach Deutschland verfrachtet.« Die Nutznießer waren hauptsächlich die großen deutschen Konzerne wie Krupp, Flick, IG Farben etc., die sich »Ostarbeiter« wie Sklaven hielten und sich Betriebe in den besetzten Gebieten aneigneten. Die deutsche Großwirtschaft stellte sich, wie schon im Ersten Weltkrieg, darauf ein, »daß Deutschland nach dem Krieg Europa beherrschen wird und daß folglich insbesondere die ost- und südosteuropäischen Gebiete in den deutschen Bereich gehören«, wie Hermann Josef Abs von der Deutschen Bank am 17. Juli 1941 vor dem Handelspolitischen Ausschuß der Reichswirtschaftskammer erklärt hatte. Der stellvertretende Vorsitzende der Kontinentalen Oel AG, Karl Blessing, konnte schon in seiner ersten Bilanz am 13. Januar 1942 berichten, daß die Ausbeutung im Baltikum, in Weißrußland und in der Ukraine auf vollen Touren laufe. (Abs und Blessing wurden in der BRD politisch einflußreiche Bankiers.) Die Rosenberg unterstehende Beschaffungsgesellschaft Ost mbH spezialisierte sich auf die industrielle Ausplünderung des Landes und führte die geraubten Maschinen im wesentlichen der deutschen Rüstungsindustrie zu.

Aber auch die kleinbürgerliche Wirtschaft profitierte, wie aus einem Aktenstück des Rosenberg-Ministeriums vom 12. Juni 1944 hervorgeht, in dem es heißt: »Die Heeresgruppe Mitte hat die Absicht . . . 40000–50000 Jugendliche im Alter von 10–14 Jahren zu erfassen und ins Reich zu bringen . . . Von seiten des deutschen Handwerks wird diese Aktion äußerst begrüßt, da man hierin eine entscheidende Maßnahme zur Behebung des Mangels an Lehrlingen sieht.« Diese Kinderverschleppung trug den Decknamen »Heuaktion« und wurde von der Heeresgruppe Ukraine-Nord des Feldmarschalls Walter Model ausgeführt.

Die Ausplünderung der sowjetischen Bauern wurde unter Rosenbergs Aufsicht von der Zentral-Handelsgesellschaft Ost für landwirt-schaftlichen Absatz und Bedarf mbH (ZO) besorgt, die von ihrer Gründung bis zum 31. März 1944 »ungefähr 5,6 Milliarden Reichs-mark« Umsatz erzielte und Agrargüter abtransportierte, die »1 418 000 Eisenbahngüterwagen und 472 000 Tonnen Schiffsraum« füllten. Bei ihrem Abzug nahm die ZO neben Landwirtschaftsmaschi-nen noch einmal 22 400 Güterwagenladungen »mit Getreide, Leinsa-men und anderem Saatgut« mit – eine Ursache von Versorgungsschwie-rigkeiten in der Sowjetunion noch nach Ende des Krieges, die auch die deutschen Kriegsgefangenen zu spüren bekamen.

Nach sowjetischen Angaben wurden in dem von 88 Millionen Men-schen bewohnten Besatzungsgebiet 15 Großstädte, 1 710 Kleinstädte und 70 000 Dörfer ganz oder teilweise verwüstet und sechs Millionen Häuser angezündet oder demoliert, wodurch 25 Millionen Menschen ihr Obdach verloren. Der gesamte Sachschaden für die sowjetische Volkswirtschaft wurde mit 679 Milliarden Rubel beziffert. Dafür for-derte die Sowjetunion auf der Konferenz von Jalta im Februar 1945 be-scheidene 10 Milliarden Dollar Reparationen von Deutschland, d. h. weniger als ein Drittel der Summe, die die Westmächte 1921 nach dem viel weniger zerstörerischen Ersten Weltkrieg von Deutschland verlangt hatten.

Am schrecklichsten waren die Verluste an Menschenleben: Während die deutschen Verluste im Ostkrieg und durch die sich anschließende Ausweisung der Deutschen aus Ost-Mitteleuropa rund fünf Millionen Tote betrugen, hatte die deutsch-faschistische Aggression mehr als 20 Millionen Sowjetbürgern den Tod gebracht, einem Zehntel der Ge-samtbevölkerung der UdSSR. Die Rote Armee allein zählte 13,6 Mil-lionen Tote, von denen »annähernd 3,7 Millionen in deutschen Lagern verhungert, den Seuchen erlegen, vergast, erschossen oder durch Miß-handlungen zu Tode gebracht worden sind«, wie Manfred Rexin schrieb. Hitler hatte sowjetische Vorschläge, sich nach der Haager Landkriegsordnung und der Genfer Konvention über die Behandlung von Kriegsgefangenen zu richten, abgelehnt, weil die Sowjets bei einem Vergleich der Namenslisten feststellen könnten, daß »nicht alle in deut-sche Hände gefallenen Soldaten am Leben seien«.

Über die sowjetischen Ziviltoten schrieb Alexander Werth: »Einige Millionen Zivilisten starben unter deutscher Besatzung, darunter etwa zwei Millionen Juden und die Opfer der deutschen Maßnahmen gegen die Partisanen. Rund eine Million Menschen fanden allein in Leningrad den Tod; einige weitere Millionen Menschen dürften dem jahrelangen Mangel an Lebensmitteln, Medikamenten etc. überall in Rußland zum

Opfer gefallen sein. Bei den Evakuierungen der Jahre 1941 und 1942, bei Tieffliegerangriffen gegen Flüchtlinge und der Bombardierung russischer Städte werden weitere Hunderttausende ums Leben gekommen sein. Allein in Stalingrad fanden etwa 60000 Zivilisten den Tod.«

Kein Wunder, daß die Rotarmisten, als sie nach langen Märschen – an Nazi-Galgen, Vernichtungslagern und Massengräbern vorbei – deutschen Boden betraten, von Haß auf die Nazi-»Herrenmenschen« erfüllt waren, von denen nicht wenige am liebsten mit den Westmächten gegen die Sowjetunion weitergekämpft hätten. Was Deutschland unter Hitler der Sowjetunion angetan hatte, bestimmte ihre Sicherheitspolitik nach dem Zweiten Weltkrieg: Nie wieder würde sie einem Angreifer Anlaß bieten, ihre Stärke zu unterschätzen.

9. Kapitel

Kalter Krieg und Spaltung: BRD, DDR und UdSSR, 1945–1969

Als Folge des Krieges, den Hitler-Deutschland unprovoziert entfesselt hatte, wurde das nördliche Ostpreußen mit Königsberg sowjetisch, und die Sowjetunion wurde Besatzungsmacht in jenem Rumpfdeutschland, das übrigblieb, nachdem Polen, wie Seeckt 1933 prophezeit hatte, zur Oder (und westlichen Neiße) vorgedrungen war und Hitlers Erwerbungen wieder abgetrennt worden waren. Die Entwicklung der Beziehungen zur Sowjetunion verlief in Deutschland fortan getrennt und schroff gegensätzlich: Aus den westlichen Besatzungszonen, wo der für den Krieg verantwortliche deutsche Imperialismus, wenn auch nach zwei verlorenen Weltkriegen geschwächt, als Hilfskraft des US-Imperialismus überlebte, ging die sowjetfeindliche Bundesrepublik Deutschland (BRD) hervor. In der sowjetischen Besatzungszone, wo der Imperialismus mit Stumpf und Stiel ausgerotten wurde, entstand die Deutsche Demokratische Republik (DDR) mit engen Freundschaftsbeziehungen zur UdSSR.

In Deutschland entstehen zwei Staaten

Die Sowjetunion als einzige Macht in Europa, die ein einheitliches Deutschland »verkraften« konnte, war für die Spaltung Deutschlands nicht verantwortlich. Schon am 9. Mai 1945 erklärte Stalin: »Die Sowjetunion feiert den Sieg, wenn sie sich auch nicht anschickt, Deutschland zu zerstückeln oder zu vernichten«, und in der sowjetischen Zone war auf Spruchbändern seine Parole vom 23. Februar 1942 zu lesen: »Die Hitler kommen und gehen, aber das deutsche Volk, der deutsche Staat, bleibt.«

Im Interesse des Überlebens seiner Klasse, und sei es um den Preis der Einheit Deutschlands, äußerte dagegen der westdeutsche Industrielle und ehemalige Finanzier Hitlers, Fritz Thyssen, bereits am 14. Mai 1945 in einem amerikanischen Zeitungsinterview den Wunsch, einen unabhängigen Rheinland-Staat zu schaffen und zu einer Nation wie

Holland oder Belgien zu machen. Am selben Tag vertraute der US-Marineminister James V. Forrestal einem Senator an, daß er eine Vereinigung der Deutschen mit den Russen fürchte; Forrestal vertrat das New Yorker Bankhaus Dillon, Read & Co., das zwischen den Kriegen große Kredite nach Deutschland, u. a. an Thyssen, vergeben hatte, und fürchtete wohl den Verlust solcher Investitionen. Und der damalige Kölner Oberbürgermeister Konrad Adenauer erklärte am 5. Oktober 1945, ähnlich wie Thyssen: »Das beste wäre . . . sofort wenigstens aus den drei westlichen Zonen einen Bundesstaat zu bilden«, dessen Wirtschaft mit der Frankreichs und Belgiens verflochten werden solle.

Adenauer, der schon 1919 eine »Westdeutsche Republik« gefordert hatte, um Deutschland einseitig nach Westen zu orientieren, war stolz darauf, daß er »auf der weißen Liste der Amerikaner als Nr. 1 für ganz Deutschland geführt wurde«; er war eng befreundet mit dem Bankier Robert Pferdmenges aus der 1932/33 von Papen vertretenen Kapitalgruppe und durch seine der Kölner Großbürgerfamilie Zinsser entstammende zweite Frau mit einflußreichen Vertretern des New Yorker Kapitals wie dem späteren Hochkommissar John J. McCloy verwandt. Als Vorsitzender der Christlich Demokratischen Union (CDU), in der sich das Bürgertum sammelte, war Adenauer dazu berufen, die westdeutschen, amerikanischen und französischen Kapitalinteressen unter einen Hut zu bringen. Sein sozialdemokratischer Gegenspieler Kurt Schumacher leistete der Spaltungspolitik dadurch Vorschub, daß er die von vielen Sozialisten gewünschte Vereinigung von SPD und KPD bekämpfte, so daß die in Berlin im April 1946 gegründete Sozialistische Einheitspartei Deutschlands (SED) auf die Sowjetzone beschränkt blieb. Für Schumacher waren die Sowjets »Feinde« und deutsche Kommunisten schlicht »Russen«; wie Adenauer mißachtete er das sowjetische Sicherheitsbedürfnis.

Inzwischen hatte die Potsdamer Konferenz der USA, Großbritanniens und der UdSSR vom 17. Juli bis 2. August 1945 festgelegt, daß Deutschland als eine »wirtschaftliche Einheit« behandelt werden solle, aber die USA unterminierten dieses Prinzip sofort dadurch, daß sie die Sowjetunion zwangen, ihre auf zehn Milliarden Dollar bezifferten Reparationen fast ausschließlich aus ihrer eigenen Besatzungszone zu befriedigen, in der es im Gegensatz zu Westdeutschland anfänglich kaum Schwerindustrie gab. Der amerikanische Präsident Harry S. Truman hatte ferner durchgesetzt, daß es »bis auf weiteres« keine deutsche Zentralregierung geben solle, sondern nur solche zentralen Verwaltungsabteilungen, die dem Alliierten Kontrollrat in Berlin dienlich sein würden. Aber in diesem auf Einstimmigkeit angewiesenen Gremium vereitelten die Vertreter Frankreichs, das von Potsdam ferngehalten worden war und das die Abtrennung westlicher deutscher Gebiete wünschte, die Errichtung »gesamtdeutscher« Zentralverwaltungen – während Vertreter der Sowjetischen Militär-Administration (SMA) bereits deutsche Personalvorschläge für eine künftige gesamtdeutsche Regierung anforderten.

Am 10. Juli 1946 wandte sich Molotow auf der Außenministerkonferenz in Paris sowohl gegen die unverhüllten Zerstückelungspläne Frankreichs wie gegen die »Zwangsföderalisierung« Deutschlands durch die Anglo-Amerikaner. Er erklärte, vor Verhandlungen über einen deutschen Friedensvertrag müsse »eine einheitliche deutsche Regierung geschaffen werden, die demokratisch genug ist, um alle Überreste des Faschismus in Deutschland auszurotten, und verantwortlich genug ist, um allen ihren Verpflichtungen den Verbündeten gegenüber nachzukommen, darunter besonders auch den Reparationslieferungen an die Verbündeten. Es versteht sich von selbst, daß wir gegen die Bildung einer deutschen Zentralverwaltung als Übergangsmaßnahme zur Bildung einer künftigen gesamtdeutschen Regierung nichts einzuwenden haben.«

Die USA und Großbritannien konterten diese Vorschläge mit der Zusammenlegung ihrer Zonen, und am 6. September 1946 weckte US-Außenminister James Byrnes in einer Rede in Stuttgart unter den hungernden Deutschen der Westzonen die Aussicht auf einen separaten Wiederaufbau ohne Verpflichtungen gegenüber der UdSSR und lenkte vom Spaltungsaspekt der »Bizone« ab, indem er den Deutschen illusorische Hoffnungen auf den Wiedergewinn von Gebieten jenseits der Oder-Neiße-Linie machte.

Im Zeichen des Kalten Krieges beschleunigten sich 1947 die westlichen Bestrebungen, aus den Westzonen einen in den Westen integrierten Separatstaat zu machen. Am 8. Januar 1947 sagte Adenauer, »der Osten sei ideologisch verloren und müsse durch ein starkes Westdeutschland wiedererobert werden«. Am 6. Februar ließ der militärische Laie in einem CDU-Kreis seinen Glauben erkennen, daß sich Westdeutschland bei den Westmächten auf der richtigen Seite befinden würde: »In spätestens zwei bis drei Jahren werden die Angelsachsen in der Lage sein, ganze Heere über den Atlantik zu fliegen und hinter den Linien der Russen zu landen.«

Auf der Moskauer Außenministerkonferenz vom 10. März bis 24. April 1947 lehnten die Westmächte Molotows Vorschlag ab, die Deutschen über einen gesamtdeutschen Staat abstimmen zu lassen. Gegenüber den süddeutschen Ministerpräsidenten gab selbst der US-Militärgouverneur General Lucius D. Clay noch am 15. April 1947 zu, in Moskau könnten sie »jede Regierungsform kaufen gegen Reparationen«. Aber die meisten Westdeutschen überließen die Reparationslast ihren Landsleuten in der Sowjetzone und verkauften den gesamtdeutschen Patriotismus für das Linsengericht des Marshall-Plans. Eine weitere Außenministerkonferenz in London vom 25. November bis 15. Dezember 1947 hatte nur das Ergebnis, daß sich Frankreich den anglo-amerikanischen Separatstaatsplänen anschloß.

1948 führte die Politik der Spaltung Deutschlands eine schwere internationale Krise herbei. Dem damaligen CDU-Politiker Wilhelm Elfes zufolge warf Adenauer schon am 2. Januar 1948 »unversehens die Frage eines Krieges gegen Rußland auf, ›um die Russen nach Osten zurückzudrängen‹«. Einem anderen damals der CDU angehörenden Gewährsmann zufolge erklärte Adenauer im Frühjahr 1948: »Meine Herren, der Krieg zwischen Amerika und Rußland kommt auf jeden Fall, und dann müssen wir auf der richtigen Seite dabei sein.«

Trotz sowjetischer Bereitschaft zu einer Währungsreform in allen vier Zonen, handelten die Westmächte am 20. Juni 1948 in ihren Zonen einseitig und führten die neue »Deutsche Mark« am 24. Juni sogar in den Westsektoren Berlins ein. Darauf reagierten die Sowjets mit einer Grenz- und Transitsperre, um einen Ausverkauf ihrer Zone durch die kaufkräftigere westliche Währung zu verhindern – und wohl auch, um die Westmächte vor die Alternative zu stellen, entweder ihre Separatstaatspläne aufzugeben oder Berlin zu verlassen. Aber dieses Kalkül ging nicht auf, weil die westliche Propaganda prompt von einer »Blokkade« zur Aushungerung der Westberliner sprach und diese sich mit den Westmächten solidarisierten, obwohl die Sowjets und die Behörden des Ostsektors sich erboten, ganz Berlin mit Nahrungsmitteln und Brennstoff zu versorgen.

In dieser überhitzten Atmosphäre warb der ehemalige Moskau-Botschafter Rudolf Nadolny, ein Mann der Rapallo-Tradition, erfolglos für die Verständigung mit der Sowjetunion. In Bonn wurde unter dem Vorsitz Adenauers eine westdeutsche Verfassung, das Grundgesetz, fertiggestellt, das ungeachtet der praktischen Spaltungsmaßnahmen die »Einheit und Freiheit Deutschlands« als Ziel proklamierte – Bonns Lebenslüge bis heute. Die Macht der alten Herren Deutschlands ließ das Grundgesetz unangetastet. Am 16. Mai 1949 schrieb die »Washington Post«: »Die CDU/CSU wird die Regierungsfassade hergeben, hinter der die Industriellen die wahren Herrscher sein werden«, und die konservative Zeitschrift »U.S. News and World Report« stellte Ende Juli 1949 fest: »Die Kontrolle der Ruhr liegt jetzt in den Händen von ein paar hundert Männern, wie während des Krieges und vor dem Krieg. Die meisten der gegenwärtigen Bosse der Ruhr sind Männer, die die Spitze ihrer Macht während der Hitler-Ära erreichten.«

Als die Westdeutschen am 14. August 1949 den ersten Bundestag wählten, hatten sie keine Möglichkeit, die ohne ihr Zutun vollzogene Gründung des Separatstaates BRD abzulehnen, dessen Ostgrenze ungefähr derjenigen Deutschlands vor 1000 Jahren entsprach. Am 15. September 1949 wählte eine Bürgerkoalition Adenauer mit einer Stimme Mehrheit – seiner eigenen, wie er zugab – zum ersten Bundeskanzler der BRD. Erst danach wurde in Berlin am 7. Oktober 1949 die DDR proklamiert, der Stalin am 13. Oktober zur Grundsteinlegung »für ein einheitliches, demokratisches und friedliebendes Deutschland« gratulierte. Nun gab es zwei Staaten in Deutschland, und die Frage war, ob sie wiedervereinigt werden könnten.

Adenauer vereitelt die Wiedervereinigung Deutschlands

Schon am 21. Oktober 1949 erklärte Adenauer, die BRD sei »bis zur Erreichung der deutschen Einheit die alleinige legitimierte staatliche Organisation des deutschen Volkes« und »allein befugt, für das deutsche Volk zu sprechen«. Dieser »Alleinvertretungsanspruch« richtete sich gegen die in ihrer Existenz ignorierte DDR sowie durch Nichtanerkennung der Oder-Neiße-Grenze gegen Polen. Nachdem Adenauer mit dem ehemaligen Wehrmacht-General Hans Speidel »bereits als Privatmann 1948 . . . den Aufbau einer westdeutschen Wehrmacht vorbereitet« hatte (wie er im Januar 1952 zugab), forderte er die Sowjetunion heraus, indem er im November und Dezember 1949 in Interviews vorschlug, »zur Schaffung einer europäischen Armee beizutragen«, und die Zeit der Wiederbewaffnung – weniger als fünf Jahre nach der bedingungslosen Kapitulation der Hitler-Wehrmacht – für gekommen erklärte. Nach dem Ausbruch des Koreakrieges bot er dem US-Hochkommissar McCloy am 29. August 1950 an, zwölf westdeutsche Divisionen aufzustellen. Unter dem Einfluß der amerikanischen »Politik der Stärke« und »Roll back«-Ideen redete er 1952 sogar von der »Befreiung« und »Neuordnung« Osteuropas – nur sieben Jahre nach dem Ende von Hitlers »Neuer Ordnung« in Europa.

Der Sowjetunion, deren jeder zehnte Bürger durch den Hitler-Krieg ums Leben gekommen war, stellte sich die BRD als große »revisionistische« und »revanchistische« Gefahr dar, als das sowjetfeindlichste Land Europas, in dem alte Nazis hohe Positionen bekleideten und Kriegsverbrecher aus der Haft entlassen wurden. Gegenüber Russen, Polen und Tschechen gab es kaum westdeutsche Schuldgefühle, während es einige Reue und Bereitschaft zur Wiedergutmachung für die Überlebenden von Hitlers Judenmord in Israel gab (zumal dies von den USA gern gesehen wurde). Die KPD hatte 1949 nur 5,7 Prozent der Stimmen erzielt und wurde von der Bundesregierung am 22. November 1951 als verfassungswidrig angeklagt.

Adenauer und seine Gefolgsleute schürten die Furcht vor dem Kommunismus und dem »asiatischen« Rußland bewußt, bis ein »fast mystisches Grauen vor der bolschewistischen Welt« erzeugt war, das »jegliche Verständigung unmöglich zu machen droht«, wie der Westberliner CDU-Politiker Ferdinand Friedensburg kritisch feststellte. Andere Bürgerliche, die – erfolglos – für eine Verständigungspolitik eintraten, waren der ehemalige Reichskanzler zur Zeit von Rapallo, Joseph Wirth, der aus Protest gegen Adenauers Soldatenangebot als Innenminister zurückgetretene Gustav Heinemann, der protestantische Kirchenführer Martin Niemöller, der »Spiegel«-Herausgeber Rudolf Augstein, die Publizisten Paul Sethe und Margret Boveri, der Würzburger Professor Ulrich Noack und – im Kabinett Adenauer – der »gesamtdeutsche« Minister Jakob Kaiser, ein Mann ohne »Hausmacht«. Aber Adenauer wie auch der SPD-Oppositionsführer Schumacher lehnten alle »Deutsche an einen Tisch!«-Vorschläge der DDR ab.

Daraufhin schlug die Sowjetregierung am 10. März 1952 den drei Westmächten vor, »unverzüglich« einen »Friedensvertrag unter unmittelbarer Beteiligung Deutschlands, vertreten durch eine gesamtdeutsche Regierung«, auszuarbeiten und spätestens ein Jahr nach dessen Inkrafttreten alle Besatzungstruppen abzuziehen. Deutschland sollte in die UNO aufgenommen werden und »eigene nationale Streitkräfte« besitzen. Der wichtigste Punkt des sowjetischen Entwurfs – »Deutschland verpflichtet sich, keine Koalitionen oder Militärbündnisse einzugehen, die sich gegen irgendeinen Staat richten, der mit seinen Streitkräften am Krieg gegen Deutschland teilgenommen hat« – brachte die Tatsache zum Ausdruck, daß die deutsche Einheit nur zum Preis der Neutralität zu haben war, wie schon zu Bismarcks und Weimarer Zeiten.

Doch schon am 11. März 1952 versicherte Adenauer den westlichen Hochkommissaren: »Die russische Note wird unsere Politik nicht ändern« und ließ sie durch einen Regierungssprecher öffentlich zurückweisen; einen Verzicht auf die ehemaligen Ostgebiete könne Deutschland »niemals freiwillig leisten«. Fünf Tage später nannte Adenauer die sowjetischen Vorschläge einen »Fetzen Papier«. Gegenüber dem damaligen CSU-Abgeordneten Hans Bodensteiner bekräftigte er seinen

Glauben, »daß die Russen vor militärischer Übermacht des Westens zurückweichen würden«. Die Folge war ein fruchtloser Notenwechsel. Der hohe westdeutsche Diplomat Paul Frank schrieb später: »Die Weigerung der damaligen Regierung, das Angebot Moskaus auf seine Ernsthaftigkeit zu prüfen, stellt eine historische Schuld gegenüber dem Gedanken der deutschen Einheit dar, die eigentlich jenen, die das zu verantworten haben, den Mund für immer hätte verschließen müssen, wenn von Wiedervereinigung die Rede war.« Aber den Rechten, die Deutschland mehrmals ins Unglück stürzten, ist Anstand fremd.

Im Verein mit den Westmächten lehnte Adenauer weitere von der Sowjetregierung – auch während der Berliner Viermächte-Außenministerkonferenz im Jahre 1954 – gemachte Wiedervereinigungsvorschläge ab, die stets mit der Warnung verbunden waren, daß die Vereinigung von Ost- und Westdeutschland durch ein militärisches Westbündnis der BRD »unmöglich« und eine »Erörterung der deutschen Frage gegenstandslos« werde. Das letzte Angebot machte die Sowjetregierung in ihrer Erklärung vom 15. Januar 1955: »Gegenwärtig gibt es noch ungenützte Möglichkeiten zur Erreichung eines Abkommens in der Frage der Wiedervereinigung Deutschlands . . . und über die Durchführung von gesamtdeutschen freien Wahlen zu diesem Zweck im Jahre 1955.«

Doch Adenauer, der nun auch Mao Tse-tungs China als eine »Gefahr« für die Sowjetunion »in gar nicht langer Zeit« in sein Politik-der-Stärke-Kalkül einbezog, ignorierte auch das letzte sowjetische Angebot. Trotz der sowjetischen Warnungen ratifizierte der Bonner Bundestag am 27. Februar 1955 gegen die Stimmen der Sozialdemokraten den Beitritt der BRD zum Nordatlantikpakt, und am 9. Mai 1955 – zehn Jahre nach der Kapitulation der Hitler-Wehrmacht – wurde die Bundesrepublik in die NATO aufgenommen. Nun waren alle Chancen für eine Wiedervereinigung Deutschlands durch freie Wahlen verschüttet.

Als Gegengewicht zur NATO gründeten die Ostblockstaaten am 14. Mai 1955 den Warschauer Pakt und nahmen die DDR in ihn auf. Die DDR, der die UdSSR schon 1953 die restlichen Reparationen erlassen hatte, erklärte, daß ihre Verpflichtungen im Rahmen des Warschauer Vertrages mit der Wiedervereinigung Deutschlands außer Kraft treten würden – eine derartige Erklärung der BRD hinsichtlich der NATO gab es nicht. Der Weg, den einzuschlagen die Westdeutschen unter Adenauers Führung verschmäht hatten, führte in Österreich nach der Unterzeichnung des Wiener Staatsvertrages vom 15. Mai 1955 zur Unabhängigkeit des von fremden Truppen befreiten Landes auf der Basis seiner »immerwährenden Neutralität«. In Österreich hatten alle Parteien – die christlich-konservative wie die sozialistische – von 1945 an

nicht nur mit den Westmächten, sondern auch mit den Sowjets koope-
riert, so daß das Land und seine Hauptstadt, anders als Deutschland und
Berlin, ungeteilt blieben.

Scheitern der »Politik der Stärke« und der »Nuklearoption«

Nachdem die Westmächte die BRD endgültig »in der Tasche« hatten,
vergaßen sie prompt ihr – unerfüllbares – vertragliches Versprechen, ein
westlich-integriertes wiedervereinigtes Deutschland nach dem Muster
der Bundesrepublik herbeizuführen, und ordneten die deutsche Frage
dem Problem der Sicherheit zwischen Ost und West unter. Adenauers
enger Vertrauter Heinrich Krone notierte bereits am 5. April 1955: »In
der hohen Politik läuft es auf eine Viererkonferenz hinaus. Man drängt
auf Koexistenz. Koexistenz auf der Basis des geteilten Deutschland.«
Der westdeutsche Diplomat Wilhelm Grewe schrieb später voller Ver-
bitterung: »Der Kalte Krieg hat es zwar dem Westen erleichtert, uns
mehr oder weniger platonische Versprechungen zur Unterstützung unserer Einheitsforderung zu machen. Auch auf den Höhepunkten des
Kalten Krieges war man jedoch niemals bereit, weiter zu gehen und den
Druck auf die Sowjets in solchem Maße zu verstärken, daß man den
Übergang zum ›Heißen‹ Krieg riskiert hätte.« Letztlich hielt also die
Macht der Sowjetunion die westliche und westdeutsche »Politik der
Stärke« im Zaum.

Im September 1955 besuchte Adenauer auf Einladung der Sowjetregierung Moskau, wo durch einen Briefaustausch vom 13. September direkte diplomatische Beziehungen zwischen der UdSSR und der BRD
hergestellt wurden. Adenauer tat dies entgegen den Wünschen der
Westmächte, die Bonn gern weiter von Moskau isoliert gesehen hätten,
sowie den Bedenken seines Außenministers Heinrich von Brentano wegen der in künftig zwei deutschen Botschaften in Moskau zum Ausdruck kommenden Zweistaatlichkeit. Obwohl diplomatische Beziehungen an sich sinnvoll waren, war deren Anknüpfung für Adenauer
auch eine Art Rache an den Westmächten, denn er fragte, was diese
denn »in der letzten Zeit für Deutschland in Sachen Wiedervereinigung
getan hätten«. Vor den Sowjetführern war er zu Kreuze gekrochen, als
er beteuerte: »Kein Mensch in Deutschland bildet sich etwa ein, mit der
Sowjetunion aus einer Position der Stärke heraus verhandeln zu können.« Die deutsche Zweistaatlichkeit wurde bestätigt, als die UdSSR so-

fort nach Adenauers Abreise mit der DDR am 20. September 1955 einen Vertrag schloß, der dieser garantierte, daß sie in keiner Deutschland betreffenden Frage übergangen würde. Hinsichtlich der Wiedervereinigung Deutschlands war die BRD nun darauf angewiesen, sich entweder mit der DDR darüber zu einigen oder sie abzuschreiben.

Auch nach der Aufnahme diplomatischer Beziehungen zur Sowjetunion blieb Bonn dieser und der DDR gegenüber unverändert feindselig. Auf einer Tagung westdeutscher Diplomaten am 8./9. Dezember 1955 drohte Außenminister Brentano allen Staaten, die der DDR die diplomatische Anerkennung aussprächen, den Abbruch der Beziehungen an; diese – nach seinem Staatssekretär benannte – »Hallstein-Doktrin« sollte die BRD zahlreichen Erpressungen durch dritte Staaten aussetzen und sie viel Geld kosten. Den ersten Sowjetbotschafter in Bonn, Walerian A. Sorin, behandelte Brentanos Auswärtiges Amt wie einen Aussätzigen. Die Sowjetunion wurde von Adenauer in öffentlicher Rede vor dem westdeutschen Industriellenverband BDI am 23. Mai 1956 »unser Todfeind« genannt (wie es schon die Goebbels-Propaganda getan hatte). Am 17. August 1956 erklärte das Bundesverfassungsgericht auf Antrag der Bundesregierung die KPD für verfassungswidrig und verbot sie. Im Herbst 1956 duldete die Bundesregierung die Schürung der Unruhen in Ungarn von westdeutschem Boden aus durch den Münchener CIA-Sender »Radio Free Europe«. Eine Normalisierung der Beziehungen zu Polen lehnte sie ebenso ab wie den Vorschlag der DDR vom 30. Januar 1957, eine Konföderation der beiden deutschen Staaten mit einem »gesamtdeutschen Rat« zu bilden; dabei kehrte sie wieder ihren »Alleinvertretungsanspruch« hervor.

Nachdem Adenauers Hoffnung, der Beitritt der BRD zur NATO werde schnell Früchte tragen, getrogen hatte, begann die Militarisierung der Bundesrepublik: Im November 1955 wurde die Bundeswehr gegründet, am 12. Dezember 1955 schrieb Adenauer dem US-Außenminister John Foster Dulles, den er für seinen »Freund« hielt, er wolle die der NATO versprochenen 500 000 Soldaten »so rasch wie möglich« aufstellen. Am 7. Juli 1956 beschloß die Mehrheit des Bundestages die Einführung der allgemeinen Wehrpflicht. Kurz darauf wurden Pläne zur Kürzung der US-Truppenstärke zugunsten der nuklearen Komponente bekannt, und Adenauer fühlte sich von den USA desavouiert. In dieser Situation ließ Adenauer sich von dem bayerischen CSU-Politiker Franz Josef Strauß, seit Oktober 1955 Minister für Atomenergie, zu einer Streckung der militärischen Aufstellungsziele und zum Konzept einer atomar bewaffneten »Qualitätsarmee« bekehren. Am 16. Oktober 1956 ernannte er Strauß zum Verteidigungsminister. Es war symbolhaft, daß Strauß elf Tage später von einem Flick-Betrieb den ersten in der BRD hergestellten Uranstab erhielt.

Bei der nunmehrigen »Nuklearoption« der BRD ging es offiziell immer nur um den Besitz von »Trägerwaffen«, während die atomaren Sprengköpfe in amerikanischer Verwahrung bleiben sollten; aber das faktische Interesse Bonns am Besitz von Kernsprengköpfen ist vielfach belegt und kam nicht zuletzt in Adenauers späterem Wort zum Ausdruck: »Was nützen mir die Träger, wenn ich die Köpfe nicht habe.« Zumindest »durch die Drohung der Atombewaffnung« hoffte Bonn, nach den Worten des rechtsstehenden Professors Ernst Nolte, »die Sowjetunion zum Nachgeben in der Wiedervereinigungsfrage zwingen zu können«; um eine nuklearisierte Aufrüstung durchführen zu können, widersetzte sich Bonn beharrlich allen Plänen für Rüstungskontroll- und atomwaffenfreie Zonen in Mitteleuropa. Aber die Sowjetunion hatte nicht Hitler-Deutschland besiegt, um sich von einer atombewaffneten BRD bedrohen zu lassen. Sie ließ sich nicht erpressen, und auch andere Nationen wünschten keine Atomwaffen in westdeutschen Händen.

Als frischgebackener Verteidigungsminister hätte Strauß es im Herbst 1956 gern gesehen, wenn die USA in Ungarn einmarschiert wären; er prahlte auch mit der angeblichen Fähigkeit des Westens, »das Reich der Sowjetunion von der Landkarte streichen zu können«. Zu C. L. Sulzberger von der »New York Times« sagte er am 14. Dezember 1956, im Falle eines Aufstandes in der DDR werde Bonn aus innenpolitischen Gründen gezwungen sein, eine »bewaffnete Infiltration« von West- nach Ostdeutschland zu erlauben. In den ersten Monaten des Jahres 1957 sprach Strauß wiederholt von »Macht« als einem Mittel zur Wiedervereinigung, so am 31. Januar 1957 im Bundestag: »Ich meine, daß der Weg zur Wiedervereinigung viel mehr Geltung, viel mehr Härte, viel mehr Einigkeit, viel mehr Geschlossenheit und . . . viel mehr potentielle Macht auf unserer Seite verlangt.«

Am 5. April 1957 verniedlichte Adenauer die taktischen Atomwaffen »als eine Weiterentwicklung der Artillerie«. Aber von der Sowjetregierung wurde er in einer Note vom 27. April 1957 gewarnt, daß die BRD in einem Atomkrieg zum »Friedhof« werden würde, und: »Der Weg zu einer atomaren Bewaffnung der Bundeswehr ist unvereinbar mit der Wiederherstellung der Einheit Deutschlands, und die Staatsmänner der Bundesrepublik, die diesen Weg verfolgen, laden sich die schwerste Verantwortung gegenüber dem deutschen Volk auf.« Trotzdem schenkten die westdeutschen Wähler im Herbst 1957 Adenauer und Strauß eine absolute Mehrheit.

Am 8. Januar 1958 schrieb der sowjetische Ministerpräsident Bulganin an Adenauer: »Es genügt zu sagen, daß es für die Lösung der deutschen Frage an der elementarsten Voraussetzung fehlt: an der Bereitschaft, mit dem Staat zu verhandeln, mit dem man sich vereinigen will« – dies sei jedoch »der einzige Weg« zur Wiedervereinigung, wenn man die Anwendung von Gewalt ausschließe. Zur gleichen Zeit verschafften die USA Adenauer und Strauß einen mächtigen publizistischen Verbündeten, indem sie den Zeitungszaren Axel Cäsar Springer, der vorher mit der SPD sympathisiert und sich noch im Vorjahr vehement antiamerikanisch geäußert hatte, mit der Aussicht auf Verlagsbesitz in Westberlin köderten: Springer wurde der Hugenberg der BRD und schlug fortan in seinen Blättern immer schärfere antisowjetische Töne an. Am 25. März 1958 beschloß die CDU/CSU-Mehrheit im Bundestag die Ausrüstung der Bundeswehr mit den »modernsten Waffen«, den Kernwaffen.

Einen Monat später kam als erstes sowjetisches Regierungsmitglied der stellvertretende Ministerpräsident Anastas I. Mikojan zur Unterzeichnung von Handels- und Konsularabkommen nach Bonn und bemühte sich eindringlich, aber vergebens, Adenauer von der nuklearen Rüstung abzubringen. Auch weitere sowjetische Vorstellungen ließ Bonn unbeachtet, wo am 6. November 1958 die Beschaffung von zunächst 300 »Starfighter«-Bombern mit atomarer Kapazität und von ebenfalls nuklearen »Nike-Hercules«-Raketen angekündigt wurde. Der Bonner Luftwaffenchef General Josef Kammhuber forderte sogar: »Die Bundeswehr muß eine Waffe haben, um bis zum Ural wirken zu können. Anderenfalls sind wir nur Satelliten.«

Daraufhin forderte die Sowjetregierung mit Noten vom 27. November 1958 die Schaffung einer »entmilitarisierten Freien Stadt« Westberlin – wo sie und die DDR am längeren Hebel saßen –, um die Westmächte an den Verhandlungstisch zu bringen, an dem auch ein deutscher Friedensvertrag behandelt werden sollte. Im Verlauf dieser zweiten »Berlinkrise« legte die Sowjetregierung am 10. Januar 1959 dafür einen Entwurf vor, der laut Adenauer eine »Reihe sehr peinlicher Bedingungen« enthielt, womit er ohne Zweifel z. B. Artikel 28 meinte: »Deutschland darf nicht besitzen, produzieren, erwerben oder experimentell erproben: jegliche Arten von Kernwaffen und andere Mittel der Massenvernichtung einschließlich der biologischen und der chemischen.« Nach ergebnislosen Außenministerverhandlungen in Genf im Frühjahr und Sommer 1959 und nachdem die CIA mit dem U-2-Spionageflug über Swerdlowsk die für Mai 1960 geplante Gipfelkonferenz vereitelt hatte, verschärfte sich die Krise, bis die von ihren Warschauer-Pakt-Verbündeten gedeckte DDR am 13. August 1961 die »Berliner Mauer« errichtete und damit ihre Ausblutung unterband.

Drei Tage später jammerte Springers »Bildzeitung«: »Der Westen tut NICHTS!«, und Adenauer versicherte dem sowjetischen Botschafter Andrej Smirnow fast unterwürfig, »daß die Bundesregierung keine Schritte unternimmt, welche die Beziehungen zwischen der Bundesrepublik und der UdSSR erschweren und die internationale Lage verschlechtern«. Auch Strauß war in jenen Tagen äußerst kleinlaut und bekannte am 5. September 1961: »Die Politik, die wir in den letzten zehn Jahren getrieben haben, war natürlich nicht in der Lage, die Einheit Deutschlands herzustellen.«

Die auf das Westbündnis gestützte Bonner Ost- und Deutschlandpolitik war an der Berliner Mauer zerschellt, und mehr Westdeutsche wollten im September 1961 lieber »neutral wie die Schweiz« sein (42 Prozent) als mit den USA verbündet (40 Prozent). Kurz darauf verloren CDU/CSU ihre absolute Mehrheit. Auch der Bonner »Nuklearoption« war der Boden entzogen, denn US-Präsident John F. Kennedy erklärte in einem »Iswestija«-Interview am 28. November 1961: »Die Vereinigten Staaten werden . . . keinem Lande Kernwaffen geben, und ich würde es höchst ungern sehen, daß Westdeutschland in den Besitz einer eigenen nuklearen Kapazität gelangt.«

Im Herbst 1962 stürzte Strauß, und Adenauer gestand melancholisch: »Es ist anders gegangen, als wir 1948 dachten« – damals hatte er bei einem Krieg, »um die Russen nach Osten zurückzudrängen«, »auf der richtigen Seite dabei sein« wollen, und für die richtige Seite hatte er die der USA gehalten, die ihn nun im Stich ließen. Nachdem er den USA bzw. deren Petroleumindustrie noch den Gefallen getan hatte, die Lieferung von Großrohren an die Sowjetunion zu verbieten (wodurch die westdeutsche Stahlindustrie vertragsbrüchig wurde), und nachdem er im Sommer 1963 die Unterzeichnung des partiellen Teststoppvertrages durch die BRD zuerst abgelehnt hatte, weil dadurch die Unterzeichnerin DDR »aufgewertet« würde, legte Adenauer im Herbst 1963 sein Amt nieder.

Erst nach seinem Rücktritt ließ der vom Westen enttäuschte Adenauer so etwas wie Verständnis für die Sowjetunion erkennen. Zu Willy Brandt, dem Westberliner SPD-Bürgermeister, sagte er: »Wir haben die Russen falsch behandelt.« Auf dem Bonner CDU-Parteitag im März 1966 erklärte er unter Hinweis auf die 20 Millionen sowjetischen Kriegstoten, »daß wir uns Sowjetrußland gegenüber wie einem Volk verhalten müssen, das uns sehr weh getan hat, dem wir vorher aber auch großes Leid zugefügt haben«; in der sowjetischen Friedensvermittlung zwischen Indien und Pakistan in Taschkent erblickte er den »Beweis, daß die Sowjetunion in die Reihe der Völker eingetreten ist, die den Frieden wollen«. Einer seiner letzten Besucher vor seinem Tode am 19. April 1967 hörte Adenauer sagen: »Wir müssen mit den Russen sprechen! Wir müssen es noch einmal versuchen.«

Unkonstruktive Haltung der Regierung Erhard

Zweiter Bundeskanzler der BRD wurde am 16. Oktober 1963 der Wirtschaftsprofessor Ludwig Erhard, der »Vater« des sogenannten westdeutschen »Wirtschaftswunders« und einst Berater der Kapitalgruppe, deren politischer Repräsentant Papen war. Auch Erhard vertrat den »Alleinvertretungsanspruch« und die Auffassung, daß Deutschland »in seinen Grenzen vom 31. Dezember 1937 fortbesteht«. Außerdem hielt er die »Nuklearoption« in Form der »multilateralen« Atomstreitmacht (MLF) aufrecht, die Washington schon Adenauer als Ersatzbefriedigung angeboten hatte, von der aber die Sowjetunion befürchtete, daß sie Bonn »Zugang zu Kernwaffen« verschaffen würde. Ferner ließ Erhard den von Adenauer übernommenen Außenminister Gerhard Schröder eine Politik der Anknüpfung von Handelsbeziehungen mit den kleineren Staaten Osteuropas weiterverfolgen, die diese von der Sowjetunion abtrünnig machen und die DDR isolieren sollten; die DDR wollte Erhard schließlich der Sowjetunion »abkaufen«!

Im März 1964 erteilte die Sowjetregierung der Firma Krupp die Erlaubnis, in Moskau eine Geschäftsvertretung einzurichten. Aber allen Bonner Illusionen hinsichtlich der DDR, die ohnehin nach den Maßnahmen vom 13. August 1961 sich wirtschaftlich festigte, wurde durch deren zwanzigjährigen Freundschafts- und Beistandspakt mit der UdSSR vom 12. Juni 1964 ein Riegel vorgeschoben. Ihm folgte am 3. Dezember 1965 ein Handelsabkommen, das das bis dahin größte in der Geschichte des Welthandels war.

Da die Sowjetunion sich weigerte, mit den USA einen Vertrag über die Nichtverbreitung von Kernwaffen abzuschließen, solange das MLF-Projekt nicht vom Tisch war, ließ Washington diesen Plan im Dezember 1964 fallen, während Bonn fortfuhr, vom »Erwerb eigener Atomwaffen« als Alternative zur MLF zu reden und »physischen Mitbesitz« an Kernwaffen zu fordern. Die BRD verlor daraufhin immer mehr selbst die verbale Unterstützung der Westmächte für ihre Ziele aus der Zeit der »Politik der Stärke«. Als Erhard im Herbst 1965 die Nachkriegszeit kurzerhand für beendet erklärte, konterte der sowjetische

Außenminister Andrej Gromyko: »Nein, die Geschichte beginnt nicht und endet nicht mit der Erklärung des Bundeskanzlers. Sie steckt noch in nicht bezahlter Schuld gegenüber den Völkern, vor allem gegenüber den Völkern der Sowjetunion«; sie und die osteuropäischen Völker hätten das Recht, »die Rechnung für alles, was der von Deutschland entfesselte Krieg verursacht hat, zu präsentieren«.

Mit ihrer sogenannten »Friedensnote« vom 25. März 1966 suchte die Erhard-Regierung Anschluß an die sich ausbreitende internationale Entspannung zu gewinnen. Sie bot u. a. an, mit der UdSSR und den osteuropäischen Staaten »Gewaltverzichtserklärungen« auszutauschen, aber dieses Angebot galt nicht für die DDR und hinkte mehr als zwei Jahre hinter dem sowjetischen Vorschlag eines internationalen Gewaltverzichts her. Zukunftsträchtiger als die ungenügende Bonner »Friedensnote« war der Vorschlag der Ministerkonferenz des Warschauer Vertrages vom 6. Juli 1966 in Bukarest, eine »allgemeine europäische Konferenz« einzuberufen, »um die Fragen der Gewährleistung der Sicherheit in Europa und der Organisierung einer allgemeinen europäischen Zusammenarbeit zu erörtern«. Die Bukarester Erklärung verlangte insbesondere, »daß die herrschenden Kreise der Bundesrepublik Deutschland den realen Stand der Dinge in Europa berücksichtigen müssen, und das bedeutet, daß sie von der Existenz zweier deutscher Staaten ausgehen, daß sie ihren Anspruch auf die Neuziehung europäischer Grenzen aufgeben, daß sie ihren Anspruch, ganz Deutschland allein zu vertreten, und ihre Versuche aufgeben, auf Staaten, die die Deutsche Demokratische Republik anerkennen, Druck auszuüben . . .«; die BRD dürfe keinen Zugang zu Kernwaffen erlangen und müsse die polnische Westgrenze und die Grenze zwischen den beiden deutschen Staaten anerkennen. – Im Sommer 1966 geriet die BRD in eine – noch relativ milde – Wirtschafts- und Finanzkrise, die zum Sturz Erhards am 30. November 1966 führte.

Erste Zeichen einer Anerkennung der Realitäten

Unter der Regierung der »Großen Koalition«, die CDU/CSU und SPD Anfang Dezember 1966 bildeten, begannen westdeutsche Kräfte, »den realen Stand der Dinge in Europa« endlich zur Kenntnis zu nehmen, wenn auch zögernd und mit unterschiedlichen Akzenten.

Der neue Bundeskanzler Kurt Georg Kiesinger (CDU), einst Mitglied der Nazipartei und Verbindungsmann zwischen dem Auswärtigen Amt und dem Goebbels'schen Propagandaministerium, hatte noch in den fünfziger Jahren als Gefolgsmann Adenauers vom »Zwingen« und »Nötigen« der Sowjetunion geredet und ging nur geringfügig über Erhard hinaus: Seine Regierung war nun bereit, wenn auch verklausuliert, den Gewaltverzicht auf die DDR auszudehnen, ohne diese jedoch als zweiten deutschen Staat anzuerkennen; er beliebte sie ein »Gebilde« oder »Phänomen« zu nennen. Das längst gestorbene MLF-Projekt wurde aufgegeben, nicht aber eine kollektive Nuklearoption schlechthin, wie sie insbesondere der als Finanzminister in die Regierung eingetretene ehemalige Verteidigungsminister Strauß auf »europäischer« Basis weiterverfolgte; der Kernwaffen-Nichtverbreitungsvertrag, den die UdSSR nunmehr mit den USA aushandelte, wurde deshalb von der Kiesinger-Regierung nicht unterzeichnet.

Positivere Akzente einer »neuen Ostpolitik« wurden von dem SPD-Außenminister Willy Brandt und dessen Gehilfen Egon Bahr gesetzt. Brandt war Antifaschist und während der Hitler-Zeit im Exil gewesen. Er hatte in den späteren vierziger Jahren vergebens Kurt Schumachers Antisowjetismus zu mäßigen versucht, war dann Regierender Bürgermeister Westberlins, der »Frontstadt des Kalten Krieges«, geworden, hatte aber mit Bahr unter dem Schock des »Mauerbaus« umzudenken begonnen. Während sich seine »neue« Ostpolitik unter dem Druck von CDU/CSU bestenfalls nach dem Prinzip entwickelte: zwei Schritte vor, ein Schritt zurück, betrieb Brandt die »alte« Ostpolitik zur Isolierung der DDR durch die Herstellung diplomatischer Beziehungen zu osteuropäischen Staaten – z. B. mit Rumänien – weiter, bis diese am 21. August 1968 in Prag endgültig scheiterte.

Das im Zeichen der wirtschaftlichen Rezession belebte Interesse wichtiger Teile der westdeutschen Industrie an entspannten, ihrem Ostexport förderlichen Verhältnissen reflektierte außerhalb der Regierung die liberale Freie Demokratische Partei (FDP). Ihr Schatzmeister Wolfgang Rubin, ein Ruhr-Industrieller, forderte im März 1967 die »Anerkennung der seit 1945 geschaffenen Fakten«, darunter der Oder-Neiße-Grenze und der Existenz der DDR, »mit allen unvermeidlichen Konsequenzen«. Auch Brandt erklärte, bei einem Besuch in Bukarest am 4. August 1967, »daß der Erhaltung und Festigung des Friedens eindeutige Priorität zukommt«, und sprach als erstes Bonner Regierungsmitglied öffentlich aus, »daß wir bei den Bemühungen um eine europäische Friedensordnung von den gegebenen Realitäten auszugehen haben«, machte jedoch kurz darauf einen Rückzieher. Im September 1967 forderte die FDP die Bonner Regierung auf, den Alleinvertretungsanspruch aufzugeben. Solche Ideen waren bis zum Herbst 1967 bereits so weit verbreitet, daß Kiesinger am 10. Oktober 1967 den abschätzig gemeinten Begriff »Anerkennungspartei« für die Verfechter des Realismus prägte. Im März 1968 forderte der SPD-Parteitag in Nürnberg, auf »Produktion, Erwerb, Besitz *und* Mitbesitz atomarer Waffen« zu verzichten und den Nichtverbreitungsvertrag zu bejahen.

Die von Brandt am 7. Februar 1967 initiierten Geheimverhandlungen mit Moskau über einen Gewaltverzicht, der irgendwie auch den »anderen Teil Deutschlands« einbeziehen sollte, zogen sich schleppend hin, weil die Sowjetunion sich auf die verbalen Regungen von Aufgeschlossenheit für die »Realitäten« außerhalb und im sozialdemokratischen Teil der Großen Koalition nicht verlassen mochte, sondern sich an die offizielle »alte« Politik Bonns in den Fragen der Ostgrenze, der Nuklearoption und Westberlins hielt. Eine sowjetische Note vom 27. November 1967 wies auf diese Punkte hin, »die in direkter Beziehung zum erörterten Problem stehen«, und fragte insbesondere, warum im westdeutschen Entwurf »gerade eine Aussage über die gegenwärtigen Grenzen der BRD« fehle. Am 5. Juli 1968 machte die Sowjetregierung den bisherigen Notenaustausch publik und beanspruchte in einem Aide-mémoire unter Berufung auf die mangels eines deutschen Friedensvertrages weiterhin gültigen Siegerrechte gemäß den »Feindstaatenartikeln« 53 und 107 der UNO-Charta das Recht, erforderlichenfalls gegen eine Bedrohung in der Bundesrepublik zu intervenieren.

Damit war nicht nur die bei Landtagswahlen erfolgreiche rechtsradikale Nationaldemokratische Partei (NPD) gemeint. Wegen des auffälligen westdeutschen, auch sozialdemokratischen, Interesses für den »Prager Frühling« befanden sich die Beziehungen Moskau-Bonn generell auf einem Tiefpunkt. Am 13. August 1968 notierte der alte Adenauer-Vertraute Heinrich Krone erwartungsvoll: »Was in Prag vor sich geht, macht in der Zone (der DDR) nicht halt.« Aber acht Tage später wurde durch diese Rechnung in Prag ein dicker Strich gemacht.

Kiesinger, der auch danach noch die Veränderung des europäischen Status quo forderte, mußte gegenüber dem sowjetischen Botschafter Semjon Zarapkin am 2. September 1968 kleinlaut versichern, »es sei natürlich nie die Absicht der Bundesregierung gewesen, Zwist in das Lager der sozialistischen Länder zu tragen, ebensowenig wie es ihr Ziel gewesen sei, irgendein sozialistisches Land von der Sowjetunion zu trennen«. Im Herbst 1968 ließ die Bundesregierung die Gründung einer »Deutschen Kommunistischen Partei« (DKP) geschehen, die jedoch den Einfluß der einstigen KPD nicht erreichen sollte. Gegenüber Brandt erklärte Gromyko in New York am 8. Oktober 1968: »Die Frage der nach dem Zweiten Weltkrieg entstandenen Grenzen ist die Frage von Krieg und Frieden«; er stellte ihm jedoch »eine drastische

Änderung« der sowjetischen Politik gegenüber der BRD in Aussicht, sofern Bonn endlich den Status quo in Europa anerkenne. Laut Brandt kam man überein, »daß das Thema des Austausches von Gewaltverzichtserklärungen . . . weiterbehandelt werden sollte«. Auch durch eine im Interesse des westdeutschen Ostexports getroffene Vereinbarung vom 6. Dezember 1968, die der DDR einen zinslosen Überziehungskredit (»Swing«) für die Einfuhr westdeutscher Produkte einräumte, gestand Bonn ein, daß seine Politik zur Isolierung und Unterminierung der DDR in Prag endgültig gescheitert war.

Im westdeutschen Wahljahr 1969 begünstigte der Teil der Industrie, der an verstärktem Osthandel interessiert war, ein Zusammengehen der Sozialdemokraten unter Willy Brandt mit den Freien Demokraten unter Walter Scheel zum Vorantreiben einer die »Realitäten« endlich voll zur Kenntnis nehmenden »neuen Ostpolitik«. Führende Vertreter dieses Industrieflügels waren Ernst Wolf Mommsen (Thyssen, später Krupp), Berthold Beitz (Krupp) und Otto Wolff von Amerongen (Vorsitzender des Ost-Ausschusses der deutschen Wirtschaft und Sohn des Otto Wolff, der ein Freund des prorussischen Reichskanzlers Schleicher gewesen war). Ein anderer Teil der Industrie, besonders der von dem ehemaligen Atom- und Verteidigungsminister Strauß herangezüchtete süddeutsche Rüstungskomplex um Friedrich Flick (Krauss-Maffei, Dynamit-Nobel, Daimler Benz), Siemens, Bölkow (Messerschmidt-Bölkow-Blohm) u. a., unterstützte die Unionsparteien, die die SPD zur Fortsetzung der Großen Koalition zwingen wollten, um ihren außenpolitischen Offenbarungseid weiter hinausschieben zu können.

Anfang Januar 1969 skizzierte Brandts Gehilfe Egon Bahr einem Amerikaner folgenden Stufenplan einer »neuen Ostpolitik« für den Fall einer SPD-FDP-Koalition: 1. »Generalbereinigung« mit der DDR durch deren staatsrechtliche Anerkennung; 2. »Gewaltverzichtsabkommen« und diplomatische Beziehungen mit allen Staaten des Warschauer Vertrages, wodurch alle Grenzen in Osteuropa gesichert würden; 3. Verhandlungen zwischen NATO und Warschauer Vertragsorganisation (WVO) zwecks Reduzierung der amerikanischen und sowjetischen Truppen in Deutschland um 30 bis 50 Prozent; 4. Errichtung eines kollektiven Sicherheitssystems der von fremden Truppen geräumten Nicht-Atomwaffenstaaten Europas, das von den Atommächten garantiert würde und innerhalb dessen Ausgewogenheit der konventionellen Kräfte herrschen würde – NATO und WVO würden damit aufgelöst werden, wie die Sowjetunion mehrmals vorgeschlagen hatte. (Von diesem Programm sollten 1970–73 nur die Punkte 1 und 2 realisiert werden; das Interesse des westdeutschen Kapitals an Rüstungsprofiten und sein Festhalten an den Rockschößen der USA vereitelten 3 und 4.)

Die künftige innenpolitische Konstellation der BRD wurde sichtbar, als der SPD-Justizminister Gustav Heinemann am 5. März 1969 mit den Stimmen von SPD und FDP zum Bundespräsidenten gewählt wurde, während der von CDU/CSU und NPD unterstützte CDU-Verteidigungsminister Gerhard Schröder unterlag. Heinemann bezeichnete seine Wahl als ein Stück »Machtwechsel« und hielt den Unionsparteien, Salz in ihre Wunden reibend, vor, daß ihr Weg »nicht ›zur Befreiung der Ostzone‹ und ›zu einer Neuordnung ganz Europas‹ geführt hat«, wie Adenauer versprochen hatte.

Am 1. September 1969, zum 30. Jahrestag des Beginns des Zweiten Weltkrieges, vernahmen die Westdeutschen ungewohnte Worte von einem Bundespräsidenten. Heinemann ermahnte sie: »Als neue Gewohnheit gilt es einzuüben, einen Konflikt auch mit den Augen des Gegners zu beurteilen . . . Zu den neuen Verhaltensweisen wäre zu rechnen, an der Angst und der Trauer, an dem Stolz und der Empfindlichkeit des Gegners Anteil zu nehmen.« Am 22. September 1969 sagte Gromyko in New York zu Willy Brandt: »Wenn die Bundesrepublik vernünftig ist, wird der Erfolg nicht ausbleiben«, und Brandt erwiderte: »Wir haben verstanden, daß die Sowjetunion für praktische Maßnahmen ist.«

Der Weg dafür wurde frei, als die westdeutschen Wähler die Unionsparteien bei der Bundestagswahl vom 28. September 1969 mit 46,1 Prozent der Stimmen gegenüber 48,5 Prozent für SPD und FDP in der Minderheit ließen. Die »sozialliberale« Koalition wählte Brandt am 21. Oktober 1969 zum Bundeskanzler, Außenminister wurde Walter Scheel.

Kulturaustausch mit der UdSSR in BRD und DDR

In der »abendländischen« Ära Adenauer mit ihrem wüsten Antikommunismus und Antisowjetismus, die eine Zeitlang sogar von dem ehemaligen »Antikomintern«-Chef Eberhart Taubert weitergeschürt wurden, konnten kulturelle Beziehungen zur Sowjetunion ebensowenig gedeihen wie in den Hitler-Jahren. Erst im Sommer 1955 besuchten westdeutsche Journalisten in größerer Zahl die Sowjetunion und stellten mit Verblüffung fest, daß die Sowjetbürger normale, moderne Menschen waren. 1957 erlitt westlicher Zivilisationsdünkel auch in der BRD den »Sputnik-Schock«. Aber noch 1960 behauptete ein Buch mit dem Titel »Ost minus West gleich Null«, daß Rußland und die Sowjetunion alle Fortschritte westlichen Ausländern verdankten, und noch 1963 behauptete ein anderes: »Die Russen sind anders.«

Westdeutsche Verlage brachten besonders gern »Dissidenten« wie Pasternak und Solschenizyn heraus, daneben veröffentlichten sie Werke von Ilf/Petrow, Soschtschenko, Paustowski und Jewtuschenko; letzterer las während einer Tournee aus seinen Gedichten. In der Sowjetunion erschienen deutsche Autoren wie Bert Brecht, Anna Seghers, Leonhard Frank, Heinrich Böll und Günter Grass. Die Musik von Prokofjew, Schostakowitsch und Chatschaturian wurde auch in der BRD bekannt und aufgeführt. Aber mit der DDR war der Kulturaustausch weitaus intensiver, dort wurde auch Russisch als erste Fremdsprache gelehrt, während es von westdeutschen höheren Schulen kaum angeboten wurde. Umgekehrt war die Kenntnis des Deutschen in der Sowjetunion weit verbreitet, und Sowjetbürger deutscher Herkunft hatten deutschsprachige Zeitungen, Theater und Kirchen.

10. Kapitel

Entspannungspolitik und Wirtschaftsaustausch, 1969–1983

Für die »neue Ostpolitik« der Regierung Brandt/Scheel war günstig, daß die Westdeutschen bis 1969 einen – qualvoll langsamen – Lernprozeß durchgemacht hatten: 1951 hatten sich 80 Prozent mit dem Verlust der Ostgebiete »niemals« abfinden wollen, 1953 glaubten noch 66 Prozent an deren Rückgewinnung in absehbarer Zeit – 1969 wollten nur noch 32 Prozent den von Hitler verschuldeten Gebietsverlust nicht hinnehmen. Die Zahl der Gegner einer Anerkennung der DDR sank im November 1969 erstmals unter 50 Prozent, auf 46 Prozent, während 51 Prozent die Anerkennung der DDR für unvermeidlich hielten und ein Drittel sogar eine völkerrechtliche Anerkennung guthieß, wenn sich dafür Garantien für Westberlin einhandeln ließen. Nur 32 Prozent der Westdeutschen fühlten sich durch die Sowjetunion bedroht, während 55 Prozent sich nicht bedroht fühlten. 1953 hatten 32 Prozent der Westdeutschen geglaubt, daß die USA auch im Jahre 2000 mächtiger als die UdSSR sein würden, nur 11 Prozent hatten gemeint, daß die Sowjetunion bis dahin die USA überflügelt haben würde – 1969 glaubten nur noch 21 Prozent an eine Prädominanz der USA in fünfzig Jahren, 20 Prozent erwarteten ein Überwiegen der Sowjetunion. Dieser Trend sollte sich fortsetzen, bis sich die Bewertungen von 1953 im Jahre 1973 umgekehrt hatten: 37 Prozent favorisierten die UdSSR, nur noch 13 Prozent die USA. Und diese Einschätzung blieb stabil.

Die Gewaltverzichtsverträge von Moskau und Warschau

In seiner Regierungserklärung vom 28. Oktober 1969 sprach Bundeskanzler Brandt zum erstenmal offiziell aus, daß »zwei Staaten in Deutschland existieren« – damit hatte die BRD nach zwanzig Jahren die DDR endlich staatsrechtlich, wenn auch nicht völkerrechtlich, anerkannt. Ausdrücklich »auch gegenüber der DDR« bekräftigte Brandt »die Politik des Gewaltverzichts, die die territoriale Integrität des jeweiligen Partners berücksichtigt« – dies bedeutete die De-facto-Anerkennung der bestehenden Grenzen, insbesondere der innerdeutschen und der Grenze an Oder und Neiße. Brandt kündigte baldige Verhandlungen mit der UdSSR und Polen sowie die Unterzeichnung des Kernwaffen-Nichtverbreitungsvertrages an. Letztere wurde am 28. November 1969 vollzogen – damit war auch die seit 1956 verfolgte »Nuklearoption« aufgegeben worden.

Die internationale Aufwertung der DDR hatte inzwischen trotz Bonner Störaktionen große Fortschritte gemacht: Bis Anfang 1970 war die DDR von 21 Staaten voll anerkannt; außerdem unterhielt sie Generalkonsulate in sechs weiteren Ländern und Außenstellen der DDR-Kammer für Außenhandel in 12 westeuropäischen Staaten. Innerhalb des Rates für gegenseitige Wirtschaftshilfe (RGW, Comecon) war die DDR nach der UdSSR zur zweitstärksten Industriemacht avanciert.

Die Moskauer Verhandlungen zwischen der Sowjetunion und der BRD führten schnell zu einem historischen Vertrag. Nachdem Außenminister Gromyko und Egon Bahr zwischen Januar und Juli 1970 einen substantiellen Gewaltverzicht ausgearbeitet hatten, kam es Ende Juli zu Schlußverhandlungen unter Beteiligung des Bonner Außenministers Scheel und im August – auf sowjetische Anregung – zur Reise Brandts nach Moskau zwecks Unterzeichnung des Vertrages.

In dem am 12. August 1970 von den Regierungschefs Brandt und Kossygin und den Außenministern Scheel und Gromyko signierten Vertrag bekundeten die beiden Staaten ihre »Entschlossenheit zur Verbesserung und Erweiterung der Zusammenarbeit . . . einschließlich der wirtschaftlichen Beziehungen sowie der wissenschaftlichen, technischen und kulturellen Verbindungen . . .« (Präambel). Sie erklärten es »als wichtigstes Ziel ihrer Politik, den internationalen Frieden aufrechtzuerhalten und die Entspannung zu erreichen. Sie bekunden ihr Bestreben, die Normalisierung der Lage in Europa . . . zu fördern und gehen dabei von der in diesem Raum bestehenden wirklichen Lage aus« (Artikel 1). Auf die Anerkennung der »Realität«, die Bonn so lange hatte vermissen lassen, folgte der »Gewaltverzicht«: Entsprechend den Zielen und Grundsätzen der UNO-Charta »werden sie ihre Streitfragen ausschließlich mit friedlichen Mitteln lösen und übernehmen die Verpflichtung, sich . . . der Drohung mit Gewalt oder der Anwendung von Gewalt zu enthalten« (Artikel 2). Artikel 3 verankerte die übereinstimmende »Erkenntnis . . ., daß der Friede in Europa nur erhalten werden kann, wenn niemand die gegenwärtigen Grenzen antastet«, und spezifizierte: »Sie verpflichten sich, die territoriale Integrität aller Staaten in Europa in ihren heutigen Grenzen uneingeschränkt zu achten; sie erklären, daß sie keine Gebietsansprüche gegen irgend jemand haben und solche in Zukunft auch nicht erheben werden; sie betrachten heute und künftig die Grenzen aller Staaten in Europa als unverletzlich, wie sie am Tage der Unterzeichnung dieses Vertrages verlaufen, einschließlich der Oder-Neiße-Linie, die die Westgrenze der Volksrepublik Polen bildet, und der Grenze zwischen der Bundesrepublik Deutschland und der Deutschen Demokratischen Republik.« Konkret ging Deutschland, wie Brandt später sagte, »nichts verloren, was nicht längst verspielt worden war« – die BRD hatte nur unhaltbare Illusionen geopfert.

Zu Leonid Breschnew, der einen Urlaub unterbrochen hatte, um der Vertragsunterzeichnung beizuwohnen, sagte Brandt, er betrachte den Vertrag »teils als einen Schlußstrich, aber noch mehr als Ausgangspunkt dafür, was wir uns gemeinsam vornehmen könnten, nicht nur in der Zusammenarbeit der beiden Staaten, sondern mehr noch im Wirken für den Frieden in Europa«. Breschnew wies Brandt darauf hin: »Eine Wende zum Besseren ist keine einfache, keine leichte Sache. Zwischen unseren Staaten und unseren Völkern steht eine schwere Vergangenheit . . . Wenn es nicht nur um die Entwicklung von Handelsbeziehungen, sondern auch um die moralische und politische Annäherung zwischen unseren Völkern und Staaten geht, so ist das für beide Seiten eine schwere Aufgabe. Die Erinnerungen an den Zweiten Weltkrieg sind noch lebendig, und die Frage ist, ob das sowjetische Volk sicher sein kann, daß die Außenpolitik neue Grundlagen schafft.«

Breschnew versprach jedoch, »eine sehr aktive Arbeit« zu leisten, um »im Volk eine wohlwollende Haltung gegenüber der Bundesrepublik zu erzeugen«; die Jugend, die keine Erinnerung an den Krieg habe, solle man in beiden Staaten »zur Achtung gegenüber dem anderen Volk erziehen«. Brandt konnte auf sowjetischer Seite bald »wesentliche Veränderungen« feststellen: ». . . in der sowjetischen Armee (wurde) seit Herbst 1970 neues Schulungsmaterial verwendet, in dem auf die Verteufelung verzichtet wurde. Dies war keine Kleinigkeit. Ich weiß aus anderen Zusammenhängen, daß es gar nicht so leicht ist, einer Armee das gewohnte ›Feindbild‹ zu nehmen.«

Der Moskauer Vertrag wurde ergänzt durch den Warschauer Vertrag vom 7. Dezember 1970, in dem die Bundesrepublik noch einmal feststellte, daß die Oder-Neiße-Linie »die westliche Staatsgrenze der Volksrepublik Polen bildet«, sowie durch das Berliner Viermächteabkommen vom 3. September 1971. Letzteres garantierte den ungehinderten Zugang nach Westberlin, wo ein sowjetisches Generalkonsulat errichtet wurde, und stellte fest, daß die Westsektoren »wie bisher kein Bestandteil (konstitutiver Teil) der Bundesrepublik Deutschland sind und auch weiterhin nicht von ihr regiert werden«.

Fortschreitende Normalisierung der Beziehungen

Im Interesse seines Osthandels begrüßte das westdeutsche Großkapital durchaus den Abschluß der Entspannungsverträge von Moskau und Warschau, aber gleichzeitig wollte es auch durch den »militärisch-industriellen Komplex« profitieren, der zumindest das Gespenst des Kalten Krieges und der »Bedrohung aus dem Osten« zur Rechtfertigung seiner Geschäfte benötigt, die rund dreimal so hohe Profite wie zivile Geschäfte abwerfen. So hatte der Ruhrkonzern Thyssen, der zusammen mit Mannesmann seit 1970 der Sowjetunion Großrohre gegen sibirisches Erdgas lieferte, seinen Manager Mommsen, der schon Hitlers Rüstungsminister Albert Speer gedient hatte, als Rüstungs-Staatssekretär in das Bonner Verteidigungsministerium delegiert.

Chef des Ministeriums war der rechte Sozialdemokrat Helmut Schmidt, der als Flak-Leutnant 1941 in die Sowjetunion einmarschiert und 1944 für würdig befunden worden war, an den Prozessen gegen die Widerständler vom 20. Juli als Zuschauer teilzunehmen. Schmidt warnte seit 1966 vor einem neuen »Rapallo«, hielt als »Atlantiker« das NATO-Bündnis mit den USA hoch, steigerte die Militärausgaben von 19,4 Milliarden Mark im Jahre 1970 auf 24,3 Milliarden im Jahre 1972 und ermutigte mit seiner Schwarzmalerei der angeblichen »Gefahr aus dem Osten« die Opposition der Unionsparteien und der Springer-Presse gegen Brandts Entspannungspolitik. Vom rüstungsorientierten Flick-Konzern lieh sich Springer 1971/72 den Manager Eberhard von Brauchitsch als Generalbevollmächtigten aus; nach seiner Rückkehr zu Flick diente Brauchitsch dem Großverleger weiter als Berater. Die Angriffe von rechts führten zum Abbröckeln der knappen Regierungsmehrheit, wodurch die Ratifizierung der Ostverträge in Gefahr geriet.

Die seit 1969 veränderte westdeutsche Volksmeinung wünschte im Gegensatz zu Schmidt eher eine neutrale Bundesrepublik. Schon im Juni 1970 waren bei einer Befragung 46 Prozent der Auffassung, die Sicherheit der BRD werde am besten garantiert, wenn sie keine Feinde in Osteuropa habe, während nur 38 Prozent sich »möglichst viele Freunde im Westen« wünschten. Im Herbst 1971 sprachen sich nur noch 39 Prozent der Westdeutschen für ein festes Militärbündnis mit den USA aus (zwei Jahre vorher waren noch 48 Prozent dafür gewesen), während die Befürworter einer Neutralität nach dem Muster der Schweiz von 39 Prozent im Herbst 1969 auf 50 Prozent zugenommen hatten. In jener Zeit (16.–18. September 1971) besuchte Brandt Breschnew in Oreanda auf der Krim und versprach, die vom Warschauer Pakt seit 1966 geforderte europäische Sicherheitskonferenz (KSZE) zu unterstützen. Zu einem die Militärblöcke ersetzenden kollektiven Sicherheitssystem und zu einschneidenden Truppenverminderungen, wie sie Bahr 1968/69 anvisiert hatte, sollte es jedoch wegen der »militärisch-industriellen« Profitinteressen, die das Festhalten an der NATO bedingten, nicht kommen.

Nachdem die Regierung Brandt/Scheel am 28. April 1972 ihre parlamentarische Mehrheit verloren hatte, schienen die Ostverträge aufs äußerste gefährdet. Ende April warnte der sowjetische Politiker Michail Suslow, die BRD werde bei einem Scheitern der Verträge »mit dem Verlust des politischen Vertrauens auch ihre Bedeutung als ernsthafter Partner der Sowjetunion in wirtschaftlicher Hinsicht verlieren«. Dieser und ähnliche Hinweise, man werde den sowjetischen Handel auf andere Länder verlagern, blieben nicht ohne Wirkung auf westdeutsche Wirtschaftskreise, die im Interesse ihres bereits stark gestiegenen Ostexports die CDU/CSU-Opposition bestimmten, die Verträge passieren zu lassen. Am 17. Mai 1972 wurden die Ratifikationsgesetze schließlich nur mit den 248 Stimmen von SPD und FDP verabschiedet. Gegen den Moskauer Vertrag stimmten 10 Oppositionsabgeordnete, 238 enthielten sich der Stimme; der Warschauer Vertrag erhielt 17 Nein-Stimmen bei 231 Enthaltungen. Am 31. Mai 1972 ratifizierte auch das Präsidium des Obersten Sowjets den Moskauer Vertrag.

Danach lösten sich manche Bremsen, die die Entspannung bisher aufgehalten hatten. Am 3. Juni 1972 wurde das Berliner Viermächteabkommen in Kraft gesetzt, womit auch der Weg für die Vorbereitung der KSZE frei wurde. Am 5. Juli 1972 unterzeichnete der sowjetische Außenhandelsminister Nikolai Patolitschew den Anfang April paraphierten langfristigen Handelsvertrag sowie ein weiteres Erdgas-Röhren-Abkommen. Nachdem die westdeutsch-sowjetischen Beziehungen auf eine feste Basis gestellt worden waren, knüpfte die BRD am 11. Oktober 1972 diplomatische Beziehungen zur Volksrepublik China an. Bei den vorgezogenen Bundestagswahlen vom 19. November 1972 honorierten die Wähler die Entspannungspolitik der Regierung Brandt/Scheel mit 54,2 Prozent der Stimmen für SPD und FDP, während die Unionsparteien trotz einer gewaltigen Propagandakampagne mit 44,9 Prozent der Stimmen in der Opposition blieben.

Am 21. Dezember 1972 unterzeichneten die BRD und die DDR in Berlin den Vertrag über die Grundlagen ihrer Beziehungen. Zwar sollten diese nicht durch Botschafter, sondern durch »ständige Vertreter« unterhalten werden, aber sonst sprach der »Grundvertrag« mehrfach von völkerrechtlichen Qualitäten wie »Unverletzlichkeit der Grenzen«, »Achtung der territorialen Integrität und der Souveränität«, »Gleichberechtigung« als Grundlage »normaler gutnachbarlicher Beziehungen«, »Achtung der Unabhängigkeit« usw. Dem seit 1949 erhobenen »Alleinvertretungsanspruch« schwor Bonn u. a. mit der Formulierung ab, »daß keiner der beiden Staaten den anderen international vertreten oder in seinem Namen handeln kann«, bzw. »daß die Hoheitsgewalt jedes der beiden Staaten sich auf sein Staatsgebiet beschränkt«.

In Westdeutschland werteten nach einer Anfang Februar 1973 veröffentlichten Umfrage 60 Prozent der Wähler den Grundvertrag als »gut« oder »sehr gut«; Jungwähler zwischen 18 und 24 Jahren sogar zu 72 Prozent. Im Mai 1973 billigte der Bundestag den Grundvertrag mit 268 zu 217 Stimmen. Am 18. September 1973 wurden die BRD und die DDR als Vollmitglieder in die Vereinten Nationen aufgenommen; seit der Unterzeichnung des Grundvertrages war die Zahl der Staaten, die die DDR diplomatisch anerkannten, von 30 auf 134 gestiegen. Im November 1973 unterzeichnete die BRD einen Normalisierungsvertrag mit der ČSSR, der das Münchner Abkommen von 1938 als nichtig bezeichnete; im Dezember 1973 wurden auch mit Bulgarien und Ungarn diplomatische Beziehungen aufgenommen. Damit hatte die BRD ihr Verhältnis zu allen Staaten des Warschauer Vertrages auf der Grundlage der friedlichen Koexistenz normalisiert.

Breschnews erster Besuch in Bonn

Am Vorabend des ersten Besuchs eines Generalsekretärs der KPdSU in Bonn vom 18. bis 22. Mai 1973 hatte eine Umfrage ergeben, daß 54 Prozent der Westdeutschen »mit Amerika und Rußland gleich eng« zusammenarbeiten wollten, nur 36 Prozent »lieber enger mit Amerika«. 49 Prozent stimmten der Ansicht zu, »die Sowjetunion strebt eine friedliche Zusammenarbeit mit uns an«, während nur 29 Prozent befürchteten, daß »die Sowjetunion die Bundesrepublik aus der westlichen Gemeinschaft herauslösen« wolle. 49 Prozent fanden, die bisherige Ostpolitik habe sich »gelohnt«, während nur 29 Prozent meinten, sie habe sich »nicht gelohnt«. 51 Prozent hielten den Breschnew-Besuch für »gut und nützlich«, während 31 Prozent meinten, er bringe nichts weiter ein oder schade eher.

In Bonn betonte Breschnew gegenüber Brandt, die UdSSR wolle die BRD natürlich nicht als militärischen Verbündeten, sondern »als Verbündeten gegen die Wiederholung der Vergangenheit sehen, als guten Partner über das Bilaterale hinaus«. Er appellierte an Brandt, zusammen mit ihm eine »Heldentat« zu vollbringen, damit, wie Brandt ihn zitierte,

»die neuen Beziehungen zwischen unseren Ländern die Völker mit Überzeugungskraft erfüllten, ihnen das Gefühl des Vertrauens wiedergäben«. Die Vergangenheit war für Breschnew freilich unvergessen: Er erinnerte sich, wie ihm als Parteisekretär von Dnjepropetrowsk am 22. Juni 1941 die Aufgabe zugefallen war, die nach Deutschland rollenden Weizenzüge anzuhalten: »Weizentransporte – das habe doch guten Willen bedeutet!«; er erinnerte sich jedoch auch der guten Beziehungen während der Weimarer Zeit.

Sowohl gegenüber Brandt wie vor westdeutschen Industriekapitänen plädierte Breschnew für eine neue Ära der wirtschaftlichen Zusammenarbeit zu beiderseitigem Nutzen, »für Vereinbarungen auf 30, 40 oder 50 Jahre«. Obwohl die Araber bereits von ihrer »Ölwaffe« gesprochen hatten, die dem Westen in Bälde eine schwere Wirtschaftskrise bereiten sollte, erklärte ihm Brandt jedoch einigermaßen herablassend, die BRD sei »unter den gegebenen Verhältnissen nicht an besonderer Exportsteigerung interessiert«. Deshalb wurde am 19. Mai 1973 nur ein zehnjähriges, noch konkret auszufüllendes Rahmenabkommen über die Entwicklung der wirtschaftlichen, industriellen und technischen Zusammenarbeit unterzeichnet, dem sich ein Kulturabkommen und eine Luftverkehrsvereinbarung anschlossen.

In ihrer gemeinsamen Deklaration vom 21. Mai 1973 erklärten sich Breschnew und Brandt »entschlossen«, den Moskauer Vertrag von 1970 »mit Leben zu erfüllen«. Am Abend desselben Tages kam Breschnew in einer Fernsehansprache an die Bürger der BRD noch einmal auf sein Friedensthema zu sprechen: »Jenes Europa, welches wiederholt zum Herd aggressiver Kriege gemacht wurde, die riesige Zerstörungen und den Tod von Millionen Menschen verursacht haben, muß für immer der Vergangenheit angehören. Wir wollen, daß hier ein neuer Kontinent entsteht, ein Kontinent des Friedens, des Vertrauens und der gegenseitigen vorteilhaften Zusammenarbeit zwischen allen Staaten.«

Dies war auch der Herzenswunsch einer großen – aber stummen – Mehrheit der Westdeutschen: 68 Prozent von ihnen hielten es im Sommer 1973 für durchaus möglich, »daß zwei so unterschiedliche Gesellschaftssysteme wie das östliche und das westliche friedlich nebeneinander leben können«, nur 19 Prozent sagten andauernde harte Auseinandersetzungen zwischen Ost und West voraus. Nach einer anderen Umfrage glaubten 62 Prozent, daß man beruhigt in die Zukunft blicken könne, und nur 14 Prozent, daß man Angst vor einem neuen Krieg haben müsse.

Kaum, daß die Entspannung zwischen der BRD und der UdSSR gesichert schien, verstärkte jedoch eine winzige, aber einflußreiche und publizistisch lautstarke Minderheit von Rüstungsinteressenten wieder das Schüren von Spannungen zugunsten der »militärisch-industriellen Komplexe«:

Die USA gewannen in dem SPD-Rechten Georg Leber, der 1972 seinem Gesinnungsfreund Schmidt als Verteidigungsminister gefolgt war, einen eifrigen Mitrüster, der die BRD zum drittgrößten Geldausgeber für militärische Zwecke in der Welt machte und dabei den vom CSU-Chef Strauß repräsentierten Rüstungskomplex alimentierte. Die dazu benötigte Bedrohungslegende mit dem Tenor »Die Russen kommen!« war schnell zur Hand, als der Entspannungsfeind Springer im September 1973 in scheinbarer Panik meldete, »daß die Ostblockstrategie die . . . Überwindung von natürlichen Hindernissen wie Elbe und Weser im Auge hat«. Als weitere Werkzeuge der Spannungserzeugung waren die beiden Münchner CIA-Sender »Radio Liberty« und »Radio Free Europe« finanziell abgesichert worden, und in Frankfurt am Main etablierte sich eine »Gesellschaft für Menschenrechte« in enger Verbindung mit der antisowjetischen Organisation NTS, die im Krieg mit der Nazi-Besatzung kollaboriert hatte. Alle diese Organisationen und die Springer-Presse nahmen sich mit Eifer der antisowjetischen »Dissidenten« an, die, wenn sie in den Westen kamen, sich zumeist schnell den führenden Entspannungsfeinden wie Strauß und Springer zugesellten.

Am 31. Juli 1973 belebten acht Richter des Bundesverfassungsgerichts in Karlsruhe mit ihrem von dem CSU-regierten Land Bayern beantragten Urteil zwecks restriktiver Auslegung des BRD-DDR-Grundvertrages die Fiktion wieder, »daß das Deutsche Reich den Zusammenbruch 1945 überdauert hat«; die BRD sei »als Staat identisch mit dem Staat ›Deutsches Reich‹ « und die DDR im Verhältnis zu ihr nicht Ausland. Die acht Richter geboten der Bundesregierung, »den Wiedervereinigungsanspruch im Inneren wachzuhalten und alles zu unterlassen, was die Wiedervereinigung vereiteln würde« – die Adenauer durch seine Westpolitik längst vereitelt hatte, ohne daß ihn irgendwelche Richter gerügt hätten. Den Gipfel der Weltfremdheit erklomm das Gericht mit seiner Vorschrift, die Grenze zwischen BRD und DDR – immerhin die Militärgrenze zwischen zwei waffenstarrenden Blöcken – sei »ähnlich« zu qualifizieren wie jene, »die zwischen den Ländern der Bundesrepublik Deutschland verlaufen«; damit wurden Grenzverletzungen geradezu herausgefordert. Nachdem das Gericht »Berlin« als ein »Land der Bundesrepublik« bezeichnet hatte, verstärkte sich in Bonn und Westberlin die Tendenz, das Berliner Viermächteabkommen einer Belastungsprobe auszusetzen. Der Bonner FDP-Innenminister Hans-Dietrich Genscher, der sich bei der Rechten lieb Kind machen wollte, etablierte ein »Umweltbundesamt« in Westberlin, und Springer forderte, dabei dürfe es nicht bleiben.

Nach dem Rücktritt Brandts am 6. Mai 1974 wurde der erheblich weiter rechts stehende Helmut Schmidt Bundeskanzler, mit Genscher als Außenminister. Den schon unter Brandt verlorengegangenen Schwung der »neuen Ostpolitik« quittierten im September 1974 57 Prozent der Westdeutschen mit Enttäuschung, während nur 22 Prozent Zufriedenheit über die Entwicklung seit Abschluß der Ostverträge äußerten. Im Auswärtigen Amt forderte Genscher nun die Einbeziehung Westberlins in westdeutsch-sowjetische Abkommen über wissenschaftlich-technische Zusammenarbeit, Kulturaustausch und Rechtshilfe – mit dem Ergebnis, daß diese Abkommen ohne Signaturen blieben. In der Volksmeinung fanden diese Manöver keine Stütze: Für die Westdeutschen rangierten 1975/76 die Wiedervereinigung und das Berlin-Problem am Ende und wirtschaftliche Probleme an der Spitze ihrer Interessen.

Nachdem die BRD schon 1972 der größte Wirtschaftspartner der UdSSR im Westen geworden war und der Handelsaustausch sich 1973 um rund 39 Prozent auf 5,1 Milliarden Mark vermehrt hatte, machte der Ausbau der Wirtschaftsbeziehungen im Zeichen der Ende 1973 ausgebrochenen Öl- und »Westwirtschaftskrise« mit rasch ansteigender Arbeitslosigkeit besonders große Fortschritte. 1974 kam es zu Kooperationsabkommen mit den Firmen Lurgi, Siemens und Schering sowie, zur Errichtung eines großen Hüttenwerks bei Kursk, mit Krupp, Salzgitter und Korf, und die Firma Klöckner-Humboldt-Deutz erhielt einen sowjetischen Auftrag über 9500 Lastwagen. Beim ersten Besuch, den Schmidt und Genscher in ihren neuen Ämtern im Oktober 1974 der Sowjetunion abstatteten, wurde ein drittes riesiges Erdgas-Röhren-Geschäft bis zum Jahre 2000 verabredet. Auch der BRD-DDR-Handel vergrößerte sein Volumen 1974 – viel stärker als in den drei Jahren zuvor – von 5,6 auf 6,9 Milliarden Mark. Am 7. Oktober 1975 gestaltete die DDR ihr Verhältnis zur UdSSR noch enger durch den Abschluß eines Vertrages über Freundschaft, Zusammenarbeit und gegenseitige Hilfe auf die Dauer von 25 Jahren.

Im Frühjahr 1975 hatte der Bonner FDP-Wirtschaftsminister Hans Friderichs anerkannt, daß die östliche Wirtschaftsplanung »die Möglichkeit besonders langfristiger Verträge« biete, die eine stabilisierende

Wirkung angesichts der Konjunkturschwäche im Westen ausübten. Wie in der Weimarer Republik nach 1929 sicherten große Ostaufträge in der BRD Firmenbilanzen und Arbeitsplätze: Nach Otto Reinhold, dem Direktor des DDR-Instituts für Gesellschaftswissenschaften, wurden in der BRD allein durch sowjetische Aufträge 220000 Arbeitsplätze garantiert, einschließlich der Aufträge aus der DDR und anderen sozialistischen Staaten »mindestens doppelt so viele« – ohne Ostaufträge hätte die westdeutsche Arbeitslosigkeit um ein gutes Drittel höher gelegen. 1976 brachten der BRD ihre Lieferungen in die RGW-Staaten 25 Prozent mehr ein als ihr Export nach Nordamerika (USA und Kanada), und ihr Osthandel gab doppelt so viel Menschen Arbeit und Brot wie ihre Rüstungsindustrie bei höherem Umsatz. Insofern war – und blieb – das westdeutsche Interesse am Osthandel eine gewisse Gewähr gegen ein Überhandnehmen der von der Rüstungsindustrie benötigten Spannungen. In Übereinstimmung mit führenden Industriellen lehnte die Bundesregierung deshalb im westdeutschen Wahljahr 1976 Forderungen von Unionspolitikern ab, den Osthandel als Druckmittel gegen die UdSSR und die DDR zu gebrauchen und mit seiner Einschränkung zu drohen.

Aber die trotz der Helsinki-Schlußakte von 1975 zugunsten der Aufrüstung fortgesetzte Angstkampagne mit dem Unterton »Die Russen kommen!« hatte vielfältige Wirkungen erzeugt: Anfang 1976 fanden sowjetische Zehn-Rubel-Goldmünzen (Tscherwonzen) in Westdeutschland reißenden Absatz – mancher Käufer wollte sich wohl für den Fall vorbereiten, daß »die Russen kommen«. Im März 1976 wollten 52 Prozent der Westdeutschen, vereinfacht ausgedrückt, »lieber rot als tot« sein – in den fünfziger Jahren hatten sich diese und die gegenteilige Auffassung noch mit je einem Drittel die Waage gehalten. Der Anteil derjenigen, die einen neuen Krieg fürchteten, war von 14 Prozent im Sommer 1973 auf 33 Prozent im Jahre 1976 gestiegen, während der Anteil derjenigen, die beruhigt in die Zukunft blickten, von 62 auf 43 Prozent gesunken war. Und im August 1976 fühlten sich erstmals seit acht Jahren wieder mehr Westdeutsche »durch Rußland bedroht« (47 Prozent) als »nicht bedroht« (38 Prozent). Andererseits bezeichneten im September 1976 45 Prozent die Ostpolitik Bonns als »erfolgreich« und nur 36 Prozent als »nicht erfolgreich«, wovon 10 Prozent der Bundesregierung, 8 Prozent den Ostblockstaaten und 18 Prozent beiden Seiten die Schuld für mangelnde Fortschritte gaben.

Inkonsequente Haltung der BRD zwischen USA und UdSSR

Im Januar 1977 antworteten auf die Frage, wie es im Jahre 1985 aussehen werde, 38 Prozent der Westdeutschen: »Die Sowjetunion hat mehr Einfluß in der Welt« und 31 Prozent: »Amerika verliert an Einfluß in der Welt«, während die gegenteiligen Auffassungen nur jeweils 12 Prozent vertraten.

Nachdem im selben Monat Jimmy Carter das Präsidentenamt der USA angetreten hatte, wurde auch der Bonner Bundeskanzler Helmut Schmidt – hauptsächlich aus wirtschaftlichen Gründen – an seinem »Atlantismus« irre und nahm eine distanzierte Haltung zu Washington ein, während Unionspolitiker und die Springer-Presse Carters Positionen und Forderungen unkritisch übernahmen. So beteiligte sich Schmidt nicht an Carters antisowjetischem »Menschenrechts«- und »Dissidenten«-Rummel; im Gegensatz zu Carter lehnte Schmidt es ab, den Dissidenten Andrej Amalrik zu empfangen, der prophezeit hatte, die Sowjetunion werde das Jahr 1984 nicht erleben – Strauß dagegen (auf den Spuren Alfred Rosenbergs) empfing den ukrainischen Separatisten Valentin Moros. Nachdem eine breite Bewegung »Stoppt die Neutronenbombe!« entstanden war, tat Schmidt Carter nicht den Gefallen, ihn öffentlich um deren Einführung in die NATO-Arsenale zu bitten.

Andererseits jedoch bot Schmidt durch eine unbedachte Londoner Rede vom 28. Oktober 1977 über die angeblich wachsende »Bedeutung der Disparitäten auf nukleartaktischem und konventionellem Gebiet zwischen Ost und West in Europa« – bei einer Überzahl amerikanischer Kernsprengköpfe! – den USA die Gelegenheit, den Westeuropäern erstmals seit 1963 amerikanische Mittelstreckenwaffen aufzudrängen, die Ziele in der UdSSR bedrohen würden, und zwar 108 Pershing-II-Raketen (die sämtlich in der BRD stationiert werden sollten) sowie 464 Cruise Missiles (von denen Westdeutschland 96 aufnehmen sollte). Besonders mit der Stationierung ihrer Erstschlagwaffe Pershing II auf deutschem Boden, von dem der Überfall des 22. Juni 1941 ausgegangen war, bezweckten die USA, ihren Wirtschaftskonkurrenten BRD, wenn nicht zum atomaren Schlachtfeld zu machen, so doch mit der Sowjetunion gründlich zu entzweien und zur künftig noch mehr erpreßbaren Geisel ihrer weltpolitischen Abenteuer zu machen.

Die Schröpfung der BRD durch die westliche Vormacht USA war ein alltäglicher Vorgang, der sich fast lautlos abspielte und den Bundesbürgern kaum bewußt wurde: Solange der Dollar dank der Machtstellung der USA überbewertet war, hatten sich US-Konzerne billig in die westdeutsche Wirtschaft eingekauft; 1976 wurden diese Investitionen auf

25,9 Milliarden Mark geschätzt. Für die Stationierung amerikanischer Truppen in der BRD, die nicht zuletzt dieses Eigentum schützten, hatte die BRD den USA von 1961 bis 1976 einen Devisenausgleich in Höhe von 40 Milliarden Mark geleistet, der hauptsächlich der US-Rüstungsindustrie zugute gekommen war. Durch wiederholte Dollar-Abwertungen hatten die USA von 1969 bis 1976 den westdeutschen Devisenschatz um fast 23 Milliarden Mark entwertet; durch den Export der amerikanischen Inflation unter Carter (die Schmidt besonders erboste) stieg der Verlust der Frankfurter Bundesbank, dem Sachkenner Hermann Josef Abs zufolge, bis 1979/80 auf 30 bis 50 Milliarden Mark. Allein diese entschädigungslose Enteignung durch den »Freund« USA übertraf die bei Kriegsende von der Sowjetunion geforderten deutschen Reparationen und bei weitem die 1976 auf 20 Milliarden Mark geschätzte Gesamtverschuldung der Ostblockstaaten gegenüber der BRD, die Oppositionspolitiker als Risiko kritisiert hatten. Amerikas Marshall-Plan-Hilfe und CARE-Pakete hatten sich vielfach bezahlt gemacht.

Vom 4. bis 7. Mai 1978 besuchte Breschnew Bonn zum zweiten Mal und bekannte sich mit Schmidt zu der »Überzeugung, daß der einzige zuverlässige Weg zu Vertrauen und guter Nachbarschaft die stetige Entwicklung der internationalen Entspannung ist«. In Verbindung mit dem bei dieser Gelegenheit unterzeichneten »Abkommen über die Entwicklung und Vertiefung der langfristigen Zusammenarbeit auf dem Gebiet der Wirtschaft und Industrie« erinnerte Schmidt sogar an Bismarcks »Rückversicherungsvertrag« von 1887: Bismarck habe gewußt, daß man mit Rußland im Frieden leben müsse, »und dies ist der gleiche Grundgedanke, der auch diesem 25jährigen Wirtschaftsabkommen zugrunde liegt«.

Während eine amerikanisch inspirierte internationale Pressekampagne die BRD der »Selbst-Finnlandisierung« und Politiker wie Brandt und Bahr der Absicht bezichtigte, durch NATO-Austritt und Neutralisierung ein wiedervereinigtes »sozialistisches« Deutschland herzustellen, bestätigte eine Umfrage im August 1978 tatsächlich, daß ein gutes Drittel (35 Prozent) der Westdeutschen eine deutsche Neutralität wünscht. Im September 1978 erwähnte Schmidt die USA nicht, als er den Freiburger Katholikentag darauf hinwies: »Warschau und Budapest und Moskau, das sind europäische Städte . . . das geschichtliche Europa umfaßt Rom und Byzanz, Oxford und Sagorsk.« Bonn distanzierte sich von den USA auch in bezug auf deren – von Unionspolitikern begrüßten – Versuch, die »chinesische Karte« gegen die Sowjetunion auszuspielen. Im Herbst 1978 versicherte Schmidt in einem Schreiben an Breschnew, daß die BRD Peking keine Waffen liefern werde. Im Februar 1979 lobte Schmidt die »beinahe weise« Zurückhaltung Moskaus gegenüber China, das Vietnam angegriffen hatte.

Doch am 12. Dezember 1979 faßte die NATO in Brüssel unter aktiver Beteiligung der Regierung Schmidt/Genscher den »Doppelbeschluß« über die Stationierung von 572 amerikanischen Mittelstreckenwaffen in Westeuropa ab Herbst 1983 für den Fall, daß Verhandlungen zwischen den USA und der UdSSR bis dahin ergebnislos blieben; das Verhandlungsangebot war jedoch nicht seriös, da die NATO die Bereitschaft Breschnews, die sowjetischen Mittelstreckenwaffen zu verringern oder »einzufrieren«, ignoriert hatte und weiterhin ignorierte. Nach dem sowjetischen Eingreifen in Afghanistan, das zwei Wochen *nach* dem NATO-Beschluß erfolgte, widersetzte sich die BRD zwar Carters Forderung nach Wirtschaftssanktionen gegen die UdSSR, boykottierte jedoch, unter heftiger Kritik ihrer Sportler, die Moskauer Olympischen Spiele. Kurz danach besuchte Schmidt im Juli 1980 Moskau, um Verhandlungen über Mittelstreckenwaffen in Gang zu bringen. 60 Prozent der Bundesbürger lehnten die »Stationierung von mehr und neuen Atomwaffen in der Bundesrepublik« ab, nur 24 Prozent waren dafür. »Bedingungslose Anlehnung der Bundesrepublik an die Außenpolitik der USA« hielten 52 Prozent für falsch, »mehr Eigenständigkeit der BRD gegenüber den USA« wünschten 49 Prozent.

Die BRD verteidigt ihren Osthandel gegen Druck der USA

Auf die aggressiven Sprüche der Reagan-Leute im Wahlkampf und während ihrer ersten Wochen im Amt reagierte eine Mehrheit von 60 Prozent der Westdeutschen nach einer im März 1981 veröffentlichten Umfrage mit der Forderung »Bonn soll auf Distanz gehen!« Während Schmidt im Mai 1981 mit Reagan nibelungentreu eine »Schicksalsgemeinschaft« ihrer beider Länder beschwor, lehnten 67 Prozent der Westdeutschen (sogar CDU/CSU-Anhänger mit 60 Prozent) neue Mittelstreckenwaffen in der BRD ab; für Rüsten und Verhandeln gemäß dem NATO-Doppelbeschluß traten nur 25 Prozent ein. Die Reagan-Politik begünstigte die Aktion des »Krefelder Appells« gegen neue Atomwaffen, die mehr als vier Millionen Unterschriften erzielte, und rief eine breite Friedensbewegung hervor, die am 10. Oktober 1981 in Bonn 300 000 Demonstranten mobilisierte, worauf die USA sich endlich zur Aufnahme von Verhandlungen mit der UdSSR über die Mittelstreckenwaffen bequemten.

Hatten die USA unter Carter ihre Inflation exportiert und dadurch den Devisenschatz der BRD entwertet und deren Ausfuhr beeinträchtigt, so exportierten sie unter Reagan ihre Hochzinsen und lähmten die Investitionstätigkeit in Westdeutschland. Außerdem blickte Reagan mißgünstig auf den Handelsaustausch zwischen der BRD und der UdSSR, der sich seit 1969 mehr als versiebenfacht hatte und 1981 ein Volumen von 16,8 Milliarden Mark erreichte. Dieser Austausch von westdeutschen Stahlrohren und Eisenprodukten, Maschinen, chemischen und elektro-technischen Gütern gegen sowjetisches Erdgas, Erdöl und andere Rohstoffe dehnte sich trotz der auf US-Betreiben verschärften West-Ost-Handelskontrollen weiter aus; hätte die BRD ein Totalembargo mitgemacht, hätte sie 1,1 Prozent ihres ohnehin stagnierenden Bruttosozialproduktes eingebüßt. Um die BRD und andere westeuropäische Staaten weiter zu schwächen und wieder verstärkt von sich abhängig zu machen, übten die USA starken Druck insbesondere zur Störung des Großgeschäftes aus, das die Lieferung von Röhren und Kompressoren für eine neue Gasleitung vom westsibirischen Urengoi-Feld gegen den vermehrten Bezug sowjetischen Erdgases vorsah. Diesem Druck widersetzte sich Schmidt im Verein mit der FDP und sogar einigen CDU-Politikern.

Als Bonn trotz amerikanischem Unmut vom 22. bis 25. November 1981 Breschnew zum dritten Mal empfing, begrüßten er und Schmidt die kurz zuvor in Essen unterzeichneten Vereinbarungen über das neue Erdgas-Röhren-Geschäft. Im Gegensatz zu Washington, das die Entspannung für »tot« erklärt hatte, brachten sie ihre Überzeugung zum Ausdruck, »daß alles getan werden muß, um die Politik der Entspannung und der friedlichen gleichberechtigten Zusammenarbeit, die langfristig angelegt ist, zu erhalten und zu stärken«, und »daß es zur friedlichen Zusammenarbeit aller Staaten keine vernünftige Alternative gibt«. Breschnew erklärte: »Was uns auch immer trennt, Europa ist unser gemeinsames Haus.«

Im Dezember 1981 besuchte Schmidt den DDR-Staatsratsvorsitzenden Erich Honecker und bekräftigte mit ihm, »daß von deutschem Boden nie wieder Krieg ausgehen darf« – was freilich durch die von Schmidt in Kauf genommene Stationierung der US-Erstschlagwaffe Pershing II auf westdeutschem Boden entwertet wurde. Nicht zuletzt, weil auch Schmidt, der Marschierer vom 22. Juni 1941, wiederholt bekannt hatte: »Ich habe Angst vor den Russen«, um seine falsche Raketenpolitik zu rechtfertigen, traten 1982 die Westdeutschen – bei aller Distanzierung von Reagans USA – zu 49 Prozent für die Fortsetzung des amerikanischen Bündnisses ein; für »ganz neutral zu sein« waren aber immerhin 33 Prozent, und 18 Prozent waren unentschieden. Insbesondere die nach dem Zweiten Weltkrieg geborenen Westdeutschen, die etwa die Hälfte der Gesamtbevölkerung ausmachen, sahen die Interessen ihres Landes von denen der USA divergieren: Während etwa 50 Prozent aller Erwachsenen eine mögliche sowjetische Gefahr fürchteten, galt dies für nur knapp vierzig Prozent der Jüngeren, die andererseits um rund zehn Prozent USA-kritischer als die Gesamtheit der Befragten waren. Am 10. Juni 1982 demonstrierten in Bonn 400 000 meist junge Westdeutsche für den Frieden und gegen die Anwesenheit Reagans, der bei der NATO-Gipfelkonferenz im Bundeshaus auf dem Sessel des Bundeskanzlers Platz genommen hatte. Tags zuvor hatte er den Jubel der CDU/CSU-Abgeordneten, aber nur Pflichtbeifall der sozialdemokratischen geerntet, als er erklärte: »Deutschland, wir stehen auf Deiner Seite! Du stehst nicht allein!«

Der Satz, daß, wer die USA zum »Freund« hat, keinen Feind mehr braucht, bewahrheitete sich jedoch wieder, als Reagan kurz darauf mit der Ausweitung des amerikanischen Technologie-Embargos auf fremdem Recht unterstehende US-Tochterfirmen und Lizenznehmer – mit einer Aggression gegen die Souveränität verbündeter Länder also – zum Schlag gegen das Erdgas-Röhren-Geschäft ausholte. Damit brachte er eine westeuropäische Einheitsfront zustande, die in der BRD neben Sozialdemokraten und Gewerkschaften rechte FDP-Leute, prominente CDU-Politiker und den Industriellenverband BDI umfaßte. 83 Prozent der Bundesbürger befürworteten das Erdgas-Röhren-Geschäft – dagegen waren u. a. die Springer-Presse und der CSU-Chef Strauß als Exponent des Rüstungskomplexes, der für friedliche, der Entspannung dienende Geschäfte nichts übrig hat. Angesichts der breiten westeuropäischen Widerstandsfront mußte Reagan das Technologie-Embargo im Herbst 1982 wieder aufheben.

Treibt Bonn in einen neuen Kalten Krieg?

Die im großen und ganzen entspannungsfreundliche »sozialliberale« Ära in Bonn endete nach fast dreizehn Jahren im September 1982, als der rechte FDP-Flügel, der vom Flick-Konzern seit langem mit großen Geldspenden versehen worden war, mit CDU/CSU eine neue »christlich-liberale« Koalition bildete. Diese wählte am 1. Oktober 1982 den CDU-Vorsitzenden Helmut Kohl zum Bundeskanzler; Genscher blieb Außenminister und betonte die »Kontinuität« der Bonner Außenpolitik. Während Schmidt in seinen letzten Amtstagen die Vorstellung

»ängstigte . . ., daß wir als einzige diese ungeheuer gefährliche Waffe (Pershing II) im Herbst 1983 auf unserem Boden stationieren sollen«, hielt die neue Regierung den von ihm herbeigeführten Stationierungsbeschluß aufrecht, hierin unterstützt auch von Präsident François Mitterand im Interesse Frankreichs an einem westdeutschen »Glacis« und Blitzableiter. Gegenüber Gromyko beteuerte Kohl im Januar 1983, daß er für die Entspannung sei – aber kurz darauf erneuerte der CSU-Innenminister Friedrich Zimmermann den Anspruch auf die Gebiete jenseits von Oder und Neiße, was in Warschau und Moskau negative Reaktionen auslöste. Gegen eine völlige Abdrift der BRD in einen neuen Kalten Krieg zugunsten des von der CSU repräsentierten Rüstungskomplexes bildeten die großen Ostexportinteressen der westdeutschen Wirtschaft einen gewissen Notanker. Als neues Großprojekt der wirtschaftlichen Zusammenarbeit kam eine Kohleveredelungsanlage bei Kansk-Atschinsk in Mittelsibirien ins Gespräch, für die westdeutsche Firmen Ausrüstungen im Wert von 40 Milliarden DM zu liefern hofften.

Bei der Bundestagswahl vom 6. März 1983 bestätigten 55,7 Prozent der Wähler, denen die Regierungsparteien einen wirtschaftlichen »Aufschwung« versprochen hatten, die christlich-liberale Koalition; die Sozialdemokraten mit 38,2 Prozent und die Umwelt- und Anti-Raketenpartei der »Grünen« mit 5,6 Prozent bildeten die Opposition. Der Rüstungsexponent Strauß blieb vorerst als bayerischer Ministerpräsident in München und entsandte fünf CSU-Minister in das zweite Kabinett Kohl/Genscher. In seiner Regierungserklärung vom 4. Mai 1983 sagte Kohl, er wolle »Freundschaft mit dem Westen und die Verständigung mit dem Osten«. Bei seinem ersten Moskau-Besuch als Bundeskanzler vom 4. bis 6. Juli 1983 wurde Kohl von Ministerpräsident Tichonow gewarnt, daß eine Stationierung neuer US-Mittelstreckenwaffen »unvermeidlich zu einer jähen Verschlechterung der Lage in Europa und in der ganzen Welt führen« werde; Staats- und Parteichef Andropow ergänzte, daß sich die Deutschen in Ost und West dann nur noch durch »dichte Raketenzäune« würden sehen können. Auch von Erich Honekker wurde Kohl im Oktober 1983 gemahnt, keine »neue Eiszeit« in den deutsch-deutschen Beziehungen entstehen zu lassen. Im selben Monat beteiligten sich mehr als eine Million Menschen an Protestkundgebungen der Friedensbewegung, u. a. in Hamburg, Bonn und Stuttgart; der »Krefelder Appell« gegen neue Atomwaffen registrierte mehr als 5 Millionen Unterschriften.

Dennoch stimmte der Bundestag am 22. November 1983 mit 286 Stimmen der Regierungsparteien gegen 226 Stimmen der Opposition der Raketenstationierung zu. Während die ersten Pershing II in der Bundesrepublik eintrafen, bereitete die Sowjetunion die angekündigte Gegenstationierung »operativ-taktischer Raketen längerer Reichweite« in der DDR und der ČSSR vor. Über den westdeutsch-sowjetischen Beziehungen hing nun an einem seidenen Faden das atomare Damoklesschwert.

Rückblick – Lehren – Ausblick

Deutsche und Russen waren nie »Erbfeinde«, wie dies Deutsche und Franzosen jahrhundertelang oder Franzosen und Engländer, die mehr als den »Hundertjährigen Krieg« gegeneinander führten, oder Russen und Polen gewesen sind. Deutsche und Russen haben sich im Laufe der fast tausendjährigen Geschichte ihrer Beziehungen weit seltener und kürzer bekriegt als andere Völker Europas: Blickt man zurück, so findet man insgesamt 10 kriegerische Konflikte von zusammen rund 22jähriger Dauer, aber in diesen Zahlen sind 6 Auseinandersetzungen mit dem Deutschen Orden im Baltikum enthalten, die das eigentliche Deutschland nicht berührten, sowie die erzwungene Teilnahme deutscher Vasallen an Napoleons Rußlandfeldzug von 1812, die zusammen etwa 8 Jahre füllten. Übrig bleiben damit in der Neuzeit drei Kriege zwischen Preußen/Deutschland und Rußland/Sowjetunion von zusammen rund 14jähriger Dauer. Der letzte freilich – 1941–45 – war wegen seines Ausmaßes, seiner Intensität und seiner Folgen einschneidend und muß unvergessen bleiben.

Es gab weniger Konfrontation als Kooperation!

Zieht man die Lehren aus allen 10 Konflikten, die 22 der rund 1000 Jahre gemeinsamer Geschichte mit Krieg füllten, so muß man feststellen, daß sie von Deutschen bzw. dem Westen verursacht wurden und in aller Regel für die Verursacher oder ihre Werkzeuge schlimm ausgingen:

Es begann 1240 mit der vom Papsttum gewünschten Aggression des Deutschen Ordens gegen Nowgorod, die zu seiner Niederlage auf dem Eis des Peipus-Sees im Jahre 1242 führte, setzte sich fort mit Bedrohungen Pskows durch den Orden 1406, 1480 und 1500, die den Gegenschlag des 1. Livländischen Krieges von 1502–03 auslösten, der den Ordensstaat schwächte, und endete mit dem völligen Zusammenbruch des Ordensstaates nach drei Jahren des 2. Livländischen Krieges 1561. Im Siebenjährigen Krieg, den Friedrich II. 1756 begann, entging Preußen dem Untergang um Haaresbreite nur dadurch, daß Rußland den Krieg 1762 einstellte (das »Mirakel des Hauses Brandenburg«). Napoleons

Überfall auf Rußland im Jahre 1812 war kein deutscher Krieg, aber viele Deutsche, die als Vasallen des westlichen Imperators mit der »Grande Armée« marschieren mußten, düngten mit ihren Leichen Rußlands Erde, und die Niederlage in Rußland führte zum Sturz Napoleons. In dem Krieg, den Wilhelm II. 1914 Rußland erklärte, errang der wilhelminische Imperialismus zwar 1918 den »Siegfrieden« von Brest-Litowsk, aber dieser blieb kurzlebig, weil Deutschland sich mit anderthalb Millionen Soldaten in seinen östlichen Raub verkrallte und deshalb den Ersten Weltkrieg an der Westfront verlor. Die Hybris des deutschen Imperialismus überschlug sich mit Hitlers unprovoziertem Überfall auf die Sowjetunion vom 22. Juni 1941, der dieser zwar schwere Wunden schlug, aber 1945 mit dem siegreichen Vordringen der Roten Armee nach Deutschland und dem Untergang des Deutschen Reiches (was immer weltfremde westdeutsche Verfassungsjuristen sagen mögen) endete.

Das hauptsächliche Fazit ist, daß man sich mit Rußland/der Sowjetunion besser nicht anlegt – eine Erfahrung, die auch Polen, Schweden und Franzosen machen mußten. Ob der Westen auf Eroberung oder gewaltsame »Bekehrung« oder beides aus war – die Raub-, Kreuz- und Hakenkreuzzüge schlugen alle fehl. Darüber hinaus gilt es die Lehre zu beherzigen, daß der Westen seine gegen den Osten aufgehetzten leichtsinnigen »Vorkämpfer« gemeinhin im Stich läßt: die Päpste die Deutschritter und, wie später die Westmächte, die Polen; die Briten ihren »Festlandsdegen« Friedrich II.; Napoleon seine Rheinbund-Vasallen; auch Hitler war im Effekt der »Geschäftsführer« des westlichen, besonders britischen Kalküls, daß Deutschland sich bei der Ruinierung der Sowjetunion selbst ruinieren sollte. Und die USA haben in den letzten Jahrzehnten viele, die ihnen gegen ihre eigenen Völker Dienste geleistet und sich auf sie verlassen hatten, kaltblütig fallen gelassen, als nationale Befreiungsbewegungen bzw. Revolutionen und die internationalen Rahmenbedingungen sie hierzu zwangen – z. B. Ngo Dinh Diem und Nguyen Van Thieu in Vietnam, Tschiang Kai-schek auf Formosa, den letzten Schah des Iran und Somoza in Nikaragua. Solche Spuren schrecken, sie sollten insbesondere Deutsche davor abschrecken, sich zu Kreuzzüglern oder Landsknechten des Westens zu machen und sich von ihm »to the front« kommandieren zu lassen. Aktuell bedeutet dies, daß weder die vielbeschworenen westlich-abendländischen »Grundwerte« noch die angebliche »Schicksalsgemeinschaft« mit den USA die Bundesrepublik vor der Gefahr der Auslöschung schützen werden, wenn sie sich zur amerikanischen Atomraketenrampe gegen die Sowjetunion machen läßt.

Weitaus länger als durch Krieg und Feindschaft waren die tausendjährigen deutsch-russischen Beziehungen von Freundschaft und Zusammenarbeit geprägt: Schon im 11. Jahrhundert kooperierten Deutschland und die Kiewer Rus zur Abwehr und Zähmung des frühen großpolnischen Ehrgeizes, und der deutsche Kaiser Heinrich IV. bewahrte durch seinen Kampf gegen das machtgierige Papsttum auch Byzanz und damit Rußland vor geistiger Versklavung durch Rom. In den rund zweieinhalb Jahrhunderten der Abschnürung Rußlands vom Westen durch die Tatarenherrschaft und Litauen-Polen hielten deutsche Hansekaufleute enge Beziehungen zu Nowgorod aufrecht, freilich in Form eines für Rußland unerträglichen Handelsmonopols. Ende des 15. Jahrhunderts begannen die Habsburger-Kaiser mit den Moskauer Großfürsten Gesandtschaften auszutauschen, die eine Zusammenarbeit gegen die Türken und Polen bezweckten, aber nicht viel bewirkten. Bevor die Präsenz der Hanse in Nowgorod endete, hatte schon der Zustrom deutscher Handwerker und Spezialisten nach Rußland begonnen, die dort günstige Bedingungen fanden und ungehindert ihre Religion ausüben konnten.

Nach 1710 fanden die Deutschbalten im Russischen Reich Sicherheit, Religionsfreiheit und große Aufstiegsmöglichkeiten. Es begann auch eine enge politisch-militärische Zusammenarbeit zwischen Peter I. und den norddeutschen Fürsten, die den Würgegriff Schwedens von der deutschen Nord- und Ostseeküste löste. Besonders eng und freundschaftlich waren die damals begründeten preußisch-russischen Beziehungen, die, nur relativ kurze Zeit unterbrochen durch den Leichtsinn Friedrichs II., bis 1890 andauerten. Mit russischer Waffenhilfe wurde Deutschland 1813 von der napoleonischen Fremdherrschaft befreit, nur dank russischem Wohlwollen konnte Bismarck 1871 das zweite Deutsche Reich gründen.

Nach dem Ersten Weltkrieg unterhielt die Weimarer Republik von 1922 bis 1933 enge politische, wirtschaftliche und kulturelle Beziehungen zur Sowjetunion. Nach dem Zweiten Weltkrieg galt dies für die DDR von Anfang an, für die lange Zeit sowjetfeindliche Bundesrepublik erst seit 1970. Wie in der Weimarer Republik sichert der Ostexport der BRD in Zeiten der Wirtschaftskrise Hunderttausende Arbeitsplätze, während der Energieimport aus der Sowjetunion ihre Abhängigkeit von den westlich beherrschten Ölmärkten vermindert. Das Fazit aus alledem: Für Deutschland wie Rußland/die Sowjetunion war und ist es vorteilhaft, im Frieden miteinander zu leben und zusammenzuarbeiten.

Es hat immer wieder deutsche Staatsmänner gegeben, denen die realistische Einsicht zueigen war, daß Deutschland in seiner unveränderlichen Mittellage der Freundschaft und Rückendeckung Rußlands/der Sowjetunion bedarf, wenn es sich nicht westlicher Erpressung aussetzen oder gar zwischen Ost und West in die Zange genommen werden will. Aber diese Männer haben leider meistens keine Erziehungsarbeit geleistet, um ihre Einsicht in ihren Nachfolgern und im Volk zu verankern. Das deutsche Volk hat deshalb auch immer wieder Führer und Verführer an seiner Spitze geduldet und sogar umjubelt, die die russische Freundschaft mißachteten und mit einer Alles-oder-nichts-Politik die nationale Existenz aufs Spiel setzten – und verspielten:

Auf Friedrich Wilhelm I., der »eine enge Freundschaft und Alliance« mit Rußland zu kultivieren riet, folgte Friedrich II., der »Festlandsdegen« Englands, der sich die Zarin Elisabeth unnötig zur Feindin machte und erst vernünftig wurde, nachdem ihn ihr Tod vor dem Untergang bewahrt hatte. Auf den außenpolitisch weisen Bismarck, der stets an der Freundschaft zu Rußland festhielt und den »Rückversicherungsvertrag« mit ihm schloß, folgte Wilhelm II., der den Vertrag nicht verlängerte und Deutschland in den Zweifrontenkrieg führte. Auf die Weimarer Staatsmänner Joseph Wirth und Gustav Stresemann, die den Rapallo- und den Berliner Neutralitätsvertrag mit der Sowjetunion abschlossen, folgten Hitler, der das Deutsche Reich in den Abgrund der Geschichte stürzte, und Adenauer, der durch Feindschaft zur Sowjetunion die Wiedervereinigung Deutschlands verspielte und Westdeutschland zum Vasallen der USA machte. Nach der Entspannung der Beziehungen zur UdSSR durch Brandt, die den Bewegungsspielraum der BRD erweiterte, verteidigte Schmidt zwar den westdeutschen Osthandel und die Entspannung, setzte sie aber gleichzeitig durch seinen unbedachten Raketen-Alarmismus aufs Spiel, der die BRD wieder zur Geisel der USA macht. Wird nun Kohl (mit Strauß im Nacken) auf diesem Irrweg fortfahren und alle Errungenschaften der Entspannungspolitik wieder verspielen?

Bewertung der Kräfte für Spannung/Entspannung in der BRD

Die Einhelligkeit, mit der die Westmächte Kohls Wahlsieg vom 6. März 1983 überschwenglich begrüßten, sprach Bände hinsichtlich ihrer Erwartung, die BRD wieder eng an sich fesseln, wirtschaftlich erpressen und mit der UdSSR gründlich verfeinden zu können. Da sie »Rapallo« weder vergessen noch verziehen haben, geht es ihnen darum, den westdeutschen Neutralismus zurückzudrängen und den Osthandel der Bundesrepublik zu zerstören, nicht zuletzt, um ihren Wirtschaftskonkurrenten BRD zu schwächen: Frankreich erzwang schon kurz nach den Wahlen eine Aufwertung der westdeutschen Währung, die seinem Export ebenso zugute kommen soll wie die geforderte Abschaffung der vorbildlichen westdeutschen Industrienormen. Die Reagan-Administration wünscht die BRD als Startrampe für ihre gefährlichsten Waffen und damit als potentielles Atomschlachtfeld, zumindest aber als ihre angstschlotternde, künftig noch besser erpreßbare Geisel, wenn die Sowjetunion auf die Pershing-II-Stationierung in der BRD zornig reagiert; aus der jederzeit zündbaren Zeitbombe Bundesrepublik würde sich die bereits durch die amerikanischen Hochzinsen verursachte Kapitalflucht verstärken, der westdeutsche Konkurrent wäre schwer geschädigt.

Die westdeutschen Wähler haben die Kohl/Genscher-Regierung in der ihnen vorgegaukelten Hoffnung auf einen Wirtschaftsaufschwung bestätigt, nicht aber weil sie plötzlich neue amerikanische Atomraketen in der BRD wünschten. Diese lehnen sie vielmehr inzwischen mit Dreiviertelmehrheit ab, und die Friedensbewegung wird stärker und aktiver – bis hin zum zivilen Ungehorsam. Ein Drittel der Bevölkerung will »ganz neutral« sein, sogar 57 Prozent sind für einen Neutralismus im westeuropäischen Rahmen. Weniger als die Hälfte will das US-Bündnis fortsetzen, mehr als die Hälfte lehnt eine bedingungslose Gefolgschaft der USA ab. Deren Stellung in der Welt wird als niedergehend erachtet – trotz der US-Hochrüstung, die für die internationale Spannung verantwortlich gemacht wird (von 64 Prozent der 18–24jährigen, 41 Prozent der 35–49jährigen und 29 Prozent der über 65jährigen).

Realistischerweise muß man jedoch feststellen: Die Bundesrepublik wird nicht gemäß den Wünschen ihrer Bevölkerung regiert, sondern im Interesse von großen Konzernen (wie Flick), die Abgeordnete, Minister und Regierungswechsel mit Geld beeinflussen, während ihre medienbeherrschenden Verbündeten (wie Springer) die Volksmeinung nach Kräften manipulieren. Hauptansatzpunkt der Meinungsmanipulation ist die seit jeher, auch in den Entspannungsjahren, geschürte »Angst vor den Russen«, die etwa die Hälfte der Erwachsenen bekundet (die nach dem Zweiten Weltkrieg Geborenen zu knapp 40 Prozent). Diese irrationale Angst kann von den Herrschenden benutzt werden, um große Rüstungsgeschäfte und das Festhalten an NATO und USA zu rechtfertigen. Die Angstpropaganda muß allerdings vorsichtig dosiert werden; wird sie übertrieben, erzeugt sie Mehrheiten, die »lieber rot als tot« sein wollen (und Käufer sowjetischer Gold-Tscherwonzen). Umgekehrt haben politische Exponenten wie Adenauer, Strauß und Kiesinger in der Vergangenheit zumindest vorübergehend kleinlaut reagiert, wenn sie mit Schocks wie dem Berliner Mauerbau vom 13. August 1961 oder der Aktion in Prag vom 21. August 1968 konfrontiert waren, und andere wurden durch diese Schocks von ihren Illusionen geheilt.

Wieviel Verlaß ist auf die großen Ostexportinteressen der westdeutschen Wirtschaft als Notanker gegen eine Abdrift der BRD in einen neuen Kalten Krieg oder Schlimmeres? Die historischen Spuren stimmen zunächst skeptisch: Einen großen deutsch-russischen Handelsaustausch gab es schon vor dem Ersten Weltkrieg, ohne daß er diesen verhinderte; der ausgedehnte deutsch-sowjetische Handel während der Weimarer Ära verhinderte Hitler nicht, der sich von dem vorteilhaften Wirtschaftsaustausch nach 1939 nicht vom Gebrauch seiner »Machtmittel« gegen die Sowjetunion abhalten ließ. Auch heute hätte die BRD ein langfristiges Interesse am Osthandel – allein ihre kränkelnde Stahlindustrie liefert 40 Prozent ihrer Großrohre-Produktion in die UdSSR (Mannesmann sogar 60 Prozent), ihre Werkzeugmaschinenbauer liefern 11 Prozent ihres Exports in die Sowjetunion, und ihre Energieimporte aus der Sowjetunion machen sie weniger abhängig von den westlichen Energiemärkten. Und ihr gesamter Osthandel (1982 im Volumen von 37,5 Milliarden Mark, davon 20,8 Milliarden mit der UdSSR) sichert eine halbe Million westdeutscher Arbeitsplätze.

Aber der Erhalt von Arbeitsplätzen ist die geringste Sorge westdeutscher Konzernherren, wenn sie durch Rüstungsproduktion dreimal so hohe Profite erzielen können wie mit ziviler. Komplizierend kommt hinzu, daß die Produktion für die Rüstung wie für den Ostexport häufig unter ein und demselben Konzerndach stattfinden. Dabei ist freilich ein Konzern wie Flick eindeutig mehr rüstungs- als zivilorientiert; diesen und seine publizistisch-politischen Alliierten Springer und Strauß (die es auch mit anderen Rüstungsfirmen gut meinen) wird man daher im Auge behalten müssen, wenn man erkennen will, wohin die Reise der BRD geht.

Doch gibt es auch Grund zum Optimismus: Fehlender Bonner Haushaltsmittel wegen winken der westdeutschen Rüstungsindustrie in der nächsten Zeit nur relativ geringe Bundeswehr-Aufträge, und ihr Waffenexport stößt auf die harte Konkurrenz der Verbündeten, besonders der USA, u. a. in Saudi-Arabien und Spanien. Damit sind den Geschäften der spannungsbedürftigen BRD-Rüstungsindustrie zunächst Grenzen gesetzt, während die Ostexportinteressen auf der Basis sowjetischer Deviseneinnahmen aus den Gaslieferungen mit weiteren Großaufträgen (Kansk-Atschinsk) rechnen und deshalb einen die Entspannung begünstigenden Einfluß weiterhin ausüben dürften.

Eine alle Wirkungsmöglichkeiten klug nutzende Politik zur

Aufrechterhaltung der Entspannung und des Osthandels gemäß den Verträgen und Vereinbarungen zwischen der BRD und der UdSSR fände – in stark unterschiedlichem Maße – Unterstützung in allen Bonner Parlamentsparteien: Mit den Grünen sitzt im Bundestag erstmals wieder eine Anti-NATO- und Anti-Raketenpartei, die für eine atomwaffenfreie Zone in Europa eintritt, und in dem ehemaligen Bundeswehr-General Gert Bastian einen kompetenten Sprecher besitzt (wenn sie auch für idealistische Schwärmereien anfällig ist). Solche Tendenzen erstarken auch in der SPD um Oskar Lafontaine und Erhard Eppler, wiewohl deren rechter Flügel weiterhin stark ist und Treuebekundungen zu NATO und USA abgibt. Die »wirtschaftsliberale« FDP, die ihren sozialliberalen Flügel abgestoßen hat, verteidigt immerhin den Osthandel im Interesse ihrer Gönner. Solche Kräfte gibt es auch in den Unionsparteien, die offiziell erklären, daß die Ostverträge eingehalten werden müssen. Selbst die bayerische CSU, deren Vorsitzender Strauß die Interessen des spannungsbedürftigen Rüstungskomplexes vertritt, hat einen entschiedenen Rüstungskritiker wie Alfred Mechtersheimer hervorgebracht (und ausgeschlossen), und der ehemalige bayerische CSU-Innenminister Alfred Seidl hat in einem Brief an Kanzler Kohl bezweifelt, daß die Militärkonzeption der USA »noch den vitalen Interessen des ganzen deutschen Volkes dient«, und es als dringlich bezeichnet, »daß die Bundesrepublik ihre Helotenrolle aufgibt«.

Die den USA entzogenen Sympathien kommen freilich nicht automatisch der Sowjetunion zugute, da die antisowjetische Verdummung und Verhetzung der Öffentlichkeit eine lange Tradition haben und fortgesetzt werden. Auf der Rechten befinden sich weiterhin unversöhnlich sowjetfeindliche Kräfte, und für deutsche Rechte sind Verträge oftmals nur »Fetzen Papier« gewesen. Der langjährige Nuklear-Optant Strauß hat schon in den sechziger Jahren gefordert: »Am Ende unserer Generation darf es keinen Kommunismus mehr geben.« Alfred Dregger, der heutige Vorsitzende der CDU/CSU-Fraktion im Bundestag, hat im September 1982 berichtet, wie er als Bataillonskommandeur in Schlesien bis zur Kapitulation im Mai 1945 gehofft hatte, »daß die Alliierten mit uns gegen die Sowjetunion marschieren würden«. »Leider«, fügte er hinzu, »haben die Franzosen und Engländer nie, bis heute nicht, europäisch gedacht.« Das CSU-Mitglied Otto von Habsburg, Relikt des einstigen Kaiserhauses und Abgeordneter des (west-) europäischen Parlaments, sieht in Westeuropäern und Chinesen die »logischen Verbündeten« gegen die Sowjetunion und wünscht sich »Deutschland« als »Motor Europas« wie »in den Tagen Adenauers«. Besonders Osteuropa (»Zwischeneuropa«, wie Strauß sagt) wollen solche Kräfte aufwühlen –

»insurgieren«, wie weiland das wilhelminische Deutschland –, um dort im Trüben zu fischen.

Für den rechten Bochumer Professor Willms ist die Sowjetunion schlicht der »Feind der Nation«. Die Ausstrahlung der sowjetisch-amerikanischen Fernsehdokumentation »Der unvergessene Krieg« (in der Sowjetunion »Der große vaterländische Krieg«) wurde von westdeutschen Soldatenverbänden und rechten Politikern wütend bekämpft; im CSU-Land Bayern wurde die Serie nicht ausgestrahlt. Für die Bundeswehr kommt der Feind aus dem Osten und ist der »Russe« weiterhin der Feind. In dieser Atmosphäre gedieh auch die neonazistische Verhetzung eines Teils der Jugend, so daß schon bei einer 1978 veröffentlichten Umfrage »die Anzahl derjenigen, die einen Krieg zur Herbeiführung eines Gesamtdeutschland nicht von vornherein ausschließt oder darüber hinaus sogar befürwortet, aufschrecken ließ«, wie der »Spiegel« berichtete. Kein Wunder daher, daß UdSSR und DDR ihr Pulver trocken halten.

Die »deutsche Frage« – offen oder geschlossen?

Zur Erzeugung von Spannungen wird die »deutsche Frage« hauptsächlich von den »Erben Adenauers« illusionär »offengehalten«, wobei es sie nicht anficht, daß es Adenauer war, der sie geschlossen hat, was seinen Erben »den Mund für immer hätte schließen müssen, wenn von Wiedervereinigung die Rede war« (Paul Frank). Auch die Sozialliberalen haben es als Ziel der BRD bezeichnet, »auf einen Zustand des Friedens in Europa hinzuwirken, in dem das deutsche Volk in freier Selbstbestimmung seine Einheit wiedererlangt« – aber sie haben nichts getan, um einen solchen Friedenszustand, etwa in Form eines die Militärblöcke auflösenden kollektiven Sicherheitssystems in Europa, herbeizuführen.

Tatsache ist, daß die deutsche Einheit, wie schon zu Bismarcks Zeit, nur in Freundschaft, nie in Feindschaft zu Rußland/der Sowjetunion möglich war und ist. Der sowjetische Militärgouverneur Marschall Wassili Sokolowski hatte schon 1947 zu dem CDU-Politiker Jakob Kaiser gesagt: »Es kommt auf zwei Dinge an: Es gibt keine Lösung der deutschen Frage ohne Rußland; es gibt kein Auseinanderbrechen Deutschlands ohne das deutsche Volk.« Das deutsche Volk jedoch, seit jeher anfällig für Separatismus, Uneinigkeit, Bruderkrieg und Abspaltungen, folgte in Westdeutschland Adenauer. Nachdem dieser durch seinen sowjetfeindlichen Westkurs die Wiedervereinigung vereitelt hatte, pflegte Andrej Smirnow, Sowjetbotschafter in Bonn von 1956 bis

1966, zu westdeutschen Spitzenpolitikern zu sagen: »Sie könnten heute noch in Königsberg und Breslau sitzen – wenn Sie wollten auch in Wien; aber Sie haben Ihr Reich verspielt.«

Was die Westmächte betrifft, so hat besonders Frankreich seit jeher jedes Interesse an Deutschlands Spaltung – es liebt, wie François Mauriac sagte, Deutschland so sehr, daß es sich freut, daß es zwei davon gibt, und erinnerte noch 1983 durch den Mund Mitterands ganz unbefangen »an das Einverständnis zwischen den Königen von Frankreich und Ihren Kurfürsten«, das gegen die Reichseinheit gerichtet war. Dem US-Außenminister Dulles zufolge war 1954 ein unabhängiges einheitliches Deutschland mit einer begrenzten nationalen Streitmacht »kein für die Vereinigten Staaten akzeptables Konzept«, und sein britischer Kollege Anthony Eden stimmte damit überein. Der Vorgänger von Dulles, Dean Acheson, schrieb 1958: »Ohne die Präsenz amerikanischer Truppen in Deutschland zur Überwachung der fortgesetzten Integration Deutschlands in den Westen würden wir dauernd von dem Gespenst eines neuen Ribbentrop-Molotow-Abkommens heimgesucht werden.« Unpolemisch hätte er auch von dem »Gespenst« eines neuen Rapallo sprechen können.

Der Schlüssel, der die deutsche Frage allenfalls wieder öffnen könnte, wird weiterhin von der Sowjetunion und der DDR verwahrt. Sie können nicht gezwungen werden, ihn herauszugeben. Aber wenn der Sozialismus eines Tages an die Tür der BRD klopfe, sagte Erich Honecker im Februar 1981, »dann steht die Frage der Vereinigung beider deutscher Staaten vollkommen neu. Wie wir uns dann entscheiden, daran dürfte wohl kein Zweifel bestehen.« Wenn die BRD ein neu vereinigtes Deutschland wirklich will, muß sie also dem Sozialismus die Tür öffnen – was auch jede Neuauflage deutsch-imperialistischer Katastrophenpolitik verhindern würde.

Bis zu diesem – wohl fernen – Tag kann die BRD nichts Besseres tun, als die gutnachbarlichen Beziehungen und die Zusammenarbeit mit der UdSSR und der DDR auf der Basis des Moskauer Vertrages von 1970 und des Grundlagenvertrags von 1972 fortzusetzen und auszubauen. Inzwischen bleibt die Tatsache, daß die UdSSR 15 Prozent ihres Außenhandels mit beiden deutschen Staaten abwickelt – 10 Prozent mit der DDR, 5 Prozent mit der BRD –, ein Unterpfand des sowjetischen Interesses an der physischen Existenz auch der BRD. Bei einer Fortsetzung des mit der Stationierung von Pershing-II-Raketen in der BRD eingeschlagenen Kurses entstände dagegen die Gefahr einer atomaren »Endlösung der Deutschenfrage«. In ihrem ureigensten Lebensinteresse braucht die BRD gute Beziehungen zur UdSSR.

Nachwort an die Leser

Mit diesem Beitrag hat der Verfasser versucht, seinen westdeutschen Lesern Einsichten in das deutsch-russische/sowjetische Verhältnis zu vermitteln, die – von Reue und Scham ganz zu schweigen – in der heutigen Bundesrepublik Deutschland nicht gerade im Schwange sind, wo Staatsmänner, die sie einst besaßen und im deutschen Interesse segensvoll anwandten (z. B. Bismarck, Wirth, Brandt), entweder abgewertet, totgeschwiegen oder angefeindet werden. Persönlich Einsicht zu gewinnen, ist jedoch nicht genug: Man muß sie auch verbreiten – zumindest im Freundeskreis – und politisch nach ihr handeln. Zwischen Wahlen hat jeder zumindest die Möglichkeit, mit Briefen an Publikationsorgane und Politiker diejenigen zu ermutigen, die das deutsche Interesse an guten Beziehungen zur Sowjetunion über die Interessen der Westmächte, vornehmlich der USA, und der Rüstungsindustrie stellen, und diejenigen zu kritisieren und zu verunsichern, die das Gegenteil tun.

Der Verfasser hat seinen sowjetischen Lesern nicht verschwiegen, wie sich im Laufe der Geschichte auf deutscher Seite Vernunft und Unvernunft abwechselten, wie Deutsche sich immer wieder entgegen ihren eigenen Interessen zu »Geschäftsführern« westlicher Interessen gegen Rußland/die Sowjetunion machten. Seinen sowjetischen Lesern kann der Verfasser deshalb nur empfehlen, jenen Deutschen, die sich um ein freundschaftliches Verhältnis zur Sowjetunion bemühen, mit Freundschaft entgegen zu kommen, aber gegenüber den weiterhin Feindseligkeiten mißtrauische Vorsicht walten zu lassen.

Zeittafel

Seit 882   Altrussischer Einheitsstaat, »Kiewer Rus«.

Seit 919   Erstes deutsches Reich, »regnum teutonicorum«, mit dem Titel »Heiliges Römisches Reich«.

Um 963   Fehlschlag der römisch-katholischen Mission des Trierer Mönchs Adalbert in Rußland.

988   Annahme des griechisch-orthodoxen Glaubens durch Großfürst Wladimir I. von Kiew.

1018–19   Der Polenherzog Boleslaw I. gewinnt im Westen Reichslehen und besetzt Kiew, um den Prätendenten Swjatopolk, seinen Schwiegersohn, auf den russischen Thron zu bringen, aber Jaroslaw I. setzt sich in Kiew durch.

1031   Kaiser Konrad II. und Jaroslaw I. zwingen den Nachfolger Boleslaws I. zum Verzicht auf die Königswürde und zur Rückgabe von Gebieten.

Nach 1073   Heinrich IV. bewahrt durch seinen Kampf gegen Papst Gregor VII. Byzanz und die Orthodoxie vor einem Kreuzzug. Deutsch-russisch-böhmische Koalition; Polen auf seiten des Papstes.

12. Jh., Mitte   Juri Dolgoruki von Susdal-Wladimir und Wladimirko von Galizien auf seiten der zwei Kaiser Konrad III. und Manuel I. von Byzanz gegen Normannen, Papsttum, Frankreich und Ungarn.

1198   Erster Vertrag Nowgorods mit deutschen Hansestädten.

1199   Beginn der Heiden- oder Slawenmission in Livland.

1201   Bischof Albert von Livland gründet Riga.

1202/03   Gründung des livländischen Schwertbrüderordens.

1205–07   Errichtung des Hansekontors »Peterhof« in Nowgorod.

1207   Albert erhält Livland als Reichslehen.

1224   Die Schwertbrüder erobern Dorpat (Tartu), wo Jaroslaw I. 1030 die russische Stadt Jurjew gegründet hatte.

Um 1225   Der polnische Herzog Konrad von Masowien ruft den Deutschen Orden zum Kampf gegen die Pruzzen in (Ost-)Preußen.

1229   Papst Gregor IX. verbietet den Handel mit Russen.

1236/37	Die von den Litauern geschlagenen Schwertbrüder schließen sich dem Deutschen Orden an.
Winter 1237/38	Einfall der Tataren in Rußland.
1238, 7. Juni	Vertrag von Stenby auf Seeland zwischen dem dänischen König Waldemar II. und dem Deutschordensmeister Hermann Balke über künftige Eroberungen im Osten.
1240, Sommer	Nach der Niederlage der Schweden an der Newa (15. Juli 1240) stoßen die Deutschritter zum Newagebiet vor, um Nowgorod vom Meer abzuschneiden.
1242, 5. April	Alexander Newski schlägt die Ritter des Deutschen Ordens auf dem Eis des Peipus-Sees.
1253	Nachdem der Druck des Deutschen Ordens die Litauer zur Expansion auf Kosten Rußlands veranlaßt hat, stellt der Papst den heidnischen Litauerfürsten Mindaugas unter seinen Schutz und heißt dessen Eroberungen gut.
14./15. Jh.	Nowgorod begehrt gegen die Monopolstellung der Hanse auf.
1406	Der erneuten Bedrängung Pskows durch den Deutschen Orden folgt ein Gegenschlag nach Livland unter Führung Konstantins, des Bruders Wassilis I. von Moskau.
1410, 15. Juli	Niederlage des Deutschen Ordens bei Tannenberg/Grunwald unter Beteiligung russischer Truppen aus Smolensk. Der Abstieg des Ordens beginnt.
1486/88	Der Habsburger-Kaiser Friedrich III. schickt eine Gesandtschaft unter Nikolaus von Popplau zu Iwan III. und bietet ihm an, ihn zum »russischen König« zu krönen, was Iwan selbstbewußt ablehnt.
1489	Anwerbung deutscher Handwerker und Spezialisten durch Iwans III. Gesandten Georg Trachaniotis (Juri Trachaniot).
1494	Schließung des Hansekontors (Peterhof) in Nowgorod auf Befehl Iwans III.
1498	Maximilian I. läßt durch Popplau vorschlagen, eine der Töchter Iwans III. mit einem deutschen Fürsten zu vermählen, was abgelehnt wird.
1500	Durch seinen Gesandten Georg Delator bietet Maximilian I. seine eigene Hand an. Auch dieses Projekt kommt nicht zustande.
1502/03	Nach wiederholten Bedrohungen Pskows durch den Deutschen Orden (1406, 1480 und 1500) führt Iwan III. den 1. Livländischen Krieg, der den Ordensstaat schwächt.
1514	Gegen Polen gerichteter Bündnisvertrag zwischen Maximilian I. und Zar Wassili III.

1517, 1526	Wassili III. empfängt Habsburger-Gesandtschaften unter Führung von Sigismund von Herberstein.
1549	Erstes Erscheinen von Herbersteins mißgünstigem Bericht über russische Verhältnisse.
1552, 2. Okt.	Iwan IV. reitet durch eine von einem deutschen (oder dänischen) Ingenieur gesprengte Bresche in Kasan ein. In Iwans Auftrag wirbt der Goslarer Stellenvermittler Johann Schlitte weitere deutsche Handwerker an.
1561	Endgültiger Zusammenbruch des Deutschordensstaates nach einem Aufstand estnischer Bauern während des 2. Livländischen Krieges (1558–82).
Um 1580	Der ehemalige »Opritschnik« Heinrich von Staden unterbreitet Kaiser Rudolf II. einen »Anschlag« auf Rußland, der dessen Eroberung von Norden her und Umwandlung in eine Habsburger-Kolonie vorsieht. Das Projekt bleibt ohne Folgen.
1605–12	Russische »Zeit der Wirren«, die von Polen mit der Besetzung Moskaus (1610–12) ausgebeutet wird, während Schweden Rußland von der Ostsee abschneidet.
1618	(Ost-)Preußen fällt durch Erbschaft an Brandenburg.
1618–48	Dreißigjähriger Krieg. Schweden schneidet auch Deutschland von der See ab.
1634, August	Der erste Romanow-Zar, Michail Fjodorowitsch, empfängt eine Gesandtschaft aus Holstein. Ihr Chronist Adam Olearius veröffentlicht 1647 eine eingehende Beschreibung.
1652	Die Moskauer deutsche Vorstadt »njemezkaja sloboda« wird auf Befehl des Zaren Alexej Michailowitsch als »Ausländer-Vorstadt« bestätigt.
1672	Der deutsche Pastor Gregory eröffnet das Komödienhaus des Zaren in Preobraschenskoje mit seinem Stück »Die Wandlungen des Artaxerxes«.
1697/98	Während seiner Reise nach Westeuropa erfährt Zar Peter I. in Königsberg von Kurfürst Friedrich III. von Brandenburg, daß »Schweden unser gemeinsamer Feind« ist. Auf der Rückreise erörtert Peter I. in Rawa Russkaja mit Kurfürst August II. von Sachsen einen gemeinsamen Krieg gegen Schweden.
1700–21	Nordischer Krieg. Peter I. gründet 1703 im Newadelta eine neue Hauptstadt mit dem deutschen Namen (bis 1914) Sankt Petersburg.
1709, 27. Juni	Sieg Peters I. über die Schweden Karls XII. bei Poltawa in der Ukraine. Danach Erneuerung der Bündnisse mit Dänemark und Sachsen-Polen sowie Abschluß eines Bündnisses mit Kurfürst Georg von Hannover und eines Verteidigungspaktes mit Brandenburg-Preußen. Eroberung Estlands und Livlands, deren Ständen der Zar ihre lutherische Religion und Privilegien garantiert.

1711	Ein russisches Korps schlägt vor der schwedischen Festung Greifswald in Pommern sein Feldlager auf.
1712	Peter I. bei seinen Truppen vor Stralsund.
1713	Peters Feldherr Menschikow erobert Stettin.
1714, Juni	In einem Geheimvertrag mit König Friedrich Wilhelm I. sichert Peter sich die Unterstützung Preußens für den endgültigen Erwerb Livlands.
1715	Truppen Friedrich Wilhelms I. kämpfen gegen die Schweden bei Stralsund.
1719/20	Im Frieden zu Stockholm gewinnt Hannover mit Bremen-Verden den Zugang zur Nordsee, während Preußen Vorpommern bis zur Peene und mit Stettin seinen ersten tauglichen Ostseehafen erhält.
1722	Friedrich Wilhelm I. rät in einem Testament seinem »Sukzessor«: »Mit dem russischen Kaiser müßt Ihr eine enge Freundschaft und Alliance machen und suchen, sie zu kultivieren, daß sie beständigst von Dauer ist.«
1725–40	Unter den Zarinnen Katharina I. und Anna Iwanowna macht sich eine deutsche Hofclique um Ostermann, Münnich und besonders Bühren den Russen verhaßt.
1741–62	Friedrich II. von Preußen macht sich durch lose Reden die Zarin Elisabeth zur Feindin, die den deutschen Einfluß zurückdrängt.
1756–63	In dem von Friedrich II. begonnenen »Siebenjährigen Krieg« besetzen russische Truppen ganz Ostpreußen (das die Zarin im Dezember 1757 zur Provinz »Neu-Rußland« erklärt) sowie vorübergehend Pommern und Berlin.
1762, 5. Jan.	Der Tod der Zarin Elisabeth rettet Friedrich II. aus verzweifelter Lage (»Mirakel des Hauses Brandenburg«). Ihr Nachfolger Peter III. schließt Frieden mit Preußen und gibt ihm alle eroberten Gebiete ohne Gegenleistung zurück, so daß es sich als zweite Großmacht in Deutschland und fünfte in Europa behaupten kann.
1762, 4. Dez.	Mit einem Manifest ruft Katharina II. erstmals deutsche Bauern ins Land. Nach wenigen Jahrzehnten gibt es in Rußland 3500 deutsche Dörfer.
1764	Achtjähriges Verteidigungsbündnis zwischen Preußen und Rußland. Friedrich II. unterschätzt Rußland nun nicht mehr und rät, seine Freundschaft zu kultivieren.
1772	Auf Initiative Friedrichs II. 1. Teilung Polens zwischen Preußen, Rußland und Österreich.
1780	Rußland und Preußen begünstigen den Unabhängigkeitskampf der Amerikaner, indem sie mit anderen Mächten gegen den britischen Kaperkrieg Front machen.

1789	Nach Ausbruch der Französischen Revolution unterstützt Katharina II. die Kriegsvorbereitungen Preußens und Österreichs gegen Frankreich mit Subsidien.
1793, 23. Jan.	Katharina II. und Friedrich Wilhelm II. von Preußen schließen einen Vertrag über die 2. Teilung Polens, »um den Geist der Rebellion und der gefährlichen Neuerung zu bekämpfen«.
1794	Preußische und russische Truppen schlagen den von Kościusko angeführten polnischen Aufstand nieder.
1795	Mit der 3. Teilung hört Polen zu bestehen auf. Preußen grenzt nun unmittelbar an das Russische Reich.
1806, 6. Aug.	Förmliches Ende des »Heiligen Römischen Reiches Deutscher Nation«.
1807, Juli	Im Frieden von Tilsit verhindert Zar Alexander I. die von Napoleon beabsichtigte völlige Aufteilung Preußens, das ohne seine Gebiete westlich der Elbe und in Polen weiterbesteht.
1812, 24. Juni	Napoleon fällt ohne Kriegserklärung in Rußland ein. Seine »Grande Armée« von 610 000 Mann umfaßt u. a. 200 000 deutsche Vasallentruppen. Bis zum Jahresende sind die Angreifer vernichtend geschlagen.
1812, 30. Dez.	Abschluß der Neutralitätskonvention von Tauroggen zwischen dem auf eigene Verantwortung handelnden preußischen General Yorck und dem russischen General Diebitsch, der von Carl von Clausewitz beraten wird. Beginn der preußisch-russischen »Waffenbrüderschaft« zur Befreiung Deutschlands von den Franzosen.
1813–14	Anfang Februar 1813 preußisch-russisches Bündnis von Kalisch. Im März 1813 Befreiung Hamburgs durch Tettenborns Kosaken. Im August 1813 Kriegseintritt Österreichs. Der Verlust der »Völkerschlacht« bei Leipzig im Oktober 1813 zwingt Napoleon zum Rückzug aus Deutschland. Am 31. März 1814 ziehen Zar Alexander I. und König Friedrich Wilhelm III. von Preußen im Triumph in Paris ein.
1814–15	Auf dem Wiener Kongreß wird Preußen für seine Gebietsverluste in Polen mit Gebieten in Sachsen, Westfalen und am Rhein entschädigt.
1815, Sept.	Auf Wunsch Alexanders I. Gründung der »Heiligen Allianz« der Monarchen Rußlands, Österreichs und Preußens gegen liberale und revolutionäre Bestrebungen.
1819, 23. März	Ermordung des russischen diplomatischen Agenten August von Kotzebue in Mannheim durch den Studenten Karl Ludwig Sand. Die Reaktion antwortet mit Verboten, Zensur und Verfolgung von »Demagogen«.
1829	Nach Diebitschs Balkanfeldzug vermittelt Preußen den für Rußland günstigen Frieden von Adrianopel.

1830/31	Warschauer Aufstand. Preußen leistet Rußland Beistand.
1848, Februar	»Kommunistisches Manifest« von Marx und Engels.
1848/49	Revolutionen in Deutschland. Auf den Berliner Barrikaden wird Krieg gegen Rußland zur Wiederherstellung Polens gefordert. Weil König Friedrich Wilhelm IV. mit der Unterdrückung zunächst zaudert, entzieht ihm Zar Nikolaus I. sein Vertrauen und überträgt es auf den österreichischen Kaiser Franz Joseph I., dem er gegen die aufständischen Ungarn Truppenhilfe leistet.
1850, Nov.	Zugunsten Österreichs nötigt Nikolaus I. in Olmütz Preußen zum Verzicht auf seine Einigungspläne in Deutschland. Österreich vergilt es mit Undank.
Um 1850	15 Prozent der höchsten Posten in der russischen Zentralverwaltung sind mit Lutheranern – also wohl Personen deutscher Herkunft – besetzt, was Unmut weckt.
1853–56	Im Krimkrieg Englands, Frankreichs, der Türkei und Sardiniens gegen Rußland bleibt Preußen trotz der Demütigung von Olmütz dank Otto von Bismarck neutral, während Österreich sich feindselig verhält.
1859–62	Bismarck preußischer Gesandter in Petersburg, ab Herbst 1862 Ministerpräsident und Außenminister.
1863, 8. Febr.	General Gustav von Alvensleben schließt in Petersburg im Auftrag Bismarcks eine Konvention über die gemeinsame Bekämpfung der erneut aufständischen Polen ab.
1864	Gestützt auf russisches Wohlwollen führt Bismarck seinen ersten »Einigungskrieg« gegen Dänemark, das Schleswig annektiert hat.
1866, 3. Juli	Niederlage Österreichs bei Königgrätz (Sadowa) im 2. Einigungskrieg. Österreich scheidet aus Deutschland aus, während Preußen mit den süddeutschen Staaten Bündnisse schließt und den »Norddeutschen Bund« gründet.
1870, 22. April	Wladimir Iljitsch Uljanow (Lenin) geboren. Seine Mutter ist deutscher Abkunft.
1870, 16. Juli	Drei Tage vor der französischen Kriegserklärung an Preußen läßt Zar Alexander II. den preußischen König Wilhelm I. wissen, daß er mit 300 000 Russen an der galizischen Grenze aufmarschieren werde, falls Österreich im Bunde mit Frankreich »Rache für Sadowa« zu nehmen versuche.
1871, 18. Jan.	Gründung des zweiten Deutschen Reiches durch Bismarck dank russischer Rückendeckung. Mit Unterstützung Bismarcks gewinnt Rußland auf der Londoner Pontuskonferenz das ihm nach dem Krimkrieg abgesprochene Recht zurück, auf dem Schwarzen Meer eine Kriegsflotte zu unterhalten und seine Küsten zu befestigen.

1872	Drei-Kaiser-Bund Deutschlands, Rußlands und Österreichs zur Abwehr revolutionärer Gefahren. Der 1. Band von Karl Marx' »Das Kapital« erscheint in russischer Übersetzung.
1878, Juni–Juli	Auf dem Berliner Kongreß verhütet Bismarck einen englisch-österreichischen Krieg gegen Rußland, das dafür auf dem Balkan Zugeständnisse machen muß. Darüber Mißstimmung in Rußland, wo Panslawisten eine Allianz mit Frankreich fordern.
1879	Zweibund Deutschlands und Österreichs, der für Bismarck jedoch »keine Erwerbs-, sondern eine Versicherungsgesellschaft« ist.
1881	Nach russischem Einlenken Erneuerung des Drei-Kaiser-Bundes, der 1884 noch einmal verlängert wird. Aber 1887 will Rußland mit Österreich nichts mehr zu tun haben.
1887, 18. Juni	Geheimer »Rückversicherungsvertrag« zwischen dem Deutschen Reich und Rußland über gegenseitige wohlwollende Neutralität beim Angriff einer dritten Macht. Zur gleichen Zeit lehnt Bismarck entschieden deutsche und österreichische Präventivkriegspläne gegen Rußland ab.
1890, 20. März	Entlassung Bismarcks durch Wilhelm II. Bald darauf lehnen die Politiker des »neuen Kurses« in Berlin die von Rußland gewünschte Verlängerung des Rückversicherungsvertrages ab.
1891–93	Entstehung des französisch-russischen Zweibundes mit einer geheimen Militärkonvention über gegenseitigen Beistand im Falle eines deutschen Angriffs.
1905, 24. Juli	Wilhelm II. überrumpelt seinen Vetter Nikolaus II. bei Björkö mit einem wirkungslosen Defensivvertrag.
1907, 31. Aug.	England und Rußland einigen sich über Einflußabgrenzungen in Asien, wodurch die Tripel-Entente gegen Deutschland perfekt wird, die durch westliche Anleihen gefestigt wird.
1908, Oktober	Österreich annektiert unter Bruch des Berliner Vertrages von 1878 Bosnien und die Herzegowina. Deutschland nötigt Rußland, die Schutzmacht Serbiens, zur Hinnahme des fait accompli und verspricht Österreich »Nibelungentreue«.
1912	Entente und Mittelmächte verstärken ihre Rüstungen. Im Dezember spricht Wilhelm II. vom kommenden »Endkampf der Slaven und Germanen«.
1914, 28. Juni	Ermordung des österreichischen Thronfolgers Franz Ferdinand in Sarajevo durch serbische Attentäter.
1914, 5./6. Juli	Wilhelm II. und Reichskanzler von Bethmann Hollweg geben Österreich »Blankovollmacht« für ein Ultimatum an Serbien, das am 23. Juli überreicht wird.

1914, 1. August	Das Deutsche Reich erklärt Rußland den Krieg.
1914–18	Erster Weltkrieg. Beginnend mit seinem Einmarsch in Ostpreußen unternimmt Rußland zur Entlastung seiner Alliierten wiederholt große Offensiven, die es schwächen.
1917, 12. März (27. Febr.)	Februar-Revolution in Rußland. Die bürgerliche Regierung proklamiert am 18. (5.) März die Fortsetzung des Krieges an der Seite der Alliierten.
1917, 16. (3.) April	Lenin kehrt aus dem Exil in der Schweiz nach Rußland zurück und organisiert den Kampf der Bolschewiki für »Frieden, Brot und Land«.
1917, 6./7. Nov. (24./25. Okt.)	Große Sozialistische Oktober-Revolution. Die Sowjets bieten schon am 8. November (26. Oktober) mit dem »Dekret über den Frieden« allen Mächten einen sofortigen Waffenstillstand und »ehrenvollen Frieden ohne Annexionen und Kriegsentschädigungen« an.
1917, 22. (9.) Dez.	Aufnahme von Friedensverhandlungen in Brest-Litowsk zwischen der Sowjetrepublik und dem Deutschen Reich, Österreich-Ungarn, Bulgarien und der Türkei.
1918, 18. Febr.	Deutscher Vormarsch auf Petrograd, der von Roten Garden bei Pskow am 23. Februar angehalten wird, Geburtsstunde der Roten Armee.
1918, 3. März	Unterzeichnung des Diktatfriedens von Brest-Litowsk unter Protest der Sowjets.
1918, April–Mai	Deutscher Vormarsch ins Donezbecken, Besetzung der Krim und Einnahme Rostows.
1918, 6. Juli	Ermordung des deutschen Botschafters von Mirbach durch »linke« Sozialrevolutionäre, die das Deutsche Reich zum Bruch mit den Bolschewiki provozieren wollen.
1918, 14. Juli	Berlin fordert die Stationierung eines deutschen Bataillons in Moskau als Botschaftswache; Lenin lehnt ab.
1918, 27. August	Deutsch-sowjetische Zusatzverträge, die sich für das Reich nicht mehr auszahlen.
1918, 5. Nov.	Die Berliner Regierung weist den Sowjetbotschafter A. Joffe aus.
1918, 13. Nov.	Zwei Tage nach der Kapitulation Deutschlands vor den Westmächten annulliert Sowjetrußland den Vertrag von Brest-Litowsk.
1918–20	Die sozialdemokratisch geführte Regierung der deutschen Republik unterdrückt die Revolution, läßt rechte »Freikorps« im Baltikum weiterkämpfen und bietet den Westmächten auch noch nach deren Versailler Friedensdiktat Deutschland als »Bollwerk gegen den Bolschewismus« an.
1919/20	In seiner Berliner Gefängniszelle knüpft Karl Radek Beziehungen zu deutschen Wirtschaftsführern und Politikern an.

1920, Febr.–Juli	Der Reichswehr-Chef Seeckt plädiert für »Anschluß an ein Groß-Rußland«, das »die Zukunft für sich« habe, und nimmt im Jahr darauf Beziehungen zur Roten Armee auf.
1920, 19. April	Deutsch-sowjetische Vereinbarung über die Heimschaffung der beiderseitigen Kriegsgefangenen.
1920, 26. Juli	Reichsaußenminister Simons lehnt es ab, die Sowjetrepublik als Paria zu behandeln.
1921, 21. Jan.	Simons betont: »Der deutsche Boden darf kein Aufmarschgebiet von Gewaltmaßregeln irgendwelcher Art gegen die russische Regierung sein.«
1921, 6. Mai	Vorläufiges deutsch-sowjetisches Handelsabkommen, das die Vertretung der RSFSR in Berlin als »einzige Vertretung des russischen Staates in Deutschland« bezeichnet.
1922, 16. April	Vertrag von Rapallo über diplomatische Beziehungen, wirtschaftliche Kooperation und Verzicht auf Reparationen.
1922, November	Brockdorff-Rantzau als Botschafter in Moskau akkreditiert. Der Rapallo-Vertrag wird auf fünf weitere Sowjetrepubliken ausgedehnt.
1925, 12. Okt.	Deutsch-sowjetischer Wirtschaftsvertrag, der das sowjetische Außenhandelsmonopol anerkennt.
1926, 24. April	Berliner Vertrag über Freundschaft und Neutralität. Deutschland wird an Völkerbundssanktionen gegen die UdSSR nicht automatisch teilnehmen.
1927, 15. Juni	Reichsaußenminister Stresemann erklärt: »Jede Idee eines Kreuzzugs gegen Rußland halte ich für töricht und unsinnig.«
1929–32	Starker Anstieg der deutschen Ausfuhr in die Sowjetunion (»Russenaufträge«), während im Westen die Depression mit hoher Arbeitslosigkeit grassiert.
1931, 24. Juni	Protokoll über die zweijährige Verlängerung des Berliner Vertrages, aber Reichskanzler Brüning bringt es im Reichstag nicht zur Ratifikation.
1932, 1. Juni	Franz von Papen wird Reichskanzler und versucht, eine antisowjetische Westwendung herbeizuführen.
1932, September	Tuchatschewski und andere sowjetische Militärs bei den Reichswehrmanövern in Ostpreußen.
1932, 19. Dez.	Reichskanzler von Schleicher stellt mit Maxim Litwinow das gute Einvernehmen noch einmal her.
1933, 30. Jan.	Der gebürtige Österreicher Hitler, Führer der Nazipartei, wird auf Veranlassung des Großkapitals mit Papens Hilfe zum Reichskanzler gemacht.

1933, 3. Febr.	Hitler eröffnet führenden deutschen Militärs sein Vorzugsziel: »Eroberung neuen Lebensraumes im Osten und dessen rücksichtslose Germanisierung.«
1933, 5. Mai	Wiederinkraftsetzung des Berliner Neutralitätsvertrages von 1926, da Hitler einen Präventivkrieg Frankreichs und Polens fürchtet. Kurz darauf Annäherung Hitlers an Polen und Auflösung der Reichswehrstationen in der Sowjetunion.
1934, 26. Jan.	Deutsch-polnischer Freundschafts- und Nichtangriffspakt auf zehn Jahre.
1934, 28. März	UdSSR schlägt Deutschland gemeinsame Garantie der baltischen Länder vor. Berlin lehnt brüsk ab.
1934, 30. Juni	Hitlers »Nacht der langen Messer« fällt u. a. der ehemalige Reichskanzler von Schleicher zum Opfer.
1934, 18. Sept.	Die Sowjetunion tritt dem Völkerbund bei und versucht eine Politik der »kollektiven Sicherheit« mit den Westmächten zu treiben. Diese dulden jedoch Hitlers Aufrüstung und lenken ihn nach Osten.
1936, Ende Juli	Der britische Premierminister Baldwin erklärt: »Wenn er (Hitler) sich gegen den Osten wendet, dann wird mein Herz nicht brechen.«
1936, August	Hitler befiehlt, die Wehrmacht binnen vier Jahren zur »ersten Armee in der Welt« und »einsatzfähig« zu machen.
1937, November	Lord Halifax erklärt Hitler im Auftrag Premierminister Chamberlains, daß in Österreich, der Tschechoslowakei und Danzig »keine Änderungsmöglichkeit des bestehenden Zustandes ausgeschlossen sein soll«. Die Auslieferung von »Sprungbrettern« nach Osten an Hitler beginnt.
1938, März	Eingliederung Österreichs in das »Großdeutsche Reich«.
1938, 30. Sept.	Amputation der Sudetengebiete von der Tschechoslowakei auf der Münchner Konferenz Deutschlands, Italiens, Englands und Frankreichs.
1938/39, Winter	Nationalistische Agitation in der Karpato-Ukraine läßt den Westen einen deutschen Raubzug in die Sowjetukraine erwarten.
1939, 10. März	Stalin erklärt, für etwaige »Verrückte« in Deutschland, die den »Elefanten« Sowjetukraine der »Mücke« Karpato-Ukraine anzugliedern gedächten, habe man in der Sowjetunion genügend Zwangsjacken.
1939, 15. März	Hitler absorbiert die »Rest-Tschechei«, legt aber tags darauf seine auf Kiew zielende Pistole zunächst aus der Hand, als er die Karpato-Ukraine Ungarn überläßt.
1939, 23. März	Annexion des Memellandes durch Deutschland. Polen ist nun im Norden, Westen und Süden von deutschen Truppen umklammert.

1939, 30. März	England und Frankreich erteilen Polen eine »Garantie«, können ihm aber nicht helfen, selbst wenn sie es wollten.
1939, 3. April	Hitler weist die Wehrmacht an, den Krieg gegen Polen so vorzubereiten, »daß die Durchführung ab 1. 9. 1939 jederzeit möglich ist«.
1939, Mai–August	Unter dem Druck der Öffentlichkeit führen die Westmächte zum Schein Bündnisverhandlungen mit der UdSSR, während Chamberlain Hitler große Offerten macht, um zu dem nach München herrschenden Zustand zurückzukehren.
1939, 19. Aug.	Der polnische Außenminister Oberst Beck lehnt jede sowjetische Truppenhilfe ab, wodurch die sowjetisch-westliche Allianz endgültig vereitelt wird.
1939, 20. Aug.	Deutsch-sowjetisches Wirtschaftsabkommen über einen 200-Millionen-Mark-Kredit. Hitler bittet Stalin, seinen Außenminister Ribbentrop zu empfangen.
1939, 23. Aug.	Deutsch-sowjetischer Nichtangriffspakt auf zehn Jahre. Da Hitler vom Krieg gegen Polen nicht abzubringen ist, sichert sich die UdSSR dadurch Zeit und Raum zur Vorbereitung ihrer Verteidigung.
1939, 1. Sept.	Deutscher Angriff auf Polen. Der Zweite Weltkrieg beginnt.
1939, 17. Sept.	Nach dem Zusammenbruch Polens rückt die Rote Armee vor, um Westukrainer und Westbelorussen zu schützen.
1939, 28. Sept.	Beim zweiten Besuch Ribbentrops in Moskau wird ein Gebiets- und Bevölkerungsaustausch vereinbart: Im Tausch gegen die Einbeziehung Litauens in die Einflußsphäre der UdSSR zieht sich die Rote Armee aus den rein polnischen Gebieten ca. 150 km weit nach Osten zurück. Entwurzelung der deutschbaltischen Volksgruppe nach 700 Jahren.
1940, 11. Febr.	Deutsch-sowjetisches Handelsabkommen über zusätzlichen Güteraustausch im Wert von 640 Millionen Mark.
1940, 2. Juni	Angesichts der sich abzeichnenden Niederlage Frankreichs erklärt Hitler, nun »könne er beginnen, die Rechnung mit dem Bolschewismus zu begleichen«. Mitte Juni sagt er zu Ribbentrop, er wolle »Rußland schlagen, solange England am Boden liegt«.
1940, 21. Juli	Hitler erteilt Aufträge für die Planung des Ostkrieges, den er ursprünglich schon im Herbst 1940 beginnen will. Zehn Tage später legt er den Angriffstermin »Frühjahr 1941« fest.
1940, November	Bei Molotows Besuch in Berlin versuchen die Nazis, die UdSSR in einen Krieg mit England zu verwickeln. Die Gespräche bleiben ohne Ergebnis.
1940, 18. Dez.	Hitler bestätigt den Angriffsplan »Barbarossa«, der die Linie Wolga–Archangelsk als Ziel bezeichnet.

1941, 10. Jan.	Weiteres deutsch-sowjetisches Wirtschaftsabkommen. Zehn Tage später sagt Hitler zu Mussolini, er verlasse sich lieber auf seine »Machtmittel«.
1941, Frühjahr	Die Nazis arbeiten Pläne für die Ausbeutung, Terrorisierung und Versklavung des Sowjetvolkes aus.
1941, 22. Juni	Überfall Hitler-Deutschlands und seiner Verbündeten auf die UdSSR. Beginn des »Großen Vaterländischen Krieges« der Sowjetunion.
1941, 6. Dez.	Die Gegenoffensive der Roten Armee vor Moskau raubt der Wehrmacht den Nimbus der Unbesiegbarkeit.
1942, 23. Febr.	Stalin erklärt: »Die Hitler kommen und gehen, aber das deutsche Volk, der deutsche Staat bleibt.«
1942/43, Winter	In der Stalingrader Schlacht wird die Wehrmacht geschlagen. Wendepunkt des Zweiten Weltkrieges.
1943, Juli	Zerschlagung der letzten deutschen Offensive bei Kursk. Eine westliche »zweite Front« bleibt aus.
1943, 12./13. Juli	Gründung des »Nationalkomitees Freies Deutschland« im Lager Krasnogorsk bei Moskau. Sein Aufruf zum Sturz Hitlers und Rückzug der Wehrmacht auf die Reichsgrenzen verhallt ungehört.
1943, November	Alliierte Konferenz von Teheran. Deutschland nur noch Objekt alliierter Beschlüsse.
1944	Jahr der zehn Siege der Roten Armee.
1945, Januar	Die Rote Armee überschreitet in Ostpreußen und Schlesien die Reichsgrenze von 1937 und dringt zur Oder vor, wo sie 70 km vor Berlin steht.
1945, 16. April	Beginn der Schlußoffensive der Roten Armee gegen Berlin.
1945, 30. April	Hitler verübt Selbstmord. Am 2. Mai vollendet die Rote Armee die Besetzung Berlins.
1945, 8. Mai	Bedingungslose Kapitulation der Wehrmacht in Berlin-Karlshorst.
1945, 9. Mai	Stalin erklärt: »Die Sowjetunion feiert den Sieg, wenn sie sich auch nicht anschickt, Deutschland zu zerstückeln oder zu vernichten.«
1945, 17. Juli – 2. August	Alliierte Konferenz von Potsdam beschließt Behandlung Deutschlands als »wirtschaftliche Einheit«, aber die USA verstoßen gegen dieses Prinzip, indem sie die UdSSR zwingen, ihre Reparationen fast ausschließlich ihrer eigenen Zone zu entnehmen, und Frankreich verhindert im Berliner Alliierten Kontrollrat die Errichtung »gesamtdeutscher« Zentralverwaltungen.

1945, 5. Okt.	Konrad Adenauer, Oberbürgermeister von Köln, erklärt: »Das beste wäre, sofort wenigstens aus den drei westlichen Zonen einen Bundesstaat zu bilden.«
1946, 10. Juli	Molotow fordert in Paris die Schaffung einer »einheitlichen deutschen Regierung«. Die USA und England kontern mit dem Beschluß, ihre Besatzungszonen zur »Bizone« zusammenzulegen.
1946, 6. Sept.	US-Außenminister Byrnes lenkt vom Spaltungsaspekt der Bizone ab, indem er den Deutschen Hoffnungen auf den Wiedergewinn von Gebieten östlich der Oder-Neiße-Linie macht.
1947	Verstärkte Tendenzen zur Bildung eines Separatstaates in den Westzonen Deutschlands.
1947, März–April	Auf der Moskauer Außenministertagung lehnen die Westmächte Molotows Vorschlag ab, die Deutschen über einen gesamtdeutschen Staat abstimmen zu lassen.
1947, Nov.–Dez.	Auch Londoner Außenministertagung ohne Einigung über Deutschland. Frankreich schließt nun seine Zone mit der Bizone zur »Trizone« zusammen.
1948, Frühjahr	Adenauer meint: »Der Krieg zwischen Amerika und Rußland kommt auf jeden Fall, und dann müssen wir auf der richtigen Seite dabei sein.«
1948, 20.–24. Juni	Separate Währungsreform in den drei Westzonen und in Westberlin, auf die die Sowjetunion mit einer Grenz- und Transitsperre reagiert.
1949, 15. Sept.	Adenauer in Bonn zum ersten Bundeskanzler der Bundesrepublik Deutschland (BRD) gewählt.
1949, 7. Okt.	Ausrufung der Deutschen Demokratischen Republik (DDR) in Berlin.
1949, 21. Okt.	Adenauer erklärt, die BRD sei »die alleinige legitimierte staatliche Organisation des deutschen Volkes« und »allein befugt, für das deutsche Volk zu sprechen«.
1949, Nov.–Dez.	Adenauer bietet in Interviews an, »zur Schaffung einer (west-)europäischen Armee beizutragen«.
1952, Frühjahr	Adenauer setzt auf die »Politik der Stärke« und redet von »Befreiung« und »Neuordnung« Osteuropas.
1952, 10. März	Note der Sowjetregierung über die unverzügliche Ausarbeitung eines Friedensvertrages »unter unmittelbarer Beteiligung Deutschlands, vertreten durch eine gesamtdeutsche Regierung«, auf der Basis der Neutralität Deutschlands. Adenauer lehnt die sowjetischen Vorschläge ab und nennt sie einen »Fetzen Papier«.
1955, 15. Jan.	Nach wiederholten Wiedervereinigungsvorschlägen auf der Linie der Note vom 10. März 1952 erklärt die Sowjetregierung zum letzten Mal:

»Gegenwärtig gibt es noch ungenützte Möglichkeiten zur Erreichung eines Abkommens in der Frage der Wiedervereinigung . . . und über die Durchführung von gesamtdeutschen freien Wahlen zu diesem Zweck im Jahre 1955.« Diese Möglichkeiten mache die BRD jedoch zunichte, wenn sie sich mit dem Westen militärisch verbünde.

1955, 27. Febr.	Trotz der sowjetischen Warnungen ratifiziert der Bonner Bundestag den Beitritt der BRD zur NATO.
1955, 9. Mai	Zehn Jahre nach der Kapitulation der Hitler-Wehrmacht wird die BRD in die NATO aufgenommen.
1955, 14. Mai	Gründung des Warschauer Paktes und Aufnahme der DDR.
1955, 9.–13. Sept.	Adenauer besucht Moskau und stellt diplomatische Beziehungen zwischen der BRD und der UdSSR her.
1955, 20. Sept.	Moskauer Vertrag der DDR mit der UdSSR, der ihr garantiert, daß sie in keiner Deutschland betreffenden Frage übergangen wird.
1955, 8./9. Dez.	Die BRD droht allen Staaten, die die DDR diplomatisch anerkennen, mit Abbruch der Beziehungen.
1956, 23. Mai	Die Sowjetunion wird von Adenauer in einer Kölner Rede »unser Todfeind« genannt.
1956, 16. Okt.	Franz Josef Strauß, bisher in Bonn zuständig für Atomenergie, wird Verteidigungsminister mit dem Ziel, die Bundeswehr atomar zu bewaffnen.
1957, 27. April	Eine sowjetische Note warnt, daß eine Atombewaffnung die BRD im Kriegsfall zum »Friedhof« machen würde und mit der Wiedervereinigung unvereinbar sei.
1957, Herbst	Die westdeutschen Wähler schenken Adenauer und Strauß eine absolute Mehrheit.
1958, 25. März	Die Bundestagsmehrheit beschließt die Ausrüstung der Bundeswehr mit den »modernsten Waffen«.
1958, April	Der sowjetische Vize-Ministerpräsident Mikojan warnt in Bonn vergebens vor der atomaren Rüstung.
1958, 27. Nov.	Sowjetische Vorschläge für die Umwandlung Westberlins in eine »entmilitarisierte Freie Stadt«. Der Westen bezeichnet sie als »Berlin-Ultimatum«, bequemt sich jedoch schließlich zu Verhandlungen mit der UdSSR.
1959, 10. Jan.	Sowjetischer Entwurf eines deutschen Friedensvertrages, der u. a. ein totales Kernwaffenverbot vorsieht.
1961, 13. Aug.	Sperrmaßnahmen der DDR in Berlin (»Berliner Mauer«) mit Deckung des Warschauer Paktes. Sich vom Westen im Stich gelassen fühlend, beginnen

einzelne Westberliner und westdeutsche Politiker umzudenken. Adenauer verliert im September die absolute Mehrheit und muß im Herbst 1963 abtreten.

1963–66	Die Bonner Regierung Erhard verfolgt die Nuklearoption in Form einer »multilateralen Atomstreitmacht« (MLF) weiter.
1964, 12. Juni	Zwanzigjähriger Freundschafts- und Beistandsvertrag UdSSR–DDR.
1965, 3. Dez.	Handelsabkommen UdSSR–DDR, bisher größtes in der Geschichte des Welthandels.
1966, 25. März	Bonns sogenannte »Friedensnote« bietet den Warschauer-Pakt-Staaten – mit Ausnahme der DDR – »Gewaltverzichtserklärungen« an.
1966, 6. Juli	Der Warschauer Pakt fordert auf seiner Ministerkonferenz in Bukarest die »herrschenden Kreise« der BRD auf, den »realen Stand der Dinge in Europa« endlich zu berücksichtigen.
1966–69	Erste Anzeichen einer Anerkennung der »Realitäten« in der BRD. Die Bonner Regierung der Großen Koalition gibt das MLF-Projekt auf, unterzeichnet jedoch nicht den Kernwaffensperrvertrag.
1968, 21. Aug.	Mit der Aktion des Warschauer Paktes in der ČSSR scheitert die alte Bonner Ostpolitik zur Isolierung der DDR endgültig.
1969, 28. Okt.	Regierungserklärung Bundeskanzler Brandts über die »neue Ostpolitik«: staatsrechtliche Anerkennung der DDR, De-facto-Anerkennung der bestehenden Grenzen, baldige Verhandlungen mit UdSSR und Polen, Unterzeichnung des Kernwaffensperrvertrages.
1970, 12. Aug.	Moskauer Vertrag über Gewaltverzicht, Unantastbarkeit der Grenzen und Zusammenarbeit zwischen der BRD und der UdSSR.
1970, 7. Dez.	Warschauer Vertrag der BRD und der VR Polen, als deren westliche Staatsgrenze die Oder-Neiße-Linie festgestellt wird.
1971, 3. Sept.	Berliner Viermächteabkommen über freien Zugang nach Westberlin, das »wie bisher kein Bestandteil« der BRD ist und nicht von ihr regiert wird.
1972, 17. Mai	Ratifikation der Verträge von Moskau und Warschau im Bundestag. Das Präsidium des Obersten Sowjets ratifiziert den Moskauer Vertrag am 31. Mai.
1972, 3. Juni	Das Berliner Viermächteabkommen wird in Kraft gesetzt.
1972, 5. Juli	Langfristiger Handelsvertrag BRD–UdSSR. Die BRD avanciert 1972 zum größten Handelspartner der UdSSR im kapitalistischen Ausland.
1973, 18.–22. Mai	Erster Bonn-Besuch des Generalsekretärs des ZK der KPdSU, Leonid Breschnew.

1973, 31. Juli	Das Bundesverfassungsgericht konserviert die Fiktion vom Fortbestand des Deutschen Reiches, mit dem die BRD als Staat identisch sei.
1973, Nov.–Dez.	Vollendung der Normalisierung auf der Basis der friedlichen Koexistenz durch Vertrag der BRD mit der ČSSR, der das Münchner Abkommen von 1938 für nichtig erklärt, und Aufnahme diplomatischer Beziehungen zu Bulgarien und Ungarn.
1974, Oktober	Beim ersten Besuch von Bundeskanzler Schmidt in Moskau wird ein drittes großes Erdgas-Röhren-Geschäft verabredet.
1975	Aufträge aus der UdSSR und anderen RGW-Staaten sichern rund 500 000 Arbeitsplätze in der von der neuen Westwirtschaftskrise betroffenen BRD.
1975, 7. Okt.	Freundschaftspakt DDR–UdSSR auf 25 Jahre.
1977, 28. Okt.	Schmidt spricht in London von angeblich wachsenden »Disparitäten auf nukleartaktischem und konventionellem Gebiet in Europa« und bietet damit den USA eine Chance, Westeuropa neue amerikanische Mittelstreckenwaffen aufzudrängen.
1978, 4.–7. Mai	Beim zweiten Bonn-Besuch Breschnews wird ein 25jähriges Abkommen über wirtschaftliche und industrielle Zusammenarbeit geschlossen, das Schmidt mit Bismarcks Rückversicherungsvertrag von 1887 vergleicht.
1979, 12. Dez.	Brüsseler NATO-Beschluß über Stationierung von 572 amerikanischen Mittelstreckenwaffen in Westeuropa ab Herbst 1983, darunter 108 Pershing-II-Raketen in der BRD.
1980, Juni	Wegen der sowjetischen Aktion in Afghanistan boykottiert die BRD die Moskauer Olympischen Spiele. Anschließend besucht Schmidt Moskau, um Verhandlungen über die Mittelstreckenwaffen in Gang zu bringen.
1980–83	Wachsende Friedensbewegung gegen die Stationierung neuer Atomwaffen in der BRD. Die Stationierung wird von 60–75 Prozent der Bundesbürger abgelehnt. Hunderttausende demonstrieren 1981 und 1982 in Bonn, rund fünf Millionen unterschreiben den »Krefelder Appell« gegen neue Kernwaffen.
1981, 22.–25. Nov.	Beim dritten Bonn-Besuch Breschnews bekennt Schmidt sich mit ihm zur Politik der Entspannung, die in Washington für tot erklärt wird. Der westdeutsch-sowjetische Handel hat sich seit 1969 mehr als versiebenfacht.
1982, Sommer	Die BRD und andere westliche Länder halten gegen Druck aus Washington am Erdgas-Röhren-Geschäft mit der UdSSR fest.
1982, September	Nach fast 13 Jahren zerbricht die Bonner sozial-liberale Koalition. Die FDP-Rechten und CDU/CSU wählen am 1. Oktober Helmut Kohl zum Bundeskanzler einer »christlich-liberalen« Koalition. Zunächst wird die «Kontinuität« der Außenpolitik betont.

1983, 6. März	Wahlen bestätigen die Regierung Kohl, die einen wirtschaftlichen »Aufschwung« versprochen hat. Mit den »Grünen« kommt erstmals wieder eine Anti-NATO- und Anti-Raketenpartei in den Bundestag.
1983, 4. Mai	In Kohls Regierungserklärung ist von »Kontinuität« und »Entspannung« nicht mehr die Rede. Er sagt, er wolle »die Freundschaft mit dem Westen und die Verständigung mit dem Osten«.
1983, 4.–6. Juli	Bei seinem Moskau-Besuch wird Kohl von Ministerpräsident Tichonow und Generalsekretär Andropow vor den Folgen einer US-Raketenstationierung in der BRD gewarnt.
1983, 22. Nov.	Der Bundestag stimmt mit 286 gegen 226 Stimmen der Verwirklichung des Brüsseler NATO-Beschlusses vom 12. Dezember 1979 zu. Kurz darauf treffen die ersten Pershing-II-Raketen in der BRD ein, während die UdSSR die Gegenstationierung »operativ-taktischer Raketen längerer Reichweite« in der DDR und der ČSSR vorbereitet.

Deutsch-russische Ehen

(Ohne Anspruch auf Vollständigkeit)

Zur Zeit der Kiewer Rus gab es zehn deutsch-russische Fürstenehen, darunter:

Wladimir I. in 2. Ehe mit einer Tochter des Grafen Kuno von Enningen;

drei Söhne Jaroslaws I. mit deutschen Frauen;

Eupraxia, Schwester von Wladimir II. Monomach, in 1. Ehe mit Markgraf Heinrich von Stade, in 2. Ehe mit Kaiser Heinrich IV.

Seit Ende des 15. Jahrhunderts heirateten zahlreiche in Rußland tätige deutsche Handwerker und Spezialisten russische Frauen.

Im 18. Jahrhundert stiftete Peter I., der zeitweilig mit der Deutschen Anna Mons liiert war, mehrere Ehen mit Deutschen:

Anna, Tochter Iwans V., 1710 mit Friedrich Wilhelm von Kurland;

Alexej, Sohn Peters I., 1711 mit Charlotte von Braunschweig-Wolfenbüttel – Sohn Peter II.;

Katharina, Tochter Iwans V., 1716 mit Karl Leopold von Mecklenburg-Schwerin – Tochter Anna Elisabeth;

Anna, Tochter Peters I., 1725 mit Karl Friedrich von Holstein-Gottorp – Sohn Peter III.

Zahlreiche deutschbaltisch-russische Ehen.

Anna Elisabeth, Tochter Katharinas und Karl Leopolds von Mecklenburg-Schwerin, heiratete 1739 Anton Ulrich von Braunschweig Wolfenbüttel – Sohn Iwan VI.

Peter III. war seit 1745 mit Katharina von Anhalt-Zerbst (Katharina II.) vermählt – Sohn Paul I.

Paul I. heiratete Marie von Württemberg – ihre sämtlichen Kinder waren mit Deutschen vermählt:

Alexander I. mit Elisabeth von Baden;

Nikolaus I. mit Charlotte (Alexandra) von Preußen, einer Tochter Friedrich Wilhelms III. und der Königin Luise;

Konstantin mit Anna von Sachsen;

Michael mit Helene von Württemberg;

Anna mit Erzherzog Joseph von Österreich;

Helene mit dem Erbprinzen von Mecklenburg-Schwerin;

Katharina mit König Wilhelm I. von Württemberg;

Maria mit Karl Friedrich von Sachsen-Weimar.

Sämtliche Kinder Nikolaus I. mit Charlotte (Alexandra) von Preußen waren wiederum mit Deutschen verheiratet:

Alexander II. mit Marie von Hessen – Sohn Alexander III.;

Maria mit dem Herzog von Leuchtenberg;

Olga mit Kronprinz Karl von Württemberg;

Alexandra mit Landgraf Wilhelm von Hessen-Kassel;

Konstantin mit einer sächsischen, Nikolai mit einer oldenburgischen, Michael mit einer badischen Prinzessin.

Der letzte Zar, Nikolaus II., war mit Alice (Alexandra) von Hessen verheiratet.

Ilja Nikolajewitsch Uljanow heiratete Maria Blank – Sohn Wladimir Iljitsch Uljanow (Lenin).

Alexander Herzen hatte eine deutsche, Richard Sorge eine russische Mutter.

Einige gemeinsame Vornamen

(vorwiegend christlich-biblischer und antiker Herkunft)

Achim – Akim
Adam – Adam
Agathe – Agafja
Alexander – Aleksandr
Alexandra – Aleksandra
Alexis – Aleksej
Andreas – Andrej
Anna – Anna

Barbara – Warwara
Basilius – Wassili
Benjamin – Wenjamin

Christian – Christian
Christoph – Christofor
Clemens – Klimenti
Constantin – Konstantin
Constanze – Konstanzija

Daniel – Daniil
Dorotea – Doroteja, Darja

Elisabeth – Jelisaweta
Emil – Jemeljan
Ephraim – Jefrem
Eugen – Jewgeni
Eva – Jewa

Georg – Georgi, Jegor
Gregor – Grigori

Helene – Jelena
Helge – Oleg
Helga – Olga
Hermann – German

Ida – Ida
Ignaz – Ignati
Irene – Irina

Jakob – Jakow
Joachim, Jochen – Ioakim
Jörg, Jürgen – Juri
Joseph – Iosif
Julia – Julija
Julius – Juli

Katharina – Jekaterina
Klaudia – Klawdija
Klaudius – Klawdi

Leo – Ljow
Lorenz – Lawrenti
Lukas – Luka

Magdalena – Magdalina
Marcus – Mark
Margareta – Margarita
Maria – Marija
Martha – Marfa
Matthäus, Matthias – Mattwej
Maximilian – Maksim
Michael – Michail
Moritz – Mawriki

Nikolaus – Nikolai

Olga – Olga

Paul – Pawel
Peter – Pjotr

Rachel – Rachil
Roderich – Rjurik

Sophie – Sofja
Stephan – Stjepan

Theodor – Fjodor
Thomas – Foma
Tobias – Tobi

Ursula – Ursula

Valentin – Walentin
Veit, Vitus – Witali
Vera – Wera
Victor – Viktor
Vinzenz – Wikenti

Waldemar – Wladimir
Wenzel – Wjatscheslaw

Literaturverzeichnis

Neben Lexiken, Geschichtskalendern, Chroniken, amtlichen Aktenpublikationen, veröffentlichten Meinungsumfragen sowie Zeitungs- und Zeitschriftenveröffentlichungen wurden u. a. folgende Werke kritisch benutzt:

Einleitung und 1. Kapitel

Barraclough, Geoffrey: Tatsachen der deutschen Geschichte, Berlin - Frankfurt am Main 1948

Donner, Gustav Adolf: Kardinal Wilhelm von Sabina, Bischof von Modena, Helsingfors 1929

Geschichte der UdSSR in drei Teilen, hrsg. vom Institut für Geschichte der Akademie der Wissenschaften der UdSSR, deutsche Ausgabe Moskau 1977

Haller, Johannes: Die Epochen der deutschen Geschichte, München 1956

Kötzsche, Rudolf (Hrsg.): Quellen zur Geschichte der ostdeutschen Kolonisation im 12. bis 14. Jahrhundert, Leipzig - Berlin 1912

Laqueur, Walter: Russia and Germany. A Century of Conflict, London 1965

Riemeck, Renate: Moskau und der Vatikan. Der kirchliche West-Ost-Gegensatz und das alte Rußland, Frankfurt am Main 1964

Sievers, Leo: Deutsche und Russen. Tausend Jahre gemeinsamer Geschichte, Hamburg 1980

Stökl, Günter: Russische Geschichte, Stuttgart 1962

Streisand, Joachim: Deutsche Geschichte von den Anfängen bis zur Gegenwart, 4. Aufl. Köln 1980

Urban, William: The Baltic Crusade, Illinois 1975

2. Kapitel

Herberstein, Sigmund Freiherr von: Beschreibung Moskaus 1557, hrsg. von Bertold Picard, Graz - Wien - Köln 1966

Olearius, Adam: Moskowitische und persische Reise 1656, bearbeitet von Eberhard Meißner, Berlin 1959

Ruehl, Lothar: Rußlands Weg zur Weltmacht, Düsseldorf - Wien 1981

Staden, Heinrich von: Aufzeichnungen über den Moskauer Staat, hrsg. von Fritz Epstein, Hamburg 1930

3. Kapitel

Breßlau, Harry: Das Testament Peters des Großen, in: Historische Zeitschrift, 41. Band, München 1879

Friedrich der Große: Die politischen Testamente, Berlin 1922

Küntzel, Georg/Hass, Manfred (Hrsg.): Die politischen Testamente der Hohenzollern, Leipzig - Berlin 1911

Seume, Johann Gottfried: Ueber das Leben und den Karakter der Kaiserin von Rußland Katharina II., Altona 1797

Tolstoi, Alexej: Peter I., zwei Bände, Berlin - Weimar 1975

4. Kapitel

Bismarck, Otto von: Gedanken und Erinnerungen. Reden und Briefe, hrsg. von Reinhard Jaspert, Berlin o. J. (1950?)

Bismarck Gespräche, hrsg. von Willy Andreas und K. F. Reinking, drei Bände, Birsfelden - Basel o. J.

Bismarck selbst. Tausend Gedanken des Fürsten Otto von Bismarck, hrsg. von Robert Ingrim, Stuttgart 1950

Kumpf-Korfes, Sigrid: Bismarcks »Draht nach Rußland«. Zum Problem der sozial-ökonomischen Hintergründe der russisch-deutschen Entfremdung im Zeitraum von 1878 bis 1891, Berlin (DDR) 1968

Muralt, Leonhard von: Bismarcks Verantwortlichkeit, Göttingen 1955

Wehler, Hans-Ulrich: Bismarck und der Imperialismus, Köln - Berlin (West) 1969

5. Kapitel

Baumgart, Winfried: Deutsche Ostpolitik 1918, Wien - München 1966

Carr, Edward Hallett: German-Soviet Relations Between the Two World Wars, Baltimore 1951

Fischer, Fritz: Griff nach der Weltmacht. Die Kriegszielpolitik des kaiserlichen Deutschland 1914/18, 3. Aufl. Düsseldorf 1964

Frankenberg, Richard: Die Nichterneuerung des deutsch-russischen Rückversicherungsvertrages im Jahre 1890, Berlin 1927

Hahlweg, Werner (Hrsg.): Lenins Rückkehr nach Rußland 1917. Die deutschen Akten, Leiden/Niederlande 1957

Hallmann, Hans (Hrsg.): Zur Geschichte und Problematik des deutsch-russischen Rückversicherungsvertrages von 1887, Darmstadt 1968

Jerussalimski, A. S.: Der deutsche Imperialismus, Berlin (DDR) 1968

Johann, Ernst (Hrsg.): Reden des Kaisers, München 1966

Krummacher, F. A. / Lange, Helmut: Krieg und Frieden. Geschichte der deutsch-sowjetischen Beziehungen von Brest-Litowsk zum Unternehmen Barbarossa, München - Esslingen 1970

Kühlmann, Richard von: Erinnerungen, Heidelberg 1948

Opitz, Reinhard (Hrsg.): Europastrategien des deutschen Kapitals 1900–1945, Köln 1977

Norden, Albert: Lehren deutscher Geschichte. Zur politischen Rolle des Finanzkapitals und der Junker, Berlin 1947

Norden, Albert: So werden Kriege gemacht! Über Hintergründe und Technik der Aggression, 4. Aufl. Berlin (DDR) 1968

Pross, Harry (Hrsg.): Die Zerstörung der deutschen Politik. Dokumente 1871–1933, Frankfurt am Main 1959

6. Kapitel

Anderle, Alfred: Die deutsche Rapallo-Politik. Deutsch-sowjetische Beziehungen 1922–1929, Berlin (DDR) 1962

Brüning, Heinrich: Memoiren 1918–1934, Stuttgart 1970

Haffner, Sebastian: Die verratene Revolution. Deutschland 1918/19, Bern - München - Wien 1969

Hallgarten, George W. F.: Das Wettrüsten. Seine Geschichte bis zur Gegenwart, Frankfurt am Main 1967

Hoffmann, Max: Der Krieg der versäumten Gelegenheiten, München 1924

Matthias, Erich: Die deutsche Sozialdemokratie und der Osten 1914–1945, Tübingen 1954

Nowak, Karl Friedrich (Hrsg.): Die Aufzeichnungen des Generalmajors Max Hoffmann, Berlin 1929

Posser, Dr. Diether: Die deutsch-sowjetischen Beziehungen seit 1917, Darmstadt o. J. (1955?)

Rechberg, Arnold: Was kostet der Friedensvertrag die Entente?, München 1922

7. *Kapitel*

Brandt, Willy: Draußen. Schriften während der Emigration, hrsg. von Günter Struve, München 1966

Brüning, Heinrich: Briefe und Gespräche 1934–1945, Stuttgart 1974

Czichon, Eberhard: Wer verhalf Hitler zur Macht? Zum Anteil der deutschen Industrie an der Zerstörung der Weimarer Republik, 3. Aufl. Köln 1972

Feiling, Keith: The Life of Neville Chamberlain, London 1946

Gilbert, Martin/Gott, Richard: The Appeasers, London 1963

Hitler, Adolf: Mein Kampf, 220.–224. Aufl. München 1936

Hitlers Zweites Buch. Ein Dokument aus dem Jahre 1928, hrsg. von G. L. Weinberg, Stuttgart 1961

Hofer, Walther (Hrsg.): Der Nationalsozialismus. Dokumente 1933–1945, Frankfurt am Main 1957

Kobljakow, I.: Wer hat den Zweiten Weltkrieg entfacht?, Moskau 1982

Ludecke (Lüdecke), Kurt G. W.: I Knew Hitler. The Story of a Nazi Who Escaped the Blood Purge, London 1938

Maiski, I. M.: Wer half Hitler? Aus den Erinnerungen eines sowjetischen Diplomaten, Moskau o. J.

Middlemas, Keith/Barnes, John: Baldwin. A Biography, London 1969

Nadolny, Rudolf: Mein Beitrag, Wiesbaden 1955

Schukow, Georgi K.: Erinnerungen und Gedanken, Stuttgart 1969

Seeckt, Hans von: Deutschland zwischen West und Ost, Hamburg 1933

Shirer, William L.: Aufstieg und Fall des Dritten Reiches, München - Zürich 1963

Sipols, V. J.: Die Vorgeschichte des deutsch-sowjetischen Nichtangriffsvertrags, Köln 1981

8. *Kapitel*

Ansel, Walter: Hitler Confronts England, Durham/North Carolina 1960

Bereshkow, Valentin: In diplomatischer Mission bei Hitler in Berlin 1940–1941, Frankfurt am Main 1967

Dallin, Alexander: Deutsche Herrschaft in Rußland 1941–1945. Eine Studie über Besatzungspolitik, Düsseldorf 1958

Halder, Franz: Kriegstagebuch, drei Bände, Stuttgart 1962–64

Hillgruber, Andreas: Hitlers Politik, Strategie und Kriegführung 1940/41, Frankfurt am Main 1965

Rexin, Manfred (Hrsg.): Die unheilige Allianz. Stalins Briefwechsel mit Churchill 1941–1945, Reinbek bei Hamburg 1964

Ribbentrop, Joachim von: Zwischen London und Moskau. Erinnerungen und letzte Aufzeichnungen. Aus dem Nachlaß hrsg. von Annelies von Ribbentrop, Leoni am Starnberger See 1953

Scheurig, Bodo: Freies Deutschland. Das Nationalkomitee und der Bund Deutscher Offiziere in der Sowjetunion 1943–1945, München 1960

Schwarzwäller, Wulf: Rudolf Heß. Der Mann in Spandau, Wien - München - Zürich 1974

Seydlitz, Walther von: Stalingrad: Konflikt und Konsequenz, Oldenburg 1977

Steltzer, Theodor: Sechzig Jahre Zeitgenosse, München 1966

Werth, Alexander: Russia at War, 1941–1945, New York 1964

9. Kapitel

Adenauer, Konrad: Erinnerungen, vier Bände, Stuttgart 1965–1968

Allardt, Helmut: Moskauer Tagebuch, Düsseldorf - Wien 1973

Badstübner, Rolf/Thomas, Siegfried: Restauration und Spaltung. Entstehung und Entwicklung der BRD 1945–1955, Köln 1975

Bandulet, Bruno: Adenauer zwischen West und Ost. Alternativen der deutschen Außenpolitik, München 1970

Baring, Arnulf: Außenpolitik in Adenauers Kanzlerdemokratie, München - Wien 1969

Baring, Arnulf: Sehr verehrter Herr Bundeskanzler! Heinrich von Brentano im Briefwechsel mit Konrad Adenauer 1949–1964, Hamburg 1974

Bell, Coral: Negotiation from Strength. A Study in the Politics of Power, London 1962

Boveri, Margret: Verzweigungen. Eine Autobiographie, München - Zürich 1977

Brandt, Gerhard: Rüstung und Wirtschaft in der Bundesrepublik, Witten und Berlin 1966

Brandt, Willy: Koexistenz – Zwang zum Wagnis, Stuttgart 1963

Brandt, Willy: Begegnungen und Einsichten. Die Jahre 1960–1975, Hamburg 1976

Brüning, Heinrich: Die Vereinigten Staaten und Europa, Stuttgart 1954

Brzezinski, Zbigniew K.: Alternative zur Teilung. Neue Möglichkeiten für eine gesamteuropäische Politik, Köln - Berlin 1966

Burchett, Wilfred: Cold War in Germany, South Yarra/Australien o. J. (1950?)

Clay, Lucius D.: Entscheidung in Deutschland, Frankfurt am Main 1950

Conze, Werner: Jakob Kaiser. Politiker zwischen Ost und West 1945–1949, Stuttgart - Berlin - Köln - Mainz 1969

Dulles, John Foster: War or Peace, New York 1950

Eckardt, Felix von: Ein unordentliches Leben. Lebenserinnerungen, Düsseldorf - Wien 1967

Edinger, Lewis: Kurt Schumacher. Persönlichkeit und politisches Verhalten, Köln - Opladen 1967

Elfes, Wilhelm: Gespräche um Deutschland, hrsg. vom Bund der Deutschen – Partei für Einheit, Frieden, Freiheit, o. O. o. J. (1956?)

Friedensburg, Ferdinand: Es ging um Deutschlands Einheit. Rückschau eines Berliners auf die Jahre nach 1945, Berlin (West) 1971

Froese, Leonhard (Hrsg.): Was soll aus Deutschland werden? Neue Aspekte zur Deutschlandpolitik, München 1968

Gimbel, John: Amerikanische Besatzungspolitik in Deutschland 1945–1949, Frankfurt am Main 1971

Gotto, Klaus u. a.: Konrad Adenauer. Seine Deutschland- und Außenpolitik 1945–1963, München 1975

Grewe, Wilhelm: Rückblenden 1976–1951, Berlin (West) o. J. (1979)

Halfmann, Dieter (Hrsg.): Das Konzept der deutschen Rechten. Aus Reden und Schriften des F. J. Strauß, Köln 1971

Heinemann, Gustav W.: Verfehlte Deutschlandpolitik. Irreführung und Selbsttäuschung, Frankfurt am Main 1966

Huster, Ernst Ulrich u. a.: Determinanten der westdeutschen Restauration 1945–1949, 3. Aufl. Frankfurt am Main 1975

Jerchow, Friedrich: Die alliierte Deutschlandpolitik und die Anfänge der Außenwirtschaft in Westdeutschland nach dem Zweiten Weltkrieg, Diss. Hamburg 1978

Kahn, Helmut Wolfgang: Die Russen kommen nicht. Fehlleistungen unserer Sicherheitspolitik, München - Bern - Wien 1969

Kennan, George F.: Memoirs 1925–1950, Boston - Toronto 1967

Kennan, George F.: Vom Umgang mit der kommunistischen Welt, Stuttgart 1965

Kennan, George F.: Rußland, der Westen und die Atomwaffe, Frankfurt am Main 1958

Koch, Dieter: Heinemann und die Deutschlandfrage, München 1972

Kosthorst, Erich: Jakob Kaiser. Bundesminister für gesamtdeutsche Fragen 1949–1957, Stuttgart - Berlin - Köln - Mainz 1972

Kroll, Hans: Botschafter in Belgrad, Tokio und Moskau 1953–1962, München 1969

Krone, Heinrich: Aufzeichnungen zur Deutschland- und Ostpolitik 1954–1969, in: Adenauer-Studien III, hrsg. von Rudolf Morsey und Konrad Repgen, 2. Aufl. Mainz 1974

Kuby, Erich: Franz Josef Strauß. Ein Typus unserer Zeit, Wien - München - Basel 1963

Lemmer, Ernst: Manches war doch anders. Erinnerungen eines deutschen Demokraten, Frankfurt am Main 1968

Lindemann, Helmut: Konrad Adenauer, München - Bern - Wien 1965

Löwke, Udo F.: Für den Fall, daß . . . SPD und Wehrfrage 1949–1955, Hannover 1969

Meissner, Boris: Rußland, die Westmächte und Deutschland, Hamburg 1953

Meissner, Boris (Hrsg.): Die deutsche Ostpolitik 1961–1970. Kontinuität und Wandel, Köln 1970

Müller, Josef: Bis zur letzten Konsequenz. Ein Leben für Frieden und Freiheit, München 1975

Musulin, Janko (Hrsg.): Die Ära Adenauer, Frankfurt am Main 1964

Nolte, Ernst: Deutschland und der Kalte Krieg, München - Zürich 1974

Poppinga, Anneliese: Konrad Adenauer. Geschichtsverständnis, Weltanschauung und politische Praxis, Stuttgart 1975

Prittie, Terence: Adenauer, Stuttgart 1971

Pünder, Hermann: Von Preußen nach Europa. Lebenserinnerungen, Stuttgart 1968

Riemeck, Renate: Der Prager »Frühling« oder was manche darunter verstanden, o. O. o. J. (1968?)

Sänger, Fritz: Verborgene Fäden. Erinnerungen und Bemerkungen eines Journalisten, Bonn 1978

Schmidt, Ute/Fichter, Tilman: Der erzwungene Kapitalismus, Berlin (West) 1971

Schubert, Klaus von: Sicherheitspolitik der Bundesrepublik Deutschland. Dokumentation 1945–1977, Köln 1979

Sethe, Paul: Die großen Entscheidungen, Frankfurt am Main 1958

Sethe, Paul: Zwischen Bonn und Moskau, Frankfurt am Main 1956

Smith, Jean Edward (Hrsg.): The Papers of General Lucius D. Clay: Germany 1945–1949, Bloomington/Indiana 1974

Specovius, Günther: Die Russen sind anders, Düsseldorf - Wien 1963

Speier, Hans: German Rearmament and Atomic War. The Views of German Military and Political Leaders, Evanston/Illinois-White Plains/New York 1957

Strauß, Franz Josef: Entwurf für Europa, Stuttgart 1966

Sulzberger, C. L.: The Last of the Giants, New York 1970

Sulzberger, C. L.: An Age of Mediocrity. Memoirs and Diaries 1963–1972, New York 1973

Thayer, Charles W.: Die unruhigen Deutschen, Bern - Stuttgart - Wien 1958

Uexküll, Gösta von: Konrad Adenauer, Reinbek bei Hamburg 1976

Vilmar, Fritz: Rüstung und Abrüstung im Spätkapitalismus. Eine sozioökonomische Analyse des Militarismus in unserer Gesellschaft, 3. Aufl. Frankfurt am Main 1967

Werth, Alexander: Rußland im Frieden. Angst und Hoffnung, München - Zürich 1969

Wettig, Gerhard: Entmilitarisierung und Wiederbewaffnung in Deutschland 1943–1955, München 1967

Weymar, Paul: Konrad Adenauer. Die autorisierte Biographie, München 1955

Wheeler, George S.: Die amerikanische Politik in Deutschland 1945–1950, Berlin (DDR) 1958

Zolling, Hermann/Bahnsen, Uwe: Kalter Winter im August. Die Berlin-Krise 1961/63, Oldenburg - Hamburg 1967

Zolling, Hermann/Höhne, Heinz: Pullach intern. General Gehlen und die Geschichte des Bundesnachrichtendienstes, Hamburg 1971

10. Kapitel

Boveri, Margret: Die Deutschen und der Status quo, München 1974

Engelhardt, Klaus/Heise, Karl-Heinz: Der militärisch-industrielle Komplex im heutigen Imperialismus, Köln 1974

Kahn, Helmut Wolfgang: Helmut Schmidt. Fallstudie über einen Populären, Hamburg 1973

Kahn, Helmut Wolfgang: Pentagon – Friedensfeind Nr. 1. USA, UdSSR und BRD 1972 bis heute, Köln 1983

Schmidt, Helmut: Strategie des Gleichgewichts. Deutsche Friedenspolitik und die Weltmächte, 5. Aufl. Stuttgart 1970

Personenregister

Verlagsanzeigen

Helmut Wolfgang Kahn

PENTAGON FRIEDENS- FEIND NR. 1

USA, UdSSR und BRD
1972 bis heute

Pahl-Rugenstein

Kleine Bibliothek

Helmut Wolfgang Kahn

Pentagon – Friedensfeind Nr. 1

USA, UdSSR und BRD 1972 bis heute

Kleine Bibliothek, Band 281, 157 Seiten

Die Chronik der letzten zehn Jahre zeigt, wie das Pentagon eine bisher nicht gekannte Rüstung in Gang setzte. Sie zeigt auch, daß sich der politische, moralische und wirtschaftliche Niedergang der USA fortgesetzt hat. Der Autor skizziert neue Wege für die Bundesrepublik.

SAGE Auf welche Weise und wozu **NIEMAND,** die USA den nuklearen Erstschlag vorbereiten, **ER HABE** welche Rolle die „Nachrüstung" in Wirk- **ES NICHT** lichkeit spielt und warum die Deutschen die **WISSEN** Haupt ☉☉ betroffenen sind. **KÖNNEN** Eine Dokumentation.

Kleine Bibliothek   **Pahl-Rugenstein**

Karl D. Bredthauer (Hrsg.)
Sage niemand, er habe es nicht wissen können
prv-aktuell. Kleine Bibliothek Band 294, 192 Seiten.

Die umfangreiche Dokumentation weist nach, auf welche Weise die USA den nuklearen Erst-schlag vorbereiten, welche Rolle die „Nachrüstung" in Wirklichkeit spielt und warum die Deut-schen die Hauptbetroffenen sind. Zitiert ausführlich Regierungsdokumente, Aussagen von Strate-gieplanern, Politikern, Militärs und Presseveröffentlichungen.

G. Kade

Die Bedrohungs-lüge

Zur Legende von der »Gefahr aus dem Osten«

Kleine Bibliothek

Pahl-Rugenstein

Gerhard Kade
Die Bedrohungslüge
Zur Legende von der „Gefahr aus dem Osten". Mit umfangreichem Dokumentenmaterial. Kleine Bibliothek Band 147. 294 Seiten.

Was steckt hinter der Legende von der „Gefahr aus dem Osten"? Wem nützt sie und wem schadet sie? Unter Verwendung von umfangreichem Tatsachenmaterial weist der Autor nach, daß diese Legende seit jeher im Widerspruch historischer Wahrheit steht. Der Leser findet wichtige Orientierungshilfen, Informationen, Dokumente.

Gerhard Kade
Die Russen und wir
Kleine Bibliothek Band 312, 150 Seiten.

Entspricht das uns im allgemeinen vorgezeichnete „Russen"-Bild tatsächlich der Wirklichkeit? Was wollen die „Russen" eigentlich? Wie stehen sie zu uns Deutschen? Das Buch versucht, diese und viele andere skeptische Fragen zu beantworten.

DIE AMERIKANER UND WIR

G. Kade

Kleine Bibliothek

Pahl-Rugenstein

Gerhard Kade
Die Amerikaner und wir
Kleine Bibliothek Band 311, 139 Seiten.

Die USA – das große Beispiel, der große Bruder, Partner, Freund? Der Autor schreibt mit Sympathie für Land und Leute, nennt aber besorgniserregende Tatsachen offizieller US-Politik beim Namen. Ein differenziertes Sachbuch über das große und doch so unbekannte Land.

Günter Rosenfeld

SOWJET-RUSSLAND UND DEUTSCHLAND

Pahl-Rugenstein Verlag

1917 1922

Kurt Rosenfeld
Sowjetrußland und Deutschland 1917–1922
420 Seiten, Leinen mit Schutzumschlag,

Im Mittelpunkt steht die Analyse der Triebkräfte in beiden Staaten, die zu Auslösung und Gestaltung der „Rapallo-Politik" führten. Breiten Raum nehmen Motive und Verlauf der Wirtschaftsbeziehungen ein. Das Buch beruht auf umfangreichem Quellenmaterial sowjetischer, deutscher, polnischer, französischer, britischer und amerikanischer Herkunft.

Kurt Rosenfeld
Sowjetunion und Deutschland 1922–1933
512 Seiten, Leinen mit Schutzumschlag,

Das Buch schließt unmittelbar an die Darstellung der deutsch-sowjetischen Beziehungen 1917–1922 an. Es erörtert umfassend die in der Geschichtsschreibung sehr kontrovers diskutierte wichtige Zeitspanne der deutsch-sowjetischen Beziehungen. Der Autor hat die gesamte detusche, russische, britische, französische, polnische und amerikanische Literatur ausgewertet und umfangreiches Archivmaterial analysiert.

Die
V. J. Sipols
Vorgeschichte des deutsch-sowjetischen Nichtangriffs-vertrags

V. J. Sipols

Die Vorgeschichte des deutsch-sowjetischen Nichtan-griffsvertrags

Aus dem Russischen. 360 Seiten, Hardcover mit Schutzumschlag.

Der deutsch-sowjetische Nichtangriffsvertrag von 1939 wird bis heute heftig diskutiert. Auf der Grundlage einer breiten Materialfülle gibt der sowjetische Historiker die Vorgeschichte des Nicht-angriffsvertrags wieder und nennt die konkreten historischen Bedingungen und Zusammenhän-ge, ohne die sein Zustandekommen nicht angemessen beurteilt werden kann.

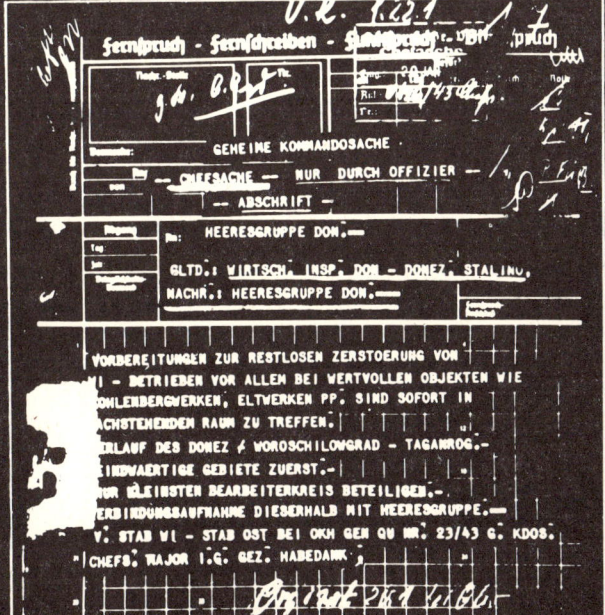

Norbert Müller (Hrsg.)
Deutsche Besatzungspolitik in der UdSSR
Dokumente. Kleine Bibliothek Band 194, 432 Seiten.

Die Verbrechen an der sowjetischen Bevölkerung in den von der deutschen Wehrmacht während des 2. Weltkriegs besetzten Gebieten Rußlands sind in der Bundesrepublik weithin unbekannt. Der Herausgeber legt größtenteils neu aufgefundene oder noch nicht veröffentlichte Dokumente vor.

DIE ANDERE FRONT

HELMUT KOPETZKY

EUROPÄISCHE FRAUEN IN KRIEG UND WIDERSTAND 1939-1945

Kleine Bibliothek

Pahl-Rugenstein

Helmut Kopetzky
Die andere Front
Europäische Frauen in Krieg und Widerstand 1939–1945. Kleine Bibliothek Band 306, 229 Seiten mit zahlreichen Fotos.

Frauen aus Frankreich, Italien, Dänemark, Jugoslawien und der Sowjetunion erzählen, wie sie in der Zeit der deutschen Okkupation lebten und überlebten und Widerstand leisteten.

Gert Meyer (Hrsg.)
Das politische und gesellschaftliche System der UdSSR
Ein Quellenband. Kleine Bibliothek Band 75, 433 Seiten.

Dieser Reader dient dem Studium der gegenwärtigen sowjetischen Gesellschaft. Er umfaßt zentrale Dokumente der staatlichen, politischen und gesellschaftlichen Institutionen und Organisationen, der Wirtschafts- und Arbeitsverfassung sowie des Bildungssektors, die durch statistische Materialien ergänzt werden.

Bücher gegen den Krieg

Manfred Bosch
Nie wieder!
Texte gegen den Krieg
Mit zahlreichen Abbildungen
Kleine Bibliothek Band 215
208 Seiten.

Texte von Heinrich und Thomas Mann, Ernst Toller und Ludwig Renn, Arnold Zweig und Ernst Glaeser, Carl v. Ossietzky und Kurt Tucholsky, Helmut von Gerlach und Paul von Schoenaich, Karl Liebknecht und Rosa Luxemburg, Bertha von Suttner und Ludwig Quidde, Oskar Maria Graf und Willi Bredel, Bertolt Brecht und Erich Kästner, Wolfgang Borchert und Heinrich Böll, Alfred Andersch und Max Frisch, Albert Einstein und Albert Schweitzer, Gustav Heinemann und Gert Bastian, Ingeborg Drewitz und Ingeborg Bachmann, Christa Wolf und Marie Luise Kaschnitz, Erich Fried und Franz Josef Degenhardt, Günter Wallraff und Franz Xaver Kroetz u. v. a.

Helmut Kopetzky
In den Tod – Hurra!
Deutsche Jugendregimenter
im 1. Weltkrieg. Langemarck
Kleine Bibliothek Band 228
186 Seiten.

Herbst 1914. Der deutsche Vorstoß auf Paris ist gescheitert. Die deutsche Heeresleitung will im Norden mit einem großen Schlag „die Front aufrollen". Ihr fehlen nur Soldaten. In Viehwagen rollen sie nach Westen: 16jährige Schüler, Studenten, Lehrer und Professoren, Wandervögel und Pfadfinder sterben schon am ersten Angriffstag. – Aus Gesprächen des Autors mit Überlebenden, aus Regimentsberichten, Heeresberichten, Tagebüchern und Rechtfertigungsschriften der Generale wurde ein bestürzender Tatsachenbericht über Militarismus und Krieg. Mit zahlreichen Abbildungen.

Pahl-Rugenstein